U0900616

权威·前沿·原创

皮书系列为

“十二五”“十三五”“十四五”时期国家重点出版物出版专项规划项目

上海蓝皮书
BLUE BOOK OF SHANGHAI

总 编/权 衡 王德忠

上海法治发展报告（2022）

ANNUAL REPORT ON DEVELOPMENT OF THE RULE OF LAW IN SHANGHAI (2022)

主　　编／姚建龙
执行主编／李建伟
副 主 编／王海峰　孟祥沛

社会科学文献出版社
SOCIAL SCIENCES ACADEMIC PRESS (CHINA)

图书在版编目(CIP)数据

上海法治发展报告.2022/姚建龙主编.--北京:
社会科学文献出版社，2022.7
(上海蓝皮书)
ISBN 978-7-5228-0077-6

Ⅰ.①上… Ⅱ.①姚… Ⅲ.①社会主义法治-研究报
告-上海-2022 Ⅳ.①D927.51

中国版本图书馆 CIP 数据核字（2022）第 072469 号

上海蓝皮书
上海法治发展报告（2022）

主　　编 / 姚建龙
执行主编 / 李建伟
副 主 编 / 王海峰　孟祥沛

出 版 人 / 王利民
责任编辑 / 张　媛
责任印制 / 王京美

出　　版 / 社会科学文献出版社 · 皮书出版分社（010）59367127
地址：北京市北三环中路甲 29 号院华龙大厦　邮编：100029
网址：www.ssap.com.cn
发　　行 / 社会科学文献出版社（010）59367028
印　　装 / 天津千鹤文化传播有限公司

规　　格 / 开 本：787mm×1092mm　1/16
印 张：17.25　字 数：255 千字
版　　次 / 2022 年 7 月第 1 版　2022 年 7 月第 1 次印刷
书　　号 / ISBN 978-7-5228-0077-6
定　　价 / 158.00 元

读者服务电话：4008918866

主要编撰者简介

姚建龙　法学博士、研究员、博士生导师，上海社会科学院法学研究所所长、《政治与法律》主编，上海市青联常委，兼任中国预防青少年犯罪研究会副会长、上海市预防青少年犯罪研究会会长，上海市法学会未成年人法研究会会长，国家检察官学院、华东政法大学、中国人民公安大学等高校兼职教授，受聘为国务院妇儿工委办、最高人民法院、最高人民检察院、共青团中央等单位在相关领域咨询专家，以及上海市重大行政决策咨询论证专家、市政府立法专家、市教委法律顾问等。曾任重庆劳教戒毒所民警、华东政法大学教授、《青少年犯罪问题》杂志主编，北京师范大学刑事法律科学研究院博士后研究人员，上海市长宁区人民检察院副检察长、上海政法学院刑事司法学院院长，团中央权益部副部长、规划办副主任，二十六届全国学联副秘书长、十二届全国青联委员，上海政法学院党委常委、副校长等。

主要从事刑事法学、青少年法学、教育法学研究，入选中国哲学社会科学最有影响力学者排行榜（2017、2020）、名列中国被引次数超过百次刑法学科青年（45 岁以下）学者第八位（2017），近年来主持国家社科基金项目、司法部国家法治与法学理论项目、教育部人文社会科学研究项目、最高人民检察院检察理论研究重点项目、上海市政府决策咨询项目、上海市哲学社会科学项目、上海市曙光项目等近十项国家级、省部级课题，并承担国务院妇儿工委、公安部、教育部、民政部、中央综治委预防青少年违法犯罪专项组、共青团中央等各类委托课题 20 余项，在《中国法学》《青年研究》

等期刊发表论文近200篇，出版个人专著9部、法学随笔3部，诗文集与法律童话各1部。

李建伟　上海社会科学院法学研究所副所长、特聘研究员，兼任上海市市场监督管理学会副会长、上海市法学会国家安全法律研究会副会长、农业农村法治研究会副会长，上海市国资委、上海市地方金融监管局政府法律顾问。美国Southern Methodist University法学博士后。曾任上海市金山区国资委主任、金山区吕巷镇镇长、上海金山资产投资公司总经理，杨浦区财政局副局长，上海财经大学法学院副教授、金融法研究中心副主任。

主要从事经济法、金融法研究工作。主持“习近平新时代中国特色国家安全理论研究”“新时代国有资产管理体制完善研究”“全面实施市场准入负面清单制度研究”“科技创新金融法律支持系统研究”“金融控股集团法律调整与监管研究”“上海区域性国资国企改革重大问题研究”“上海国有企业改革：1978—2018”“国有企业多位一体大监督体系设计与实施研究”“国有控股公司治理结构优化研究”等20余项国家社科重大项目子课题、省部级课题。在*European Law Review*、《政治与法律》、《财经研究》、《知识产权》、《解放日报》（理论版）等发表*Financial Holding Company*：*Organizational Choice for China's Financial Sector Reform*、《总体国家安全观的理论要义阐释》、《知识产权证券化：理论分析与应用研究》、《更高站位更大力度推进依法治市》、《金融控股公司立法路径选择》、《把握地方金融监管十大关系》等论文60余篇。出版《技术创新的金融支持：理论与政策》《国有企业改革与企业家队伍建设》《中国海外企业治理与组织控制》《资产评估管理法律制度》等专著、合著、译著7部。

摘 要

《上海法治发展报告（2022）》对2021年度上海法治建设情况进行了全面的回顾、梳理和总结，重点反映上海在人大工作、法治政府、司法体制综合配套改革等方面的工作重点及亮点，对今后上海法治建设面临的新形势、新任务、新探索做了进一步的分析和展望。

2021年上海法治建设在人大工作、法治政府、司法体制综合配套改革等方面继续取得重大突破。人大工作砥砺前行，在本年度以习近平法治思想为引领、以全过程人民民主为目标、以高质量立法为护航、以法律监督为保障、以依法履职为使命、以自身建设为宗旨，通过一系列实质性、高效率的措施稳定有序地推进上海超大城市治理体系的法治现代化建设，在推进浦东新区立法创新、体现民生监督新特色、学党史便民众等工作方面亮点颇多。法治政府建设持续推进，以习近平法治思想为指导，坚持政治正确原则，坚定具有世界影响力的法治建设总体目标。在促进政府机构组织结构优化、严格规范公正文明执法、全面完善救济机制、加强基层组织建设、优化营商环境、深化行政审批制度改革等方面成绩斐然，在统筹协调推进新时代立法工作的同时，初步形成上海法治政府特色亮点。法检系统深入推进司法体制综合配套改革，上海法院系统围绕大局履职尽责，加大司法保障力度，积极践行司法为民宗旨，推动审判体系和审判能力现代化，打造忠诚、干净、有担当的法院队伍，全力服务全面推进长三角一体化发展、持续深化诉源治理、提升诉讼服务效能。上海检察系统着眼“两个大局”，全力保障上海继续走在高质量发展前列，推动法律监督全面协调充分发展，提升检察履职现代化水平，锻造新时代高素质专业化检察队伍，在检察环节落实全过程人民民主。不断助推创新驱动发展、高起点做好公益诉讼检察、加快检察工作数字化赋能。2022 年是上海构筑未来发展战略优势的关键阶段，上海法治建设将继往开来，紧紧围绕上海中心工作，以浦东新区法规立法推动制度性开放突破，在司法服务保障大局上展现新作为，深化检察专业化建设，助力高质量发展，交出满意答卷。

关键词： 上海　法治建设　人大工作　司法体制综合配套改革

目 录

Ⅰ 总报告

Ⅱ 改革篇

Ⅲ 专题篇

Ⅳ 热点篇

Ⅴ 评估篇

Ⅵ 案例篇

皮书数据库阅读**使用指南**

总报告

General Report

B.1

2021年上海法治建设发展与2022年展望*

李建伟　张亮　吴逸宁　邓文　陈宇超　孙祁**

摘　要： 2021年上海法治建设在人大工作、法治政府、司法体制综合配套改革等方面继续取得重大突破。人大工作砥砺前行，在本年度以习近平法治思想为引领、以全过程人民民主为目标、以高质量立法为护航、以法律监督为保障、以依法履职为使命、以自身建设为宗旨，通过一系列实质性、高效率的措施稳定有序地推进了上海超大城市治理体系的法治现代化建设，在推进浦东新区立法创新、体现民生监督新特色、学党史便民众等工作方面亮点颇多。法治政府建设持续推进，以习近平法治思想为指导，坚持政

* 本文的主要参考文件包括上海市第十五届人民代表大会第五次会议《上海市人民代表大会常务委员会工作报告》《政府工作报告》《上海市高级人民法院工作报告》《上海市人民检察院工作报告》《上海市委全面依法治市委员会2021年工作总结》《2021年上海法院工作情况通报》等。

** 李建伟，上海社会科学院法学研究所副所长、特聘研究员；张亮，上海社会科学院法学研究所助理研究员；吴逸宁，上海社会科学院法学研究所助理研究员；邓文，上海社会科学院法学研究所助理研究员；陈宇超，上海社会科学院法学研究所助理研究员；孙祁，上海社会科学院法学研究所科研人员。

治正确原则，坚定具有世界影响力的法治建设总体目标。在促进政府机构组织结构优化、严格规范公正文明执法、全面完善救济机制、加强基层组织建设、优化营商环境、深化行政审批制度改革等方面成绩斐然，在统筹协调推进新时代立法工作的同时，初步形成上海法治政府特色亮点。法检系统深入推进司法体制综合配套改革，上海法院系统围绕大局履职尽责，加大司法保障力度，积极践行司法为民宗旨，推动审判体系和审判能力现代化，打造忠诚、干净、有担当的法院队伍，全力服务全面推进长三角一体化发展、持续深化诉源治理、提升诉讼服务效能。上海检察系统着眼“两个大局”，全力保障上海继续走在高质量发展前列，推动法律监督全面协调充分发展，提升检察履职现代化水平，锻造新时代高素质专业化检察队伍，在检察环节落实全过程人民民主。不断助推创新驱动发展、高起点做好公益诉讼检察、加快检察工作数字化赋能。2022 年是上海构筑未来发展战略优势的关键阶段，上海法治建设将继往开来，紧紧围绕上海中心工作，以浦东新区法规立法推动制度性开放突破，在司法服务保障大局上展现新作为，深化检察专业化建设，助力高质量发展，交出满意答卷。

关键词： 上海　法治建设　人大工作　法治政府　司法体制综合配套改革

一　人大工作砥砺前行

2021 年是“十四五”规划开始实施的第一年，也是中国共产党成立 100 周年，上海市人大常委会积极贯彻和落实党的十九大以及十九届历次全会关于习近平新时代中国特色社会主义思想，围绕中心、服务大局、坚守初心、砥砺前行。

2021 年度，上海市人大常委会全年共召开 10 次会议，主要履行了以下各项职责。第一，审议法规草案和法律性问题的决定草案共 42 件，表决通过其中的 35 件；第二，听取重大事项报告共 4 项，作出决定决议共 10 项；第三，听取审议工作报告共 18 项，检视法律法规实施情况共 12 部，开展专题询问及强化计划预算监督和规范性文件备案审查；第四，选举任免 292 人次的国家机关工作人员，组织宪法宣誓仪式共 6 次；第五，指导区、乡镇人大代表换届选举，实现市十五届人大五次会议明确的目标。以上各项工作的实施推进为上海经济社会持续发展提供了坚实的法治基础与保障。

（一）2021年上海市人大工作基本情况

2021 年是奋力开创新时代，着力推进经济社会发展与民生各项工作的关键一年。上海市人大常委会在思想上，以习近平法治思想为政治引领，以全过程人民民主为践行目标；在经济发展上，以高质量立法保驾护航，以法律监督为根本保障；在职能建设上，以依法履职为光荣使命，以自身建设为重要支撑，通过一系列高水平、高效率的措施积极有序地推进上海超大城市的法治现代化建设。

1. 以习近平法治思想为引领

2021 年，政治建设始终是上海市人大常委会的首要使命，在政治建设中既要突出为民服务之精神，也要体现时代发展之品性，实现政治性、人民性、创新性三者的有机统一。

（1）学习决议会议精神

《中共中央关于党的百年奋斗重大成就和历史经验的决议》是党中央关于贯彻新时代中国特色社会主义的有力宣言，也是引领下级各级政府政治建设的行动纲领。2021 年 10 月 13 日、14 日召开的中央人大工作会议表明了党中央对于人民代表大会制度以及人大工作新的全局规划与建设方针。上海市人大常委会高度重视中央的“一决议一会议”，积极开展党组理论的深刻学习，深入领会决议及会议所揭示的习近平重要讲话精神，明确“两个确立”的重要意义；同时密切关注党中央发布的《中共中央关于新时代坚持和完善人民代表大会制度、加强和改进人大工作的意见》，做到“两个维护”，强化“四个意识”“四个自信”，以强烈的责任心、使命感推动新时代上海人大的各项工作。

（2）坚持党的领导

坚持党的领导始终是政治建设的重中之重，也是上海市人大常委会规划人大工作与全市布局的政治方向。首先，以习近平总书记重要讲话精神为政治引领，将人大重要、重点的会议、立法、工作、事项及时向市委请示与报告，做到精准把控与管理。其次，在立法及监督工作中，各委员会分党组积极贯彻、充分落实各项中央和市委的决策部署。最后，依照市委所确定的方针，积极开展市人大工作会议落实情况的专项督查，为强化人大街道工委的职责，制定了《上海市区人民代表大会常务委员会街道工作委员会工作条例》，全力提升基层人大履职能力和水平。

（3）贯彻习近平法治思想

为贯彻落实习近平法治思想指导全市建设，上海市人大常委会进一步强化普法工作，通过积极开展“七五”普法决议执法检查，建构起全民深入参与的普法形态，提升法治建设的积极效能。在地方立法工作座谈会上，上海市人大常委会为推进城市治理的法治现代化，保障各项改革措施有法可依，制定了《深入学习贯彻习近平法治思想推动地方立法高质量发展的意见》，将改革决策紧紧围绕立法工作展开。同时，为体现立法理念包含为人民服务之精神，上海市人大常委会建议从代表议案、人民建议征集、社情民意、公开征求意见等多方渠道选取有价值的立法项目，在开展各项立法工作时守护好基本民生、公平正义、公共安全及生态环境等四项底线。

2.以全过程人民民主为目标

2021年，全过程人民民主始终作为上海市人大常委会积极贯彻的重大使命，做到理论上不断深化，实践中积极探索，全方位建构全过程民主最亮丽的构图。

（1）领会全过程民主理念

全过程民主是当代中国共产党领导下最深入民心的政治文明新形态，是社会主义民主的全方位展现，上海市人大常委会认真学习党中央关于全过程人民民主的一系列重要论述及讲话精神，将全过程民主积极贯彻运用到法治社会建设的各个方面。具体而言，首先，将全过程民主之精神积极反馈于《上海市人民代表大会议事规则》，为人大各项具体工作奠定扎实的基础；其次，为促进广大市民积极投身于市政建设与管理，制定了《上海市人民建议征集若干规定》；再次，积极召开学习全过程人民民主的各项座谈会，聆听全国人大常委会、市委领导的重要讲话，印发《深入学习贯彻习近平总书记全过程人民民主重要论述推动新时代上海人大工作守正创新高质量发展的实施意见》；最后，以全过程民主为市重大选题，积极集结社会各界力量开展相关理论与实践研究，取得了一系列高质量的研究成果。

（2）实施全过程民主立法

全过程民主之精神还积极体现于各项立法工作中，完善基层立法联系点是其中的重要使命。为建构覆盖全上海联系点的网络平台，推进联系点从立法向守法、执法、普法等各项工作推进，市人大常委会制定了《基层立法联系点工作指引》《关于征询基层立法联系点意见建议的若干意见》，实现了基层立法点功能的多方位延伸，基层立法联系点以加强立法监督、依法治理等项目为目标，开展各类活动2000多场，提出本市相关法规3000余条，其中300多条被采纳，为将全过程民主之理念推向学生团体，提升学生的民主意识，将长宁区虹桥街道基层立法联系点作为“上海人大全过程人民民主研习实践基地”，让更多的大中学生和涉外人士参与到了解人大的过程中，在宣传与普及全过程人民民主精神的同时，生动讲解人大制度、民主立法的实践案例。

（3）贯彻全过程民主选举

全过程民主之理念还体现于选举工作中。在市区、乡镇人大换届选举过程中，如何贯彻落实全过程民主亦是市人大常委会的重要使命。首先，强化宣传工作，经由各方媒介向6000多万人次传递信息，打造换届选举的网络平台，方便选民通过“随申码”进行信息登记；其次，遵照“三上三下”原则完善全市23万余个选民小组的协商机制，建构全民与代表候选人会面的有序桥梁，保障投票程序的公正透明。在这一井然有序的规划下，本次市区、乡镇人大换届选举顺利完成，1200 多万选民选出新一届人大代表 5000 多名，乡镇代表将近 9000 名，代表构成合理，选民权利也得到切实保障。

3. 以高质量立法为护航

2021 年，上海市人大常委会围绕强化城市建设，推动经济高质量发展，全面提高人民生活水平之工作目标，进一步强化相关立法的起草与实施，充分展现上海自身的特色，助力新时代民众生活的品质保障。

（1）加强城市竞争力的法治保障

数字化、科技创新是当代城市建设生命力的新型源泉，上海市人大常委会与时俱进，通过制定《上海市数据条例》，在加快城市数字化建设的同时，防范数据使用产生的各项信息风险，做到公共数据的开放使用共享有法可依，推动数字经济的发展。营商环境对于维持城市竞争力具有重要的意义，市人大常委会在对法院商事审判进行专项监督过程中，发现阻碍营商环境发展的不利因子，以此为契机，修改了《上海市优化营商环境条例》，同时在一些企业关心的议题上作出进一步优化，如制定《关于进一步促进和保障“一网通办”改革的决定》，又如在提升市场准入便利度、推进包容审慎监管等方面也作出了明确的规定。在科技创新方面，针对一些高端产业的发展需求及其法治保障上的问题点，市人大常委会开展了对《上海市推进科技创新中心建设条例》实施情况的深入监督并对相关问题予以解决，同时修改了《上海市促进大型科学仪器设施共享规定》，建立大型科学仪器长三角区域共享协同机制、科技创新券通用机制以及长三角共享服务平台，形成长三角科创共同体。

（2）助力城市建设的良法善治

“人民城市人民建，人民城市为人民”是当代城市建设中体现以民为本的重要理念，市人大常委会对于人民生活所关切的领域通过制定各项法规进一步完善。首先，针对近来成为社会焦点的加装电梯、旧区改造等议题，制定《上海市城市更新条例》，将相关旧改征收执行等措施纳入有法可依之轨道。其次，在城市交通安全建设方面，为确保人民群众的生命财产及城市运转安全，制定了《上海市非机动车安全管理条例》《上海市水上搜寻救助条例》《上海市实施〈中华人民共和国反恐怖主义法〉办法》，同时修改《上海市安全生产条例》，在消防、危化、燃气、交通运输、建筑施工、反恐、网络等各个重大领域作出相关规定，进一步加强风险防范、数据管控，实现多元共治之新局面。再次，在环境治理方面，为让生态发展进一步惠及民众生活，促进城市发展，制定《上海市黄浦江苏州河滨水公共空间条例》，强化各项安全保障、管理标准，共筑全球级滨水区。最后，上海市人大常委会还制定或修改了《上海市慈善条例》《上海市促进多元化解矛盾纠纷条例》《上海市人口与计划生育条例》《上海市中医药条例》等多项法规，进一步助力城市建设的各项民生保障。

4. 以法律监督为保障

2021 年，上海市人大常委会进一步发挥自身监督职能，以保障人民合法权益为重，落实中央、市委各项部署，推动相关法律法规的切实有效施行，将法律监督优势渗透到全民生活中去。

（1）打赢环境监督的攻坚战

为保障污染防治监督的实效性，建成世界级生态之城，上海市人大常委会在环境监督治理方面采取了一系列卓有成效的措施。首先，在总结 2020 年度环境保护报告的基础上，进一步加强监督执法，以法治促进提升污染防治成效，如在对上海市《固体废物污染环境防治法》执法检查过程中，在 16 个区实施抽样调查，了解相关部门履职工作的具体情况，做到资源化、无害化及减量化，针对生活建筑垃圾、危险医疗废物以及洋垃圾入境等持续完善相关治理法规，加大监管与检查力度。上海的治理模式得到中央的充分肯定，全国人大常委会执法检查机关将上海关于垃圾分类等的处置方法在全国进行宣传与推广。其次，在与周边区域关于环境保护的协同立法上，聚焦长江保护之立法议题，联合浙江、江苏、安徽三省人大共同制定了《关于促进和保障长江流域禁捕工作若干问题的决定》，以该决定为监督准则，进一步强化《长江保护法》及相关制度执法检查，推动并建成船舶登记信息共享、执法信息互通、渔船动态监管以及水产品追溯监管等四项执法平台，形成长三角合力保护长江水域、齐心协力开展生态修复的新局面。最后，在生态文明建设方面，重点关注长三角及崇明岛的生态建设与发展，对于《关于促进和保障长三角生态绿色一体化发展示范区建设若干问题的决定》《关于促进和保障崇明世界级生态岛建设的决定》的实施情况开展各项执法监督活动，努力向世界展现我国生态建设一体化的显著成效。

（2）保障财政监督的透明性

围绕人大法定职责进一步加强监督的权威性，让公共资金、公共权利的行使更加阳光透明。为更好地发挥人大预决算审查监督及国有资产监督工作的作用，市人大常委会制定了《关于加强国有资产管理情况监督的决定》，同时修改了《上海市预算审查监督条例》，强化市、区两级人大对重大投资项目预算资金使用、审计突出问题整改、地方政府债务管理、国有资产管理情况等的审查监督，完善人大监督评价、督促整改、跟踪督办的工作机制。对市级决算、半年预算执行情况开展全方位的审查监督，对于经济的运转情况组织专家进行研判分析，认真落实“六稳”“六保”任务。在结合上海国有自然资源资产管理情况报告的基础上，进一步改善上海国有自然资源的治理架构，努力提升治理及管理水准。以年度备案审查工作情况报告为契机，修改《上海市人民代表大会常务委员会规范性文件备案审查条例》，把人大备案审查范围拓展到所有市政府制定的、市监委为执行法律法规制定的以及“两院”指导规范审判检察业务的规范性文件。贯彻实施宪法及监察法，认真听取市监委关于开展反腐败国际追逃追赃工作情况的专项工作报告，继续强化宪法及监察法的落实，提升上海反腐倡廉的实际成效。

5. 以依法履职为使命

2021 年，上海市人大常委会以《关于加强和改进市人大代表工作的若干意见》为工作的引领方向，积极发挥人大代表主体之职能，加强与代表之间的交流，让代表更加深入地参与常委会工作，竭力提升为民服务意识与水准。

（1）推动代表联系群众

为民服务，加强与群众的联系一直是市人大常委会依法工作的重心。在全市范围内，市人大常委会将人大代表分为四级编入，公开相关的住址、联系方式，促进群众与代表之间的紧密联系，同时启动平台评价机制，让群众的意见能够得到切实反映。加强代表与社区的点对点联系，畅通社区信息传递机制，集中收集社区关于旧区改造、公共卫生、城市安全等方面的民众意见4000多条，同时搭建民意传输平台，新增代表工作小组80多个，推动130多个代表工作小组就时下生活难点、民生热点等突出问题作专题研究，形成一系列卓有成效的研究成果，其中40多篇专报得到市委、市政府领导的重视，助力各类民生问题得到切实解决。

（2）推进高质量代表建议

市人大常委会对于2021年的代表议案高度重视，对于市十五届人大五次会议主席团所交付的代表议案均已审议完毕。其中关于数据立法、"一江一河"、城市更新、未成年人保护等17项议案已审议通过，关于乡村振兴、家庭教育、出租汽车管理、促进就业等8项议案已启动立法调研，同时28项监督议案均已进入调研程序，一些议案也交由相关部门进行自查，代表提出的1000多件建议基本完成办理，已答复"进行采纳"的建议比例高达近80%。在监督工作上，市人大常委会制定了《代表建议涉及重大事项落实情况跟踪监督工作规程》，对集中反映的8项专题50多件代表建议进行集中督办，对重大事项的贯彻与执行情况开展跟踪监督。此外，在涉及城市建设和市民生活方面的立法活动中，促进生物医药成果转化落地、跨越老年人"数字鸿沟"、地铁一大会址站命名、推进临港离岸业务发展、加快邹家宅旧区改造、建设污水处理生态博物馆等建议均得到切实落实。

（3）提升服务保障能力

为提升代表的服务保障能力，市人大常委会高度重视代表作为法律智囊团的专家作用，为代表作出专业性的议案建议提供智识，强化普法教育与宣传工作。就"十四五"规划实施、五个新城建设、人工智能产业发展、法治政府建设等全市重点工作的实施情况，组织代表参与各项论坛活动，开办各类学习班，增强代表们的履职能力，同时围绕这些议题落实年终的视察工作，为市人大代表出席市十五届人大六次会议奠定良好的基础，修改《市人大代表履职记录系统操作规则》，加快代表履职档案的建设。一年来，市人大常委会组织的各项立法指导、保障活动让人大代表切实提升了履职能力，提高了工作的效能与质量。

6. 以自身建设为支撑

2021 年，上海市人大常委会持续加强自身能力建设，始终将强化政治识别能力、领悟能力、保障能力作为自己的座右铭。

（1）加强建设完善制度

提升工作质效是新的一年市人大常委会的重要目标。为此，市人大常委会制定了《优化完善法规草案起草审议的意见》《改进监督方式方法的意见》《法规草案公开征求意见规程》《改进完善专题询问工作规程》《重要地方性法规颁布实施的督查检查工作规程》等一系列法规，切实推动社会各界积极投身于立法与执法监督工作中。在与基层互动的过程中，倾听基层企业与民众所关注的议题，加强各类调研，把控工作重点与难点，切实回应企业与民众之需求。为积极回应民众对于解决涉法涉诉信访矛盾的呼声，制定《涉法涉诉信访事项来访接待规定》《涉法涉诉信访事项来信处理若干规定》，建构全链条办理工作机制，让每位民众的信访需求得到满意的答复。

（2）强化能力提升质量

在自身能力建设方面，上海市人大常委会聘请社会各类知名的法律专业人士加入专家团，让其积极投身到地方立法工作中，同时积极发挥专门委员会非驻会委员工作室的职能，任命多位在基层工作的人大代表作为专门委员会委员，强化工作评价、履职指导及激励保障。在走访调研社会各类企业的过程中，收集并整合 300 余条问题及诉求，进一步完善人大监督机制。此外，在青年干部的培养上，积极响应市委组织部、统战部等选派干部挂职锻炼的号召，与华东政法大学构建紧密的合作机制，加快法治人才队伍的全方位、高质量建设工作。积极配合市委巡视工作，支持派驻纪检监察组工作，强化党风廉政建设，戒除官僚主义及形式主义，大兴调查研究之风，推动人大机关建设再上新台阶。

（二）2021年上海市人大工作亮点

2021 年，上海市人大常委会以浦东新区法规的设立与推动为主导，积极探索经济建设发展中的创新立法，同时以人民当家做主为根本，在民生监督、为民服务方面取了一系列显著的成果。

1. 推进浦东新区的创新立法

为促进浦东新区加快改革步伐，实现社会主义现代化建设的新局面，中共中央、国务院出台了《关于支持浦东新区高水平改革开放打造社会主义现代化建设引领区的意见》，授权上海市人大及其常委会制定浦东新区法规，为上海市加速浦东新区发展提供有力的法治保障。市人大常委会不辱使命，为了让浦东能够自主、大胆地努力创新，在立法上提供了诸多有力的法规支持。总体纲领上，制定了《关于加强浦东新区高水平改革开放法治保障制定浦东新区法规的决定》，为浦东新区进一步改革发展奠定了制度上的基础，同时收集、整合浦东新区改革发展中的痛点与难点，广泛征集企业、民众关于改革发展的建议意见，开展专业性课题调研，明确浦东新区发展过程中的立法需求。在此工作的基础上，利用立法授权，结合浦东新区发展的现实需求，相继制定了《上海市浦东新区深化“一业一证”改革规定》《上海市浦东新区完善市场化法治化企业破产制度若干规定》《上海市浦东新区市场主体退出若干规定》《上海市浦东新区城市管理领域非现场执法规定》《上海市浦东新区促进张江生物医药产业创新高地建设规定》《上海市浦东新区建立高水平知识产权保护制度若干规定》等 6 项法规，为浦东新区实现快速发展保驾护航。此外，在社会所关注的临港区域发展规划中，审议了《中国（上海）自由贸易试验区临港新片区条例》，从而进一步保障临港区域大刀阔斧的深化改革。

2. 体现民生监督的新特色

在民生建设方面，市人大常委会围绕疫情防控及“老小旧远”强化监督的针对性，做到回应民众各项需求。首先，针对疫情的反复无常，着力推进常态化疫情防控措施，积极与社区联系交流，倾听民众声音，加速对《上海市公共卫生应急管理条例》的执法监督，就基层疾控中心人员激励机制、医疗机构公共卫生力量配备、集中隔离房源统筹规划、重点单位疫情防控工作保障等各项问题制定切实可行的解决方案。其次，针对旧房改造，尤其是中心城区成片房屋改造的艰巨任务，连续两年开展旧区改造及旧住房综合改造专项监督，为该项民心工程群策群力，提供各类政策上的智识，保障工程的顺利完成。再次，对于未成年人与老年人的权益问题，市人大常委会也推出了一系列有力的政策保障措施，为促进未成年人的健康成长，进一步强化对网络环境的管理与网络内容的筛查、施行双减政策，减轻未成年人的精神压力、完善未成年人的心理健康咨询机制等。为切实提升老年人的晚年生活质量，组织2000多人次的人大代表共同投身于《上海市养老服务条例》的执法监督工作，集中整合了16项专项议题进行专题研究，针对养老床位结构平衡、养老服务城乡布局、居家社区养老服务供给等民众比较关注的突出问题，进一步结合条例内容完善相关保障措施。最后，市人大常委会还就《农民专业合作社法》《上海市统计条例》的实施以及华侨权益保护等组织监督检查，受全国人大常委会委托对《消防法》开展执法检查等。

3. 学党史便民众

加强党史的理论学习，从而更高效地为人民服务是上海市人大常委会一直以来所坚守的初衷。在中国共产党成立100周年的特殊时期，市人大常委会认真贯彻学习落实习近平总书记在党史学习教育动员大会上的重要讲话精神，组织多次专题讲座与研讨会，学习与领悟党的精神。上海作为中国共产党的诞生地保有着党的光荣传统，市人大常委会利用上海丰富的红色资源，举办人大红色资源主题会展，开展一系列调研、考察与探寻活动，发掘、展现党领导人民在上海开展人民代表大会制度早期探索的生动事例，切身感受党的时代意义与精神力量。在为民服务工作中，始终把人民至上理念置于首位，切实为民众干实事，解决民生问题。如着手落实在全市符合条件的道路人行天桥加装电梯工程，井然有序地推进老小区及旧小区的住宅电梯安全评估及维护更新项目，建立更加便捷的市民日常配药服务机制，长护险评估结果线下公示已经做到上海全区覆盖，应急呼叫服务补贴已扩大到80岁以上的所有独居老人。

二　法治政府建设持续推进

2021 年，面对百年未有之大变局和世纪疫情的双重考验，上海市人民政府为贯彻落实中共中央、国务院印发的《法治政府建设实施纲要（2021—2025 年）》，科学谋划、统筹推进“十四五”时期上海法治政府建设，结合上海实际，制定、实施《上海法治政府建设规划（2021—2025 年）》，不断推动上海法治政府建设，稳步推进法治政府各项工作。

（一）2021年法治政府建设概要

2021 年是“十四五”规划的开局之年，也是“八五”普法规划的启动之年。上海全面深入推进依法行政，全面建设法治政府，加快构建职责明确的政府治理体系。上海市人民政府进一步推动法治成为上海城市核心竞争力的重要标志，为上海贯彻落实国家重大战略任务，推动人民城市建设迈出新步伐奠定坚实的法治基础。

1. 深入学习贯彻习近平法治思想，发力建设世界一流法治政府

（1）以习近平法治思想为指导

上海将深入学习宣传贯彻习近平法治思想作为提纲挈领的核心工作加以落实，并制发《关于学习宣传贯彻习近平法治思想的通知》和作为重点工作加以部署。上海市人民政府将习近平法治思想纳入市委党校（行政学院）主体班次培训课程，培训学员累计破万人次。同时，自上而下层层传达，下辖各区、县、镇、乡、街道等各个层级都踊跃组织学习，充分领悟该思想的精髓要义。以奉贤区为例，2021 年度该区委党校（行政学院）累计培训学员 1595 人。上海市权威报纸《解放日报》以专栏的形式陆续刊出学习贯彻习近平法治思想的系列报道，以庆祝习近平法治思想提出一周年。上海市政府组织抽调全市专家成立习近平法治思想学习实践宣讲团，依托高校精锐师资力量开设“习近平法治思想概论”课程，不断将习近平法治思想引入社会的方方面面。

法治建设的顶层设计和协调推进必须有正确、统一的思想作为指导，党的十八大以来，党的奋斗历程表明习近平法治思想建立在总结我国多年法治建设、发展和改革经验的基础上，立足于全方位建设社会主义法治国家，以实现中华民族伟大复兴为根本目标，《上海法治政府建设规划（2021—2025年）》的编制、“八五”普法工作的推进、法治上海的规划都是在习近平法治思想统一指导下的有序部署。

（2）坚持服务大局

上海市人民政府在法治政府建设过程中，始终坚持正确的政治原则，遵循法治政府建设的正确方向。一是坚持党的领导，坚持以人民为中心。为人民服务是政府的宗旨，行政机关的一切作为必须对人民负责、受人民监督，保护人民的利益。二是坚持问题导向。上海法治政府建设坚持眼睛向内，强化问题意识，使思想和行动更有针对性，突出解决法治发展中的痛点和堵点。三是坚持守正创新，结合现实，积极探索上海法治政府建设的模式和路径。上海作为全国产业创新和科技进步的高地，法治政府建设积极适应新的经济社会形态，重点推动科技赋能、推动治理数字化转型。四是坚持统筹推进。上海法治政府建设坚持统筹协调，抓好措施统筹、时间统筹、对象统筹，有力有序推进各项部署落实到位。

（3）坚定总体目标

上海市人民政府贯彻落实中共中央、国务院《法治政府建设实施纲要（2021—2025年）》，科学谋划、统筹推进“十四五”时期上海法治政府建设，结合上海实际，制定了《上海法治政府建设规划（2021—2025年）》。根据规划，力争到2025年，上海市政府行为全面纳入法治轨道，职责明确、依法行政的政府治理体系日益健全，行政执法体制机制基本完善，行政执法质量和效能大幅提升，突发事件应对能力显著提高，数字法治政府建设取得显著成效，各级法治政府建设协调并进，上海法治政府建设在全国实现率先突破，让法治名片更加闪亮，为到2035年基本建成具有世界影响力的社会主义法治城市奠定坚实基础。

2. 法治政府建设主要举措和成效

（1）推进政府机构组织结构优化

推动政府机构组织结构优化，提升职能效率是法治政府建设工作的重要发力点，是法治政府建设工作的重要保障，2021 年围绕政府职能优化这个支点组织开展了多项重要工作。在《上海法治政府建设规划（2021—2025 年）》《上海市人民政府 2021 年立法工作计划》《上海市重大行政决策程序规定》等多项重要文件中，坚持理顺部门职责关系，统筹结合推动机构、职能、权限、程序、责任法定化，保障机构设置更科学、职能更优化、权责更协同。在法治政府建设过程中，进一步厘清政府和市场、政府和社会的关系，更好地运用法律和制度性措施对经济活动进行常态化管理。创建扁平化和网络化的高效基层管理体制，提升编制资源使用效益，深化实施政府权责清单制度，促进各级政府高效履职尽责，加快迈向服务型政府。以“两张网”建设为例，“一网通办”累计办件量近 2 亿件，实名注册用户达 6195 万，法人用户达 249 万。“随申办”月活峰值达 1858 万，涵盖本市 75%的常住人口，日均办件量超过 28 万，实际网办率达 77.03%。“两张网”建设既起到了服务、便利市民的作用，又促进基层减负增能，优化政府服务职能。

（2）严格规范公正文明执法

2021 年，上海市人民政府持续推进行政执法“三项制度”，即“行政执法公示制度、执法全过程记录制度、重大执法决定法制审核制度”，市、区两级都配置了行政执法“三项制度”协调机制；市、区两级主要执法部门均已颁布全面推行行政执法“三项制度”的制度文件，并通过举办专题讲座、组织培训班、召开专题会议等不同形式加以稳步推广；把行政执法“三项制度”纳入党政主要负责人履行法治建设第一责任人职责的督察内容以及绩效考核体系。行政执法公示、执法全过程记录、重大执法决定法制审核等“三项制度”囊括行政执法的源头、过程和结果，是推进严格规范公正文明执法的根本性、常态性、基础性制度，对于维护人民群众合法权利，落实依法行政，加强依法治市具有重大意义。

2021年，上海在食品药品、公共卫生、自然资源、生态环境、安全生产、劳动保障、城市管理、交通运输、金融服务、教育培训等与群众切身利益密切相关的重点领域，加大执法力度。针对群众意见集中的突出问题，进行专项整治。充分运用城市运行“一网统管”系统，积极创新行政执法方式，认真完善行政执法程序，加强信息技术、装备的配置和应用，努力做到宽严相济、法理相融，让执法既有力度又有温度，实现了较好的社会效果。

本年度，上海还发布了首批街道乡镇423项行政执法事项目录清单，使基层执法“既看得见，又管得到”；推动组织开展行政处罚裁量基准的修订，共计制定或修改裁量基准文件27件，并全部公开；进一步完善综合行政执法系统建设工作，全面建成以“一中心、两库、三应用”为基本功能的综合执法系统。

（3）全面完善救济机制

上海市人民政府成立行政复议体制改革领导小组，稳步推进行政复议体制改革，提高了行政复议的专业性和公信力，高质量化解行政争议纠纷。2021年，上海市人民政府发布《关于由区级以上人民政府统一行使行政复议职责的通告》，规定市、区两级人民政府均只保留一个行政复议机关，由本级人民政府统一行使行政复议职责，本级人民政府派出机关、部门及其派出机构、下一级人民政府以及有关法律法规授权的组织为被申请人的，行政复议案件均由其统一管辖，并以本级人民政府的名义作出行政复议决定。通过有效整合受理行政复议机关，大大畅通了群众通过行政复议途径依法合理解决利益诉求的通道。复议体制改革成效相当显著，权威部门数据显示，全市各级政府机构2021年累计处理行政复议案件17305件，市委办局综合纠错率为16.4%，区政府为12.1%，各项数据较上年度呈现全面进步的态势。

在行政应诉方面，推动出台《上海市行政应诉工作规定》，印发《关于进一步加强本市行政机关负责人出庭应诉和旁听审理工作的意见》，推动全市各区开展出庭、旁听、讲评“三合一”活动。静安、徐汇、黄浦等区相继举办由区长出席、全区各行政机关主要领导及分管领导共同参与的区级行政诉讼庭审、旁听、讲评“三合一”活动。奉贤区还首创行政诉讼模拟法庭课程并纳入区委党校（行政学院）主体班次教学内容。

（4）加强基层队伍建设

上海市人民政府以习近平总书记考察上海重要讲话精神为指导，积极探索基层法治建设中的问题解决方案。在本年度多次赴基层街道开展研究，广泛听取基层法治建设单位及一线人员的意见。针对基层在推进法治建设过程中面临的人才队伍短缺、权职不匹配、立法缺位、执法难等问题进行归纳总结。

深入贯彻“坚持把非诉讼纠纷解决机制挺在前面”的重要指示精神，全面建立市、区两级非诉讼争议解决中心，整合非诉讼纠纷解决资源，完善人民调解、行政调解、司法调解联动的工作机制，推进线上诉调对接，构建全市大调解工作机制。建立“110”非警务警情对接分流机制，将人民调解引入“110”接处警流程，精准回应当事人的多元化诉求，提升纠纷解决效率。稳步推进行政调解，深化律师调解试点。2021 年是《培育发展“上海调解”服务品牌三年行动方案（2019—2021 年）》的收官之年，上海基本实现了三年计划预设的主要目标，推动人民调解员队伍专业化、职业化和品牌化发展，形成司法所、公安派出所联动化解矛盾的“上海方案”。

（5）全面优化营商环境

打造国际一流营商环境，加快形成更公平、更透明、可预期的法治化营商环境，及时将可复制、可推广的经验做法上升为制度规范，是党中央、国务院对上海的殷切希望。

上海市依法治市办牵头，建立了长三角地区三省一市立法、执法、法治研究等协作机制，持续推进长三角区域协同立法，加快推进重点领域立法，深化长三角区域行政规范性文件合法性审核机制一体化建设，加快推进长三角区域政务服务“一网通办”改革，持续优化长三角区域营商环境。2021 年，上海市优化营商环境法治保障共同体设立首批 19 家联系单位，主要为上海司法单位、法律服务机构和相关社会组织，在收集、研判、分析处理营商环境法治问题方面具有一定专业优势，旨在及时发现并解决营商环境相关法治问题。上海市人民政府着重加强执法保障、完善制度，加强执法司法和普法宣传，促进上海法治化营商环境建设水平不断提升。充分利用政企沟通对话机制和共同体联系点工作机制，对标一流，更好地发挥法治固本、稳预期、利长远的重要作用，着力营造更加稳定、公平、透明、可预期的营商环境，以营商环境和法制环境的确定性，对冲市场环境、外部环境的不确定性，持续优化上海市营商环境。

（6）行政立法“落实全过程人民民主”

首先，保障人民群众全过程参与立法各环节。立法工作包括立项、起草、审议、论证、评估以及通过等诸多程序。上海创新立法模式、调整工作措施，逐步扩大人民群众对立法工作的全过程参与。譬如，在立项环节，上海通过网站、微信公众号等多种途径向社会公开发布征求规章立项建议的通告，欢迎社会各界和市民提出立项建议。在审核环节，除向政府部门、相关单位完成两轮意见征求工作外，还会邀请行业协会、管理服务对象召开座谈会并赴立法联系点听取群众意见。

其次，保障人民群众多途径参与立法工作。人民群众可以直接向政府行政立法部门提出立法方面的意见建议，也可以通过基层立法联系点反馈立法方面的意见建议；可以通过网站发表对法规规章的修改意见，也可以通过微信小程序参与规章立法后评估工作的意见征询。对新技术不太熟悉的年长者，也可以通过写信等传统方式表达立法诉求。

再次，保障人民群众多场景参与立法工作。人民群众既可以在立法座谈会上发表立法意见，也可以在立法听证会上陈述意见，还可以列席法制审核会议发表审核意见。

最后，注重打造立法民主平台。上海市人民政府建立基层立法联系点这一创新举措，搭建起反映民情、倾听民意、汇聚民智的畅通平台，强化了基层公众对立法工作的有序参与。市政府在立法工作中继续坚持全过程人民民主，坚持把体现人民利益、反映人民愿望、维护人民权益、增进人民福祉落实到立法工作各领域全过程，使政府立法更好地接地气、察民情、聚民智、惠民生。2021 年，政府立法项目征求联系点意见 93 件次，联系点反馈意见 611 条，采纳意见 50 条，实现了 25 个立法联系点全部参与立法意见征询、每个联系点都提出反馈意见“两个全覆盖”，联系点功能发挥越来越充分，联系点意见对提升立法项目质量、服务保障全市中心工作发挥了重要作用。

（7）全面深化行政审批制度改革

简政放权、优化服务，激发市场活力是近年来法治政府建设的重要方向。根据《2021 年上海市深化“放管服”改革工作要点》（以下简称《工作要点》），推出 5 个方面 35 项举措，其中包括在浦东新区率先试点“一业一证”改革并逐步在全市范围内推广实施，支持临港新片区建设，开展重点领域综合审批改革等多项支持浦东发展的举措。根据《工作要点》，2021 年上海将坚持不懈推动“放管服”改革，持续改善营商环境，力争世界一流。在深化行政审批制度改革方面，聚力贯彻清单管理制度。在国务院公布全国层面设定行政许可事项清单的大前提下，改革修订上海行政许可事项清单。继续推进取消、下放和调整行政审批等事项，针对重要领域、重点区域、重大改革，加大放权赋能力度。要深入推进“一业一证”“证照分离”改革。2021 年度，浦东新区作为社会主义引领区已通过“一业一证”颁发行业综合许可证 2200 多张，剩余各区总计颁发 6300 余张。在涉企生产经营许可、项目投资审批等领域，普遍实施告知承诺制。2021 年度，在市级层面负责审批的 296 件事项中，实行“直接取消审批”“审批改为备案”“实行告知承诺”三种方式的项目比例达至 43.6%。在进一步降低准入门槛、激发市场活力和社会创造力、切实维护公平竞争市场秩序、为市场主体和群众办事增添便利等方面提出了一系列举措。

（二）2021年法治政府工作亮点

1. 统筹协调推进新时代立法工作

2021 年，上海市人民政府统筹谋划，全年共组织起草 19 件地方性法规提请上海市人大常委会审议，截至 2021 年 2 月，16 件法规已审议通过，3 件法规正在审议中；制定出台 19 件政府规章，共计 38 件。这些法案紧扣上海城市建设和发展所聚焦之领域，加强法律制度供给。

首先，服务国家重大战略规划推动政府立法。紧紧围绕长江三角洲区域一体化发展、浦东引领区建设、“五个中心”建设、上海自贸区临港新片区建设等，重点推进相关立法计划，为国家战略、重大任务的顺利落实提供有效支撑。上海市人民政府积极推进浦东新区法规工作，推出《关于加强浦东新区高水平改革开放法治保障的决定》，2021 年制定了浦东新区张江生物医药、临港新片区等方面的政府规章和地方法规。上海市人民政府致力于以更高站位、更多层面、更大力度、更广视角推进全方位高水平开放。其次，加强新经济新技术领域政府立法。起草出台《上海市数据条例》，有效加强数据权利保护，畅通公共数据资源的流动渠道，全力推进数据资源开发和应用。起草出台的《上海市智能网联汽车测试与应用管理办法》，是全国首个有关该领域管理体制的地方规章，明确智能网联汽车测试与应用中的重点环节流程及要求，为促进智能网联汽车行业健康发展提供立法保障。再次，强化城市精细化管理。上海在经历数十年高速度、高质量发展后，超大型城市的发展已然迈入新阶段，面对新形势和新要求，为满足人民群众追求美好生活的需求，对老旧片区进行改造，加快城市更新已是紧要任务。上海市人民政府为此多次召开专门会议，组织专家论证，有效推进了《上海市城市更新条例》的制定实施。推动出台“一江一河”条例，注重体现滨水公共空间的高标准、高品质和精细化管理，在突出规划引领、提升建设标准、实行共享共治等方面作出了规范。最后，聚焦民生关切推进政府立法。紧紧围绕人民群众对美好生活的新需求，推动出台公共法律服务、粮食储备、地图、慈善等多部法规规章，充分体现“人民城市人民建，人民城市为人民”重要理念。在建党 100 周年之际，起草出台并落实《上海市红色资源传承弘扬和保护利用条例》，对具有重要历史价值、教育意义、纪念意义的红色资源，采取多种措施予以保护，更加凸显了上海作为党的诞生地和初心始发地的重要意义。

在完成具体立法任务的同时，上海市人民政府还进一步创新完善政府立法体制机制，在充分发挥上海市人民政府基层立法联系点功能等方面也作出有益探索和尝试，让政府立法工作为上海市民的美好生活助力，为社会经济的稳健发展提供法治保障。

2. 初步形成上海法治政府建设的特色亮点

《上海法治政府建设规划（2021—2025 年）》（以下简称《规划》）对上海今后五年的法治政府建设作出了系统规定，这是新的历史条件下上海法治政府建设的纲领性文件。2021 年，上海法治政府建设过程中形成一系列亮点。

（1）目标导向

《规划》明确将政府行为全面纳入法治轨道，使上海在法治政府建设方面在全国实现率先突破，使上海法治政府建设与上海区域优势及综合实力相匹配。上海始终强调这一总体目标，以这个总体目标为基调实现各个层面的制度设计和规范要求。《规划》在依法治国的总原则中确立了问题导向和目标导向的原则："聚焦党中央关注、人民群众反映强烈的突出问题和法治建设薄弱环节，着眼推进国家治理体系和治理能力现代化，固根基、扬优势、补短板、强弱项，切实增强法治中国建设的时代性、针对性、实效性。"由此可见，上海在落实法治中国建设总体部署中有着非常清晰的目标，而且要求任何一个有关法治中国建设的举措都应当具备这样的问题导向或者目标导向。

（2）超前部署

以《规划》为例，其虽是对今后五年上海法治政府建设的部署，却有着相当长远的考量和目标选择以及对法治政府深层次的指导价值。一方面，《规划》考虑到了上海 2035 年之前法治政府建设的相关事宜。如《规划》提出让上海城市治理能力不断提升，围绕国家战略对法治政府进行规划，提出科学决策、民主决策、优化营商环境等较为长远的行为举措。这就使得《规划》既是对今后五年上海法治政府建设的要求，也是对 2035 年之前或者更长远时期法治政府建设的要求。另一方面，《规划》还提出了一些非常超前的政府治理理念，如在法治政府建设中要引入大数据、云计算、数字化的治理模型等。《规划》对未来深化行政体制改革也作了较为详细的规定和要求，如提出坚持"依法下放、试点先行"，坚持"权随事转、编随事转、钱随事转"等。2021 年，上海市人民政府围绕《规划》已启动了相关工作事项。

（3）精准改革

上海市在归纳法治政府建设的原则、理念后，精准设计，使其形成具体的内容结构。从深层次上看，上海不仅对法治政府建设作了全方位的规划，还就具体的11个大项43个小项进行重点建设。如提出加强行政决策执行和评估，加大重点领域执法力度，加强重要领域立法，形成监督合力，深化政务公开等。这些小项中有些内容表述得非常精准和务实，例如强化政务诚信建设的条款中规定："完善政府守信践诺机制。健全完善政务失信记录制度，将违约毁约、拖欠账款、拒不履行司法判决等失信信息纳入市信用信息共享平台并向社会公开。建立政务诚信评价指标，开展政务诚信评价。建立健全政府失信责任追究制度，加大失信惩戒力度。按照国家统一部署，开展政府机构失信问题专项治理。"同时，上海对当下的大数据时代作了很好的回应。大数据时代依法行政有所超越，如非现场执法、人脸识别技术、随申码的普遍使用等，都是大数据时代的产物，使得政府法治由原来的粗放型向精细化全面转型。

（4）技术引领

从理论上讲，法治政府建设经历了若干历史阶段。在法治政府建设的初期，相关的法治原则对法治政府建设起着主导作用。如长期以来奉行的行政合法性原则、行政合理性原则、强调比例原则等，这些原则使政府行为有所遵循。2004年国务院制定了第一个与法治政府建设相关的纲要——《全面推进依法行政实施纲要》，形成了一系列有关法治政府建设的行为规则，如"建立健全行政执法主体资格制度""推行行政执法责任制""健全行政决策机制"等，并对这些规则作了进一步细化。在此后的行政法治实践中，上海根据这些规则以及前期所确立的原则制定了《上海市政府信息公开规定》《上海市重大行政决策程序暂行规定》等。一系列具体规定使上海法治政府建设由原则层面转到规则层面，行政主体在行政执法中基本上做到了有章可循。上海延续了传统法治政府建设中的有益经验，并进一步使法治政府建设进入技术引领的新阶段。2021年，上海提出了一系列具有技术色彩的规则，如“深入推进数字化平台建设”“加快推进政务数据有序共享”“深入推进互联网+监管”。可以说，上海法治政府建设进入了新的技术规范阶段，而且强化了技术引领。

（5）区域特色

上海市人民政府将法治政府建设作为工作重点，注重对党和国家关于法治国家、法治政府和法治社会一体建设相关政策精神的学习和领悟，在此基础上进行细化，注重将国家层面关于法治政府建设的顶层设计在上海落实落地。在此基础上，上海法治政府建设突出了上海的区域优势和特色，具体表现在以下几方面。一是上海明确提出推动长三角更高质量一体化发展。上海法治政府建设要有长三角一体化的视野，要在法治建设中与上海周边省市相互贯通。2021 年出台的《规划》就有这样的规定：“强化长三角 G60 科创走廊建设法治保障，实现区域政策制度制定、实施高效协同，基本建成具有国际影响力的科创走廊。”二是上海强调发挥自贸试验区临港新片区的试验田作用。就是将法治政府建设与自贸区建设联系在一起，与自贸区建设中的制度创新联系在一起。如负面清单的管理模式就是在自贸区首先实施的，自贸区还可为法治政府建设提供其他方面的创新制度和举措。三是上海明确提出保障浦东打造社会主义现代化建设引领区。浦东作为改革开放的前沿和窗口得到了国家的高度重视，十三届全国人大常委会第二十九次会议表决通过了《关于授权上海市人民代表大会及其常务委员会制定浦东新区法规的决定》，赋予上海在浦东新区立法方面享有一定的自主权。上海市人民政府进一步强调：“不断完善支持浦东新区大胆试、大胆闯、自主改的法治保障体系。依法赋予浦东新区市级经济管理权限，进一步在经济调节、行政审批、规划制定、综合执法等方面对浦东新区加大放权力度。”

三　深入推进司法体制综合配套改革

2021 年，上海司法体制综合配套改革在原有基础之上继续深入推进，推动和服务“法治上海”落地落实，法治成为上海核心竞争力的重要标志。

（一）2021年深入推进司法体制综合配套改革的工作回顾

上海的发展离不开法治的保驾护航。上海法院和检察院始终坚持以习近平法治思想为指引，贯彻“人民城市人民建，人民城市为人民”的重要发展理念，在过去司法体制综合配套改革基础之上，深入推进改革各项方案，为建设“平安上海”“法治上海”贡献有益力量。

1. 法院系统工作回顾总结

2021 年，全市法院系统坚持服务大局、司法为民、公正司法，忠实履行宪法法律赋予的职责，统筹推进疫情防控和法院各项工作，审判执行质效继续走在全国前列，司法体制改革深入推进，队伍建设取得新进展。

（1）围绕大局履职尽责，服务上海经济社会高质量发展

优化法治化营商环境。发布《上海法院推进法治化营商环境建设专项行动计划 4. 0 版》，就保护市场主体权益、推进诉讼流程再造、完善立审执衔接机制、降低诉讼时间和成本等方面出台 61 项改革举措，积极营造国际一流法治化营商环境。在国家营商环境评价中，上海法院“解决商业纠纷耗时”和“破产法律框架质量指数”均获得满分。围绕产权司法保护，依法维护企业家合法权益，发布为企业家创新创业营造良好法治环境第三批典型案例，让企业放心经营、安心发展。围绕完善市场主体救治和退出机制，配合上海市人大常委会制定《上海市浦东新区完善市场化法治化企业破产制度若干规定》，先行先试推动解决破产府院协调、破产程序启动、企业财产查控处置、重整企业信用修复等难题；完善破产案件集中管辖机制，强化审判力量配备，优化破产案件繁简分流、执行转破产程序衔接等审判机制，让危困企业脱困重生、僵尸企业快速出清。围绕服务保障高水平对外开放，落实服务浦东新区改革开放再出发专项司法意见，主动对接国际通行规则，加强涉自贸区案件专业化审判，支持境内外仲裁机构开展涉外仲裁，自贸区法庭服务保障对外开放入选全国法院“新时代人民法庭建设典型案例”。围绕打造国际海事纠纷解决优选地，上海海事法院制定推广海事海商纠纷诉讼管辖协议示范条款、境外公司概括性授权等机制，进一步缩短案件审理周

期，提升海事海商纠纷解决管辖吸引力。

服务创新驱动发展。完善知识产权刑事、民事、行政“三合一”审判机制，探索建立知识产权价值评估专家咨询制度，进一步优化知识产权事实查明机制。与世界知识产权组织仲裁与调解中心签署合作备忘录，完善国际知识产权多元化纠纷解决机制，促进涉外知识产权纠纷调解质效提升。加大对发明专利、关键技术、新兴产业的司法保护力度，依法制裁盗版抄袭、假冒商标、侵害商业秘密、不正当竞争等行为，维护中外企业合法权益。依法审理涉“拼多多”“京东”“1 号店”“小红书”等互联网企业纠纷，维护公平竞争环境，引导新技术、新业态、新模式在法治轨道上有序发展。

保障金融健康发展。加强金融审判专业化建设，扩大上海金融法院管辖范围，审结全国首例证券虚假陈述普通代表人诉讼案等一批具有规则导向意义的金融纠纷案件，有效规范和引导金融交易行为。健全涉科创板案件专业审判工作，推广和优化证券纠纷示范判决审理机制，形成群体性金融纠纷高效化解新模式。与上海证监局、上海清算所等 11 家机构合作，共同构建金融司法协同监管新格局，提升防范金融风险的能力。举办陆家嘴论坛“金融法治国际研讨会”，发布涉外、涉港澳台金融案件审判指南和典型案例，会同中国人民银行上海总部、复旦大学成立“中国金融法治研究院”，上海金融审判国际国内影响力进一步提升。

（2）加大司法保障力度，推动更高水平的法治上海建设

依法惩治各类刑事犯罪。扎实推进扫黑除恶常态化，依法审结涉黑涉恶犯罪案件，依法严惩故意杀人、抢劫、强奸、绑架等暴力犯罪案件，以及醉酒驾驶、竞速飙车、高空抛物等危害公共安全犯罪案件，保障人民群众生命财产安全。审结“昭化路厂房坍塌事故案”等重大责任事故、重大劳动安全事故犯罪案件，保障人民群众生产安全。加大对非法集资、电信网络诈骗等涉众型犯罪打击力度，健全涉案财物追缴处置机制，守好人民群众“钱袋子”。依法惩处危害食品药品安全犯罪，保障人民群众“舌尖上的安全”。

助推全面依法治市。监督行政机关依法行政，深入推进行政争议实质性化解，与市司法局建立预防化解行政争议联席会议机制，全市行政案件集中

管辖法院全部设立“行政争议调处中心”，通过开展行政争议协调和解、督促行政机关主动纠错等方式，支持保障行政相对人合法诉求，行政案件一审后的息诉率逐年上升。稳妥推进旧改征收司法执行新机制，加快案件审判执行进度，及时对黄浦、虹口等区的四块“毛地”进行司法拍卖，依法支持上海旧改征收工作，保障城市更新。加强法制宣传，深入机关、社区、企业、学校广泛开展民法典宣传，举行“百校百讲献给党”校园普法、“法进百企护民生”等专项活动，宣传“预防未成年人违法犯罪”“疫情下劳动争议化解”等法律知识，让鲜活案例成为全民共享的法治“公开课”。延伸司法职能，对执法办案中发现的有关社会治理、行业监管等方面的问题，发送司法建议。

（3）积极践行司法为民宗旨，提升人民群众司法获得感

强化民事权益保护。认真贯彻实施民法典，妥善审理涉名誉侵权、劳动争议、网络购物等各类民生案件，依法保障人民安居乐业。深化家事审判改革，建立抚养费提存监管机制，完善探望监督人制度，审结婚姻家庭、赡养抚养等家事纠纷 3.3 万件，发出人身安全保护令 70 余份，维护妇女、儿童、老年人合法权益。发布《关于充分发挥环境资源审判职能　为长江十年禁渔提供司法服务和保障的意见》和典型案例，依法审结涉水土资源污染、废弃物排放、生物多样性破坏等环境资源案件，创新补绿放生、增殖放流、清理污染等生态环境替代修复方式，促进形成绿色生产方式、树立绿色生活理念。审结全市首例生态环境损害赔偿公益诉讼案，判决被告赔偿生态修复费用 670 万元。

健全解决执行难长效机制。持续深化“基本解决执行难”成果，集中开展强制腾退、查扣车辆、案款清理、涉民生等执行专项行动。强化执行联动机制，将解决执行难纳入平安建设考评，与市公安局、市场监管部门、保险机构、外卖平台等单位在车辆信息查询、地址信息查询、限制失信企业随意变更法定代表人、执行人身保险财产利益等方面开展联动协助，全面推进查、控、扣一体化建设。加强执行监督管理，严格落实执行案件“一案双查”，制定《关于开展执行领域突出问题集中整治专项行动工作方案》，开

展执行条线顽疾整治行动。

（4）深化司法体制改革，推动审判体系和审判能力现代化

围绕正确处理放权与监督的关系，制定实施《关于进一步深化审判权力制约监督体系改革的实施意见》，持续加强专业法官会议、审判团队、权责清单等配套机制建设，集流程监督、制度监督和信息化监督三个层次于一体的新型审判权力制约监督体系进一步完善。落实院庭长办案常态化机制，充分发挥院庭长带头办理重大疑难案件和监督管理重大案件的作用。修订《关于专业法官会议的规定》，对重大疑难复杂、群体性纠纷、合议庭意见有分歧等八大类案件进行“专家会诊”。优化完善“上海法院审判业务一体化支持平台”“法律适用疑难问题网上咨询系统”，制定类案办案要件指南累计超 30 个，促进法律适用统一。

持续深化诉讼制度和审判机制改革。积极推进民事诉讼程序繁简分流改革试点，强化小额诉讼程序适用，创新探索小额诉讼约定前置程序。完善简易程序适用，探索适用令状式、要素式、表格式等简式裁判文书。完善二审独任制适用，改革试点经验被最高人民法院收入“民事诉讼程序繁简分流改革试点系列展示案例”。积极推进四级法院审级职能定位改革试点，合理调整一审民事、行政案件管辖标准，完善案件级别管辖、提级管辖、再审程序改革等配套机制，推动审判重心进一步下沉，强化高、中级人民法院审级监督作用。

全面推进全流程网上办案体系。积极应对疫情，充分运用智慧法院建设成果，把 2021 年作为全流程网上办案的系统集成年、重点突破年，制定实施《关于完善全流程网上办案体系促进审判高质量发展的指导意见》，统一网上办案的流程规则，打造涵盖起诉、庭审、文书制作、宣判、执行和诉讼服务、申诉信访、审判监督、司法公开等 30 多个节点的全流程网上办案体系，实现材料网上提交、案件网上办理、卷宗同步生成、审判智能辅助、诉讼全程监督，大大方便了法官办案和当事人诉讼。网上立案流程持续优化，随机分案模式持续完善，庭审记录改革深入推进，电子卷宗单套制归档改革全面推进。上海刑事案件智能辅助办案系统深入应用，政法各单位业务协

同、信息共享机制进一步完善，智能辅助办案作用进一步加强。

2. 检察系统工作回顾总结

2021 年是中国共产党成立 100 周年、“十四五”开局之年，也是人民检察制度创立 90 周年。上海检察机关在市政府、市政协和社会各界的大力支持下，将红色基因融入检察血脉，抓实政治建设和教育整顿，强化法律监督和专业能力，各项工作稳中有进。

(1) 着眼“两个大局”，全力保障上海继续走在高质量发展前列

对标习近平总书记交给上海的重大任务、赋予的重大使命、作出的重要指示要求，紧扣强化“四大功能”、深化“五个中心”、发展“五型经济”等主攻方向，落实落细检察服务保障举措，与时俱进为大局服务。

护航高水平改革开放。服务保障浦东新区打造社会主义现代化建设引领区，探索完善涉外争端监督救济机制、强化数据产权保护等创新举措，相关立法建议被首批“浦东立法”采纳。对接虹桥国际开放枢纽、自贸区临港新片区建设，依托派驻检察服务基地，落实企业全生命周期司法保护、检察公共服务数字化等 17 项措施。围绕场馆核心区域安全、交易物流仓储等重点环节，保障进博会“越办越好”。明确服务长三角一体化发展的 27 项年度重点任务，统一部分罪名法律适用标准，联合出台全国首个跨省域知识产权保护指引，长三角检察协同持续走深走实。

保障国际金融中心能级提升。持续打击金融犯罪，完善对洗钱上游犯罪案件同步审查、“一案双查”机制。就办理的全国首例利用虚拟货币洗钱犯罪案件，向国际组织介绍中国经验。依托最高检设在上海的证券期货犯罪办案基地，打造上海金融检察研究中心，细化依法从严打击证券犯罪活动的 24 项举措，在新型犯罪打击、跨境司法协作、金融治理等方面走在前列。

服务营商环境优化升级。全域试点涉案企业合规改革，深入保护企业合法权益，促进企业守法经营。完善企业合规制度保障，建立第三方监督评估机制，联合工商联等部门成立市、区两级管理委员会，公开选任专业人员组成第三方名录库，促进“严管”制度化，不让“厚爱”被滥用。持续开展涉企刑事案件“挂案”专项清理，为企业解绊。

（2）践行为民初心，协力创造更美好的城市、更幸福的生活

深化平安上海建设。推进扫黑除恶斗争常态化，从严打击电信网络诈骗犯罪。扎实开展“断卡”专项行动，依法惩治非法买卖电话卡和银行卡、非法从事支付结算等黑灰产业，推动全链条精准打击。常态化推进依法战“疫”，起诉妨害疫情防控犯罪80余人，对因履行防疫职责被不当立案的，依法监督纠正，切实维护防疫秩序。以电动车“飞线”充电、高空抛物等为切入点，推动城市公共安全治理，相关案例获评全市“创新社会治理，深化平安建设”十佳示范案例。

聚焦特殊群体传递司法温度。加强对“一老一小”的深度司法保护，让“最揪心群体”获“最暖心呵护”。完善未成年人刑事、民事、行政、公益诉讼检察“四合一”履职模式。以上海未成年人检察工作创建35周年为契机，开展未成年人犯罪记录封存、网络保护、从业限制和强制报告等专项监督，创新“检校问诊室”模式，强化家庭教育指导，推动“六大保护”协同发力，上海未成年人犯罪占比连续10年下降。深化涉老检察专业化建设，依法严惩欺老骗老虐老犯罪。携手职能部门推进人行天桥无障碍改造、破解“数字鸿沟”等工作。“探索老年人特殊司法保护”入选市法治为民办实事十大重点项目。

协同提升城市善治效能。制发社会治理类检察建议，引领法治观念，促进动态防治。充分发挥人工智能和互联网检察“一中心、两基地”作用，依法保障数据安全，办理的网络直播诈骗案入选最高检“推进网络空间治理”典型案例。推动电子烟营销、密室逃脱等新业态完善监管，促进打造行业“治理样板”。强化信访责任，化解重复信访、信访积案300余件，司法救助案件数和金额均同比上升28%以上，最大限度地凝聚和谐因素、推动诉源治理。

（3）坚守公平正义，奋力推动法律监督全面协调充分发展

坚决扛起法律监督的政治责任、法治责任、检察责任，进一步做到敢于监督、善于监督、依法监督，努力当好公平正义守护者、公共利益代表者。

持续做优刑事检察。落实“少捕慎诉慎押”刑事司法政策。坚持宽严

相济，完善常见罪名不捕、不诉标准，对非羁押人员探索“云报告”“电子监管”等核查机制，避免“一捕了之”“一放了之”。深化适用认罪认罚从宽制度，更好地节约司法资源、提高司法效率、化解社会矛盾，推广应用量刑建议智能辅助系统，全面推行控辩协商同步录音录像，确保制度规范高效运行。加强刑事立案、侦查活动和审判活动监督，完善刑事执行与监管执法监督，深化拓展巡回检察，部署剥夺政治权利刑罚执行专项检察。

精准推进民事检察。加大民事支持起诉力度，对涉老年人、务工人员、在校学生等民事纠纷，支持起诉120余件。完善虚假诉讼检察监督机制，办理在“套路贷”、车牌诈骗中发现的虚假诉讼案件。强化类案监督，围绕道路交通事故伤情鉴定不规范、“同案不同判”等问题制发检察建议，相关监督案件入选最高检典型案例。

全面深化行政检察。深化拓展上海首创的行政检察监督工作协调机制，在全市16个区实现全覆盖，通过参与旧区改造法律服务、政府行政执法评查等工作，促进依法行政。对土地执法查处领域非诉执行开展专项监督活动，办理相关案件280余件，推动土地资源合法有效利用。

（4）深化司法改革，着力提升检察履职现代化水平

对标排头兵、先行者，更好地发挥开路先锋、示范引领、突破攻坚作用，深化司法责任制综合配套改革，切实以改革激发活力动力、提升办案质效。

完善执法司法制约监督机制。在全国率先出台介入侦查引导取证工作指引，加强对刑事办案的前端引导。完善对不批捕案件的跟踪监督、对捕后案件督促起诉等机制，定期向公安机关通报补充侦查情况，促进提升侦查质量，切实把好刑事诉讼“入口关”。对法院移送公安机关的刑事犯罪线索开展跟踪监督，确保违法必究。出台全国首个覆盖“四大检察”的调查核实工作规程，有力推动查明监督事项、提升监督效能。

深入推进司法责任制综合配套改革。完善员额检察官动态调整机制，健全检察官业绩考评机制，有序实现有进有出、能上能下。根据新时代法律监督工作格局，制定实施《上海检察机关关于司法办案职权配置和运行的规定》，修订完善第三版检察官权力清单。严格落实监督管理责任，专项部署

市检察院领导评查基层院检察长办结案件，切实做到“入额必办案、办案必负责”。

（二）2021年深入推进司法体制综合配套改革的工作亮点

2021年，上海法院与上海检察院在深入推进司法体制综合配套改革期间，形成了一批具有创新意义或显著成效的工作亮点。

1. 法院工作亮点

2021年，上海法院系统统筹推进疫情防控和法院各项工作，审判执行质效继续走在全国前列，司法体制改革深入推进，涌现出一批具有创新意义或显著成效的实绩。

（1）服务全面推进长三角一体化发展

深入推进长三角司法协作，沪苏浙皖四地高院会签《长三角地区法院执行工作“一体化”备忘录》，健全异地执行协作、执行数据共享、联合信用惩戒等工作机制，跨域执法办案成为常态。上海海事法院、知识产权法院、金融法院、嘉定法院分别与长三角地区相关法院签署专项合作协议，为长三角一体化发展提供精准司法服务和保障。青浦法院会同江苏吴江、浙江嘉善两地法院定期召开跨域专业法官会议、建立失信被执行人联合曝光平台。吴曼诉华澳国际信托公司财产损害赔偿纠纷案等3个案例入选“人民法院服务和保障长三角一体化发展典型案例”。

（2）持续深化诉源治理

深入推进一站式多元解纷机制建设，升级“上海法院一站式多元解纷平台”，延伸拓展“市—区—街镇”三级诉调对接网络，“横向”对接全市17家非诉讼争议解决中心、6400多家人民调解组织和金融、经贸、航运、知识产权等行业调解组织，“纵向”下沉街道乡镇和基层村居，打造“线上受理、线上调解、线上确认”全流程网上纠纷化解新模式，建立特邀调解组织和调解员名册。认真贯彻《上海市促进多元化解矛盾纠纷条例》，与市司法局联合制定《关于探索实行调解程序前置试点的实施办法》，在全国率先开展家事、小额债务、消费者权益、劳动争议等纠纷调解程序前置试点工作。制定《关于推动新时代上海法院人民法庭高质量发展的实施意见》，推广诉讼服务站、法官联络点等机制，积极探索符合超大城市治理需求的人民法庭建设。

（3）提升诉讼服务效能

制定《上海法院诉讼服务中心接待工作规范》，设置“诉讼服务智慧舱”，全面升级网上诉讼服务平台，上线“上海法院 12368 智能语音 2.0 版”，为当事人提供自助立案、线上保全、在线庭审、财产查控、智能答疑等全流程诉讼服务，实现诉讼服务“线下一站式”“线上一网通”。积极推进跨域网上立案，探索开展“非面对面、非同步”在线异步诉讼，推动案件跨地域、跨时空调解和审判，为当事人节省成本、提供便利。全面运用立案“智能审查”系统，对符合立案条件、审查期限满 7 日的案件和调解满 2 个月的诉调案件由系统自动转为立案，切实保障当事人诉权。推出适老诉讼服务举措，增设特殊立案窗口、开通“绿色通道”，让诉讼服务更有温度。

2. 检察院工作亮点

2021 年，全市检察机关聚焦“四大指数”打好组合拳和特色牌，组建全国首批知识产权检察办公室，率先建立权利人实质性参与刑事诉讼机制，更加注重并创新公益诉讼检察工作，加快检察工作数字化赋能，落实落细检察服务保障举措，保持韧劲，固强补弱，推动“建一流队伍、创一流业务”迈上新的高度。

（1）助推创新驱动发展

组建全国首批知识产权检察办公室，全面设立专业化办案组，整合刑事、民事、行政检察职能，加强知识产权一体化综合保护，加大侵犯知识产权犯罪打击力度。在全国率先建立权利人实质性参与刑事诉讼机制，聘任技术调查官协办知识产权案件，借智借力提升办案专业化水平。坚持惩防并举，通过开展商业秘密保护专项行动、发布企业知识产权保护指南等方式，促进大保护、同保护。

（2）高起点做好公益诉讼检察

城市公共安全、公民个人信息保护等新列领域实现办案全覆盖。联合上海军事检察院、市退役军人事务局分别开展军人权益保障、烈士纪念设施管理保护专项行动。全面下沉基层设立 16 个公益检察室，升级公益诉讼快速检测实验室，优化全息办案智能辅助系统，公益诉讼的组织保障、科技支撑日益增强。

（3）加快检察工作数字化赋能

有力保障、主动融入城市数字化转型，深化科技强检，研发部署司法案例智能检索系统、超级案卡等应用场景，探索构建全流程全息网上办案体系。深度对接政务大数据，在“一网通办”平台新设“未成年人专区”，依托“信用上海”等数据开展涉案企业合规审查，通过“12345 市民热线”、舆情信息等拓展公益诉讼线索渠道，探索大数据检察监督新模式。完善上海检察大数据中心运行机制，强化数据治理，聚焦法治热点进行大数据分析，辅助业务决策、犯罪预防和行业治理。

四　2022年上海法治建设展望

2022 年，在疫情冲击下，百年变局加速演进，外部环境更趋复杂严峻。我国发展仍处于重要战略机遇期，经济韧性强，长期向好的基本面不会改变。上海是世界观察中国的一个重要窗口，肩负着国家赋予的重大使命任务，正处在构筑未来发展战略优势的关键阶段。做好 2022 年上海法治建设工作，要以习近平新时代中国特色社会主义思想为指导，贯彻落实习近平法治思想，全面对标中央、市委的重大决策部署，深入学习贯彻习近平总书记考察上海重要讲话和在浦东开发开放 30 周年庆祝大会上重要讲话精神，坚持稳中求进工作总基调，立足新发展阶段，贯彻新发展理念，服务新发展格局，以推动高质量发展、创造高品质生活、实现高效能治理为目标导向，以推进浦东高水平改革开放和三项新的重大任务为战略牵引，以推动城市数字化转型、提升城市能级和核心竞争力为主攻方向，坚持系统观念，巩固拓展疫情防控和经济社会发展成果，更好统筹发展和安全，加快打造国内大循环的中心节点、国内国际双循环的战略链接，确保经济持续健康发展和社会大局稳定，为上海加快打造具有世界影响力的社会主义现代化国际大都市提供更加有力的法治保障。

（一）紧紧围绕上海中心工作，在司法服务保障大局上展现新作为

1. 为提升上海城市软实力贡献司法智慧和力量

全面贯彻新发展理念，依法履职、精准发力，服务保障“六稳”、“六保”、城市数字化转型、“五型经济”、“五大新城”等建设。聚焦浦东打造社会主义现代化建设引领区，加强涉外审判机制建设，持续做好与市级经济管理权限下放等改革领域的司法衔接。围绕长三角高质量一体化发展，在跨域立案、协助执行、诉讼服务、信息化建设、适法统一、人才交流等方面加大协作力度。认真落实《知识产权强国建设纲要（2021—2035 年）》，加大电商平台、数字经济、文创产业等重点领域知识产权保护力度，鼓励自主创新。持续优化国际一流法治化营商环境，完善国际商事和金融审判体制机制建设，抓好破产管理人扩容和分级管理，健全产权司法保护机制。

2. 始终坚持以人民为中心，在维护公平正义上推出新举措

坚持严格公正司法，深入贯彻实施民法典和新修订的民事诉讼法，依法妥善化解各类矛盾纠纷，维护市场公平竞争秩序与社会和谐稳定。严格落实立案登记制要求，进一步畅通线上线下立案渠道，优化“智能审查”功能。持续整治执行领域消极执行、拖延执行等顽瘴痼疾，完善执行监管机制，严格规范终本案件管理，强化立审执协调配合、执行与破产有序衔接等工作机制，向切实解决执行难迈进。坚持把非诉解纷机制挺在前面。加快推进一站式调解平台进街道、进社区、进网格，推动矛盾纠纷源头化解；加强多功能、集成式、一站式诉讼服务中心建设。提升网上诉讼服务覆盖度和使用率，全力打造网上枫桥新经验和线上诉讼服务新模式。设置判后答疑专窗，做好法律释明工作，推进涉法涉诉信访源头化解。

3. 着力聚焦巩固改革成果，在深化司法改革上打造新亮点

以全面提升司法公信力为目标，构建与新型司法权力运行机制相适应的司法责任体系，进一步完善审判权力制约监督体系，对已经实施的改革加强

评估问效，推动各项改革举措系统集成、协同高效。加强法律适用标准化建设，进一步推进类案裁判思路、裁判方法、司法尺度统一。持续开展四级法院职能定位改革试点，优化诉讼分流、职能分层和资源配置，加强审级制约监督体系建设，探索形成可复制、可推广的试点经验。深化智慧法院建设，持续完善全流程网上办案体系，全面推进电子卷宗随案同步生成、在线庭审、庭审记录改革、电子送达、归档单套制、智能辅助办案系统运用，推动执法办案合流程、系统性再造。

4. 坚决落实全面从严治党，在锻造过硬队伍上迈出新步伐

大力加强政治建设，推动队伍教育整顿常态化开展，进一步筑牢政治忠诚。持续深化党史学习教育，积极创建模范机关，全面提升基层党组织组织力。加强审判业务高层次人才建设，完善青年干部培养选拔机制，推动形成政治过硬、素质优良、结构合理的法院人才队伍。全面落实“四责协同”机制，严格执行防止干预司法案件“三个规定”机制，确保队伍清正廉洁。坚持严管和厚爱相结合，完善职业保障制度，切实增强干警职业尊荣感。

（二）深化检察专业化建设，助力上海高质量发展交出满意答卷

1. 对标最强法治保障，努力交出服务大局为民司法的更优答卷

统筹发展和安全，认真落实中央经济工作会议精神和上海相关部署，全方位维护国家政治安全、城市公共安全、群众生命财产安全；服务“六稳”“六保”，加强经济社会风险预判预警，深入推进涉案企业合规改革试点，进一步健全企业权益保护机制。以法治力量护航全市既定目标任务有序推进，持续落实服务浦东打造“引领区”的“19条意见”，主动参与和保障浦东授权立法、重点产业集群发展等工作；强化对“五个新城”重大项目、特色产业、宜居生活的法治保障；深化金融检察、知识产权检察等专业化建设，有效助力上海构筑高质量发展新优势。完善“检察为民办实事”长效机制，围绕一江一河、城市更新、民生保障扎实履职，确保把实事办好、把好事办实。

2. 对标“让法治环境好成为上海的重要标志”，努力交出强化新时代法律监督的更优答卷

深入贯彻“少捕慎诉慎押”刑事司法政策，推动凝聚刑事诉讼各环节共识，持续创新非羁押诉讼模式。认真贯彻实施民法典，紧盯立案、执行等监督重点，进一步提升民事检察精准监督水平。深化行政检察监督工作协调机制，常态化推进行政争议实质性化解，更好地实现政和人和。扎实开展公益诉讼质量提升专项活动。坚持双赢多赢共赢理念，对接审级职能定位改革等新情况，相应完善法律监督组织机构和工作机制。推动“两法衔接”、跨部门大数据协同等任务落地见效。

3. 对标检察工作现代化目标，努力交出深化司法体制综合配套改革的更优答卷

坚持创造性落实、引领性发展，立足最高检案件质量评价指标体系，紧密结合上海城市发展、法治环境、人民群众感受度及总体执法司法水平等，探索更加符合上海实际的案件质量评价体系，引导检察业务科学适配发展。深化司法责任制综合配套改革，在完成刑事检察官权力清单基础上，细化完善民事、行政、公益诉讼检察权运行机制，更加精准地落实司法责任追究和员额退出等机制。研发全程多维应用场景，全面推进数字检务转型升级。按照最高检统一部署，认真总结跨行政区划检察改革试点工作，努力创造更多可复制、可推广的经验。

4. 对标最高标准、最严要求，努力交出过硬检察队伍建设的更优答卷

始终将政治建设摆在首位，认真学习贯彻党的二十大精神，落实市第十二次党代会各项部署，持续推动政治与业务深度融合，不断提升政治判断力、领悟力、执行力。坚持不懈锻造专业化办案团队，全面提升新时代检察业务能力，着力打造具有时代气息、富有专业精神、体现上海水平的一流队伍。巩固深化政法队伍教育整顿成果，常态化开展政治督察，从严执行“三个规定”，细化规范检察官接触交往、离任人员从业限制，拓展廉政风险防控机制，坚决做到绝对忠诚、绝对纯洁、绝对可靠。

（三）以浦东新区法规立法推动制度性开放突破

1. 深化金融创新，构建离岸金融服务与离岸贸易配套法律体系

虽然我国资本项目尚未完全开放，但是离岸金融账户下的资金流进与流出是一个发展方向。上海需通过新区立法赋予浦东开展离岸贸易、离岸金融服务的权力与特殊的制度安排，将浦东建成全球首个人民币离岸中心，有限度实现资本账户开放。搭建浦东新区人民币离岸金融中心框架；构建与上海自贸区、浦东新区、虹桥商务区“三位一体”相配套的离岸金融业务模式和运营模式架构，提出离岸业务经营策略组合；建立与浦东新区相配套的在岸和离岸金融监管体系框架，提出促进离岸和在岸金融业务协同发展和联动及对接的创新方案。

2. 扩大投资双向开放，建立与国际通行规则相衔接的法律制度体系

浦东作为“引领区”，要当好高水平开放的“开路先锋”，这意味着浦东未来的开放，不是一般意义、一般领域的开放，而是要在国内其他地区不具备开放条件的领域率先开放，建立与国际通行规则相衔接的法律制度体系，引领全国制度型开放。上海具有投资结构、要素集聚能力、国际商务服务基础等方面的优势。从目标导向、需求导向和问题导向出发，浦东新区法规立法应在“竞争中立”领域，率先完善国有企业的竞争行为，规范政府补贴，形成具有中国特色的竞争型开放制度规则；在监管一致性、商事争议解决等方面率先与国际通行规则接轨。

3. 构建促进新业态和新模式发展的管理体制，尽快制定浦东新区市场准入标准和市场管理办法

从未来产业发展趋势看，应尽快研究制定浦东新区促进新业态和新模式发展的指导意见，以及适合新业态、新模式发展的市场准入标准和市场管理办法。不断完善新产业新业态用地支持制度及用地监管机制；积极探索创新政府财政扶持方式，建立新产业新业态发展引导基金和投资基金，综合运用资本金注入、融资担保、无偿资助、贷款贴息和奖励等多种方式，引导社会资本投入业态和模式创新型企业；推动政府管理制度的优化与转变，基于不

同业态和模式之间的管理体制，明确各政府部门的职能分工与政策协调，使不同扶持政策有效对接。

4. 提升制度型开放水平，营造高标准市场环境，构建有利于浦东新区企业发展境外投资的制度体系

在制定实施《中国（上海）自由贸易试验区境外投资开办企业备案管理办法》基础上，研究制定浦东新区境外投资条例，通过该条例鼓励国内本土企业在浦东新区设立跨国公司总部。条例可以从投资主体、管理及服务机制、鼓励措施、风险防范、财政及金融支持等角度全面规范浦东的境外投资制度，尤其需要在改革对外投资管理体制、鼓励开展多种形式的境外投资、鼓励拓展境外投资领域等方面加强制度设计。应推进溯源治理，加强源头治理的有效性和针对性，充分发挥矛盾纠纷排查机制的作用，针对案件量最大的金融纠纷、知识产权纠纷等，明确打造一站式多元纠纷解决平台；打造与国际接轨的涉外案件纠纷解决机制，明确境外仲裁机构的法律地位，允许境外知名仲裁机构在浦东开展仲裁业务；建立浦东特色中介评估机制，由具备专业评估能力的专家和其他第三方评估机构组成，规定其评估报告可作为调解的参考。

5. 推进浦东新区知识产权立法，建设亚太知识产权中心城市

从全球趋势看，国际竞争越来越体现为知识产权领域的激烈竞争。从城市发展看，知识产权保护越来越成为提升城市核心竞争力的战略支撑。一个地区创新能力和营商环境的重要风向标是知识产权。浦东新区法规立法需突破知识产权制度，把强化知识产权保护深度融入激励创新的全过程、促进投资和优化营商环境的各环节、扩大对外开放的各方面。需要健全知识产权保护闭环体系，强化知识产权地方综合立法，完善行政执法、司法保护、仲裁调解、行业自律等环节协同机制，进一步提高知识产权综合治理效能。执法监管要更严格，加大对侵权违法行为的打击力度，形成有效震慑；对标国际，加强全方位、多层次、宽领域的国际知识产权交流合作、磋商谈判、规则制定，提升知识产权全球治理话语权、影响力。

6. 贯彻绿色立法宗旨，建设推动实现碳达峰、碳中和的税收法律体系

2030 年碳达峰、2060 年碳中和是中国推动构建人类命运共同体的责任担当，也是实现可持续发展的重大战略决策，上海作为改革开放的“排头兵”和创新发展的“先行者”，要力争在碳达峰、碳中和上走在全国前列。除了金融政策外，绿色税收将在实现碳达峰、碳中和目标上发挥更大作用，上海立法需进一步完善绿色税收体系，浦东新区可率先将碳税纳入政策和立法范围，完善资源税和消费税、开征环境保护税等政策法规。需推进绿色低碳发展的技术标准和征税政策的有效衔接，逐步提高绿色低碳发展的征税门槛；需让绿色发展的宗旨贯穿于上海外资引入、外资利用、外资退出的全过程法律制度环节，尤其需要把节能降耗性、生态环保性、社会和谐性、地区安全性评价作为引进、选择和利用增量外资的主要依据。

改 革 篇

Reformation Reports

B.2
浦东新区法规立法述评（2021）

姚建龙　俞海涛*

摘　要： 全国人大常委会授权上海市人大及其常委会制定浦东新区法规，极大地提升了浦东大胆试、大胆闯、自主改的制度供给能力。2021 年出台的六部法规用足用好立法变通权和先行先试权，对不符合浦东改革创新实践的法律法规规章作出变通，释放和发展了生产力。已出台法规秉持问题思维，采用“小快灵”的立法模式，弥补了体系思维指导下“大块头”立法模式的不足，更具针对性、适用性和可操作性。已出台法规在制定过程中充分贯彻全过程人民民主的理念，拓展人民群众有序参与立法的途径和方式，充分发挥系统集成、凝聚共识和引领推动作用，为后续立法积累了有益经验。

关键词： 浦东新区法规　立法变通　“小快灵”立法　全过程人民民主

* 姚建龙，上海社会科学院法学研究所研究员；俞海涛，上海社会科学院法学研究所助理研究员。

2021 年 4 月 23 日，中共中央、国务院发布《关于支持浦东新区高水平改革开放打造社会主义现代化建设引领区的意见》（以下简称《引领区意见》），明确指出支持浦东勇于挑最重的担子、啃最硬的骨头，努力成为更高水平改革开放的开路先锋、全面建设社会主义现代化国家的排头兵。6 月 10 日，为深入贯彻党中央、国务院决策部署，按照重大改革于法有据的要求，第十三届全国人大常委会第二十九次会议通过《关于授权上海市人民代表大会及其常务委员会制定浦东新区法规的决定》（以下简称《授权决定》），以决定的形式对浦东高水平改革开放的法治保障工作加以明确。此次授权含金量最高的地方在于，在遵循宪法规定以及法律和行政法规基本原则的前提下，浦东新区法规可以对法律、行政法规和部门规章作出变通规定；而在《立法法》确定的立法体制中，一般地方立法的权限仅限于执行性立法、自主性立法和先行先试性立法，三者需要严格遵循不与上位法抵触的原则。为承接和实施中央的《授权决定》，6 月 23 日，上海市第十五届人大常委会第三十二次会议作出《关于加强浦东新区高水平改革开放法治保障制定浦东新区法规的决定》，7 月 20 日，上海市人大常委会主任会议通过了相关立法工作规程。截至 2021 年末，上海市已经出台了六部以“浦东新区”冠名的法规：其中，五部集中于市场主体、产权保护、产业促进等经济领域，一部属于城市管理或社会治理领域。浦东新区立法一方面要贯彻党和国家的战略部署，遵循宪法规定及法律和行政法规的基本原则，比照经济特区，借鉴经济特区法规的先行先试和变通先例；另一方面也要及时总结自身的立法模式和经验，探索形成一条符合自身改革创新实践需要的立法道路。

一　用足用好立法变通权和先行先试权

改革创新既包括“从无到有”的先行先试，又包括“从有到优”的变通。实际上，变通立法由悬置旧法和新立优法两个部分构成，即变通立法=悬置旧法+新立优法，只是新立优法与悬置旧法是同时发生的，换言之，优法新立的同时旧法的效力就被悬置了。“悬置”旧法并不影响该法在其他区域的效力，由于变通后的制度及其一系列配套措施往往具有首创性，所以新立的优法某种程度上也具有先行先试的特征。可以说，变通立法权不是先行先试立法权，但是变通立法具有先行先试的特征。浦东新区立法既包括存在上位法或中央立法前提下的变通性立法，也包括不存在上位法或中央立法前提下的先行先试性立法，两者共同为浦东新区的改革创新提供法治保障。考察已出台法规可以看到，在一部法规之中，经常既有变通性条款，又有先行先试性条款。《“一业一证”改革规定》《市场主体退出规定》《知识产权保护规定》《企业破产规定》《生物医药产业规定》运用了变通立法权，因而是“浦东新区法规”，而《非现场执法规定》运用了先行先试立法权，属于“浦东新区立法”，而非“浦东新区法规”。

（一）《“一业一证”改革规定》的变通与先行先试

2021 年 9 月 28 日，上海市第十五届人大常委会第三十五次会议表决通过《上海市浦东新区深化“一业一证”改革规定》（简称《“一业一证”改革规定》）。按照《行政许可法》和其他规定了具体行政许可证的法律、行政法规、部门规章，每一项行政许可都要申报行政许可证，市场主体需要向多个部门提交证明符合相关审批条件的材料，这耗费了市场主体的大量时间和精力，极大地影响了市场主体活力，《“一业一证”改革规定》因而作出变通。其第 2 条和第 7 条确立了行业综合许可“单轨制”：各国家机关对有关行业准入涉及的单项行政许可不再单独受理、发证，将市场主体进入特定行业需要申请的多张许可证整合为一张行业综合许可证，行业综合许可证具有普遍效力，从而丰富了发放行政许可证件的具体形式。[①] 第 8 条又规定了行业综合许可证“统一有效期制”：在整合为行业综合许可证后，单项行政许可设定的有效期可以取消或者延长，以此保障行业综合许可证的效力稳

① 《“一业一证”改革规定》第 7 条第 2 款规定各有关国家机关“在相关管理服务活动中，不得要求市场主体提供单项行政许可证件”，这是对《食品经营许可管理办法》第 26 条第 2 款“食品经营者应当在经营场所的显著位置悬挂或者摆放食品经营许可证正本”等的变通。

定。第 9 条规定市场准营“承诺即入制”：对于纳入“一业一证”改革的行业，其在场所、设备、人员、资金、管理制度等条件是否符合要求方面的审批，实行告知承诺制，申请人可以以告知承诺书替代证明符合审批条件的材料。这三项变通达到了降低企业市场准入门槛，减轻企业负担，便利市场主体持续经营，优化营商环境的效果。

在先行先试方面，《“一业一证”改革规定》固化了浦东试点证明行之有效的改革成果。行业综合许可制度的核心是浦东首创的“六个一”集成服务机制：一是再造行业管理架构，实现“一帽牵头”。确定某个政府部门为某个行业的牵头部门，牵头打通开业各个审批环节。二是再造审批指引方式，实现“一键导航”。进入“一网通办”平台上的申办模块，在智能问答页面勾选申办要素，根据勾选情况定制化生成申请材料和申请表。三是再造行业准入条件，实现“一单告知”。整合各部门的审批条件，按照五大要素重新归类，形成一张告知单。四是再造审批申报方式，实现“一表申请”。例如“便利店行业综合许可申请表”，整合了食品经营许可证、酒类商品零售许可证、药品经营许可证等 5 个许可证的申请要素。五是再造许可审查程序，实现“一标核准”。按照提前服务、材料审核、现场检查等环节进行整合再造，实现一个行业一套统一的审核程序。六是再造行业准入方式，实现“一证准营”。颁发行业综合许可证，让企业获得一证即可开展经营。

（二）《市场主体退出规定》的变通和先行先试

2021 年 9 月 28 日，上海市第十五届人大常委会第三十五次会议表决通过《上海市浦东新区市场主体退出若干规定》（简称《市场主体退出规定》）。按照《公司法》第 188 条的规定，公司须清算后才能注销。然而，清算程序时间长、手续繁，大量被吊销企业因“三无”特点——无财产、无人员、无账册，导致注销流程久拖不决，从而沦为“失联企业”和“僵尸企业”。这些企业中既有想退却难退的，也有应退却不退的。这些僵尸企业不仅占用了有限的企业名称资源，也妨碍了市场主体的“新陈代谢”和“自我更新”。《市场主体退出规定》因而作出变通，第 7 条规定“强制除名”制度，第8、9、10条规定“强制注销”制度，在行政程序中解决企业“退出难”问题，避免占用司法资源，导致司法程序的“空转”。这些制度既便利了想退却难退的企业，又强制注销应退却不退的企业。《市场主体退出规定》还具体规定了市场主体注销环节的便利化措施，包括优化简易注销登记程序、探索承诺制注销改革措施、缩短市场主体退出市场所需时间等。例如，《市场主体退出规定》第3条规定“市场主体申请简易注销登记的公示期为十日”，变通了《市场主体登记管理条例》第33条“简易注销登记公示期为二十日”的规定。总之，《市场主体退出规定》通过市场主体退出环节大力度的改革创新，推动形成优胜劣汰的市场竞争环境，促进市场“新陈代谢”，激发市场竞争活力。

（三）《知识产权保护规定》的变通和先行先试

2021年10月28日，上海市第十五届人大常委会第三十六次会议表决通过《上海市浦东新区建立高水平知识产权保护制度若干规定》（简称《知识产权保护规定》）。《知识产权保护规定》主要规定了以下内容：一是深化知识产权综合管理和综合执法改革，明确浦东新区知识产权部门的职责。浦东新区知识产权部门负责知识产权保护工作的统筹协调和组织实施，综合行使行政执法权。二是建立健全“一站式”知识产权保护机制，推动国家知识产权事务在浦东新区“一网通办”。三是加强知识产权“快保护”，具体包括推行专利快速预审服务、创新专利侵权责任判断规则、明确履行调解协议后处罚适当减免的特别规定等。四是加强知识产权“严保护”，具体包括加大对恶意商标注册行为的处罚力度、加大对地理标志和商业秘密的保护力度和压实会展举办单位的知识产权保护责任等。此外，《知识产权保护规定》进一步探索知识产权司法创新，具体包括支持法院建立专家陪审员制度、探索“书状先行”的庭审模式和支持检察机关探索开展公益诉讼等。[①]

① 刘天韵、王晓晨：《依法高水平保护知识产权　规范城市管理非现场执法——新通过的浦东新区两部法规解读》，《上海人大月刊》2021年第11期。

《知识产权保护规定》还结合国家法律原则和浦东发展实际，规定了更大力度的惩罚性赔偿，其中最显著的变通规定为第 10 条，该条规定了“一千万元”的最高惩罚数额。[①] 而上位法《著作权法》第 54 条、《专利法》第 71 条、《商标法》第 63 条规定的最高赔偿数额均为“五百万元”。

（四）《企业破产规定》的变通与先行先试

2021 年 11 月 25 日，上海市第十五届人大常委会第三十七次会议通过《上海市浦东新区完善市场化法治化企业破产制度若干规定》（简称《企业破产规定》）。《企业破产规定》对目前破产法律制度进行了创新，推动浦东率先形成更加完备的破产法律制度体系，为国家破产法治进一步完善积累实践经验。[②]

在变通方面，《企业破产规定》第 6 条创设重整保护期、恶意不申报债权失权制度，是对《企业破产法》的突破。[③] 根据《企业破产法》第 92 条的规定，债权人未在破产重整程序中依法申报债权的，在重整计划执行期间不得行使权利；在重整计划完毕后，可按照重整计划规定的同类债权的清偿条件行使权利，实体权利并不消灭。《企业破产规定》第 17 条对标国际先进经验，创新管理人指定、更换制度，是对现行破产法律制度的突破。根据《企业破产法》及各地方出台的审判业务文件或工作指导文件，管理人的选任模式为人民法院主持下的公权机关主导模式。《企业破产规定》在此基础上增加了债权人、债务人提名选任管理人的方式，将选任权力部分分配至债

---

① 《知识产权保护规定》第 10 条规定：“权利人的实际损失、侵权人因侵权所获得的利益、许可使用费或者权利使用费难以计算的，由人民法院根据侵权行为的情节，判决给予一千万元以下的赔偿。”

② 冯静：《〈上海市浦东新区完善市场化法治化企业破产制度若干规定〉重点条文解读》，上海浦东法院微信公众号，https：//mp. weixin. qq. com/s/IV6NtrThFBfvJRzu2BBnJQ，2021 年 12 月 29 日。

③ 《企业破产规定》第 6 条规定：“在企业破产重整程序中，债权人未在人民法院确定的期限内申报债权的，不得在重整计划执行期间及重整保护期内行使权利。重整保护期为重整计划执行完毕后的一年期间。破产重整案件的已知债权人收到债权申报书面通知和失权后果告知后，无正当理由未在人民法院确定的期限内申报债权的，视为放弃债权，债务人不再向该债权人承担清偿责任。”

务人及债权人手中，尊重了商事主体间的意思自治，是迈向“债权人意思中心主义”的重要一步，更是破产制度市场化的重要举措。[①]

在先行先试方面，《企业破产规定》第2、3条加强企业破产办理组织保障，《企业破产法》缺少政府对企业破产办理相关事务管理、服务的制度性安排；第4条创设困境企业经营管理人的特别管理义务，现行《企业破产法》和《公司法》等相关法律制度均未涉及企业出现破产原因时经营管理人的相关义务；第5条规范庭外重组制度衔接、创设预重整制度，当前《九民纪要》对庭外重组与庭内重整机制衔接作了简要规定，但《企业破产法》等法律的相关规定依旧缺位；第7、8条进一步完善破产案件繁简分流制度，第7条对破产案件简易程序适用标准进行细化、量化，第8条参照第7条中关于破产清算快速审理程序，创新性地设置了简易重整程序；第10~13条完善破产财产快速查控、解封、处置制度，针对破产审判中“查控难”“解封难”“处置难”三大难题，以解决问题为导向，首次以法规形式落实2021年《国务院关于开展营商环境创新试点工作的意见》中首批创新试点改革事项清单第16~18项的相关部署，作了具有操作性的详细规定；第15、16条完善破产信息共享公示和信用修复制度，第15条要求浦东新区建立破产信息共享和破产状态公示机制，进一步推动破产办理信息化建设，第16条针对企业信用修复难问题，创设了破产重整企业信用修复机制。

（五）《非现场执法规定》的先行先试

2021年10月28日，上海市第十五届人大常委会第三十六次会议表决通过《上海市浦东新区城市管理领域非现场执法规定》（简称《非现场执法规定》）。《非现场执法规定》是全国首部涉及“非现场执法”的专门性法规，也是首部社会治理领域的浦东新区立法，它规定了非现场执法的适用范围、执法事项、工作原则、具体程序和相关工作要求以及当事人的权益保护

---

① 傅莲芳、张少东：《研究丨〈上海市浦东新区完善市场化法治化企业破产制度若干规定〉简析—破产制度四大创新、破产业务三项增长点及企业经营两大风险》，锦天城律师事务所微信公众号，https：//mp. weixin. qq. com/s/mqPLT5XwAXTO81dHcAECsA，2021年12月29日。

与救济等。其适用领域为城市管理领域多发易发且依托信息化设施能够辨别、易于判断的违法行为。其执法事项清单由浦东新区人民政府编制并公布。首批5个执法事项包括超出门窗和外墙经营、占道设摊、占道洗车、工程渣土运输车辆未密闭、工程渣土运输车辆泄漏与散落和飞扬等。浦东还将继续深化智能场景建设，拓展非现场执法应用领域。这一全新的“非现场执法模式”以街面秩序管控为切口，是浦东新区城管部门率先探索的数字化城市治理实践，实现了从人力密集型执法模式到人机交互型执法模式的转变，形成了“智能发现、高效处置、非现执法、精准治理”的街面秩序闭环管理。

需要指出的是，《非现场执法规定》属于专门为浦东新区制定的一般地方性法规，而非运用了变通权的浦东新区法规。对于《非现场执法规定》可以有以下三种理解：第一，如果认为《非现场执法规定》创新了执法模式、执法手段，在某些具体措施上有先行先试的性质，那么它运用的是《立法法》第73条授予地方人大及其常委会的先行先试立法权，而非变通立法权，即它是先行先试性立法。第二，2021年1月全国人大常委会修订通过《行政处罚法》，新增了对非现场执法的规定，[①] 可以将《非现场执法规定》看作《行政处罚法》第41条的具体化，那么《非现场执法规定》只是一种执行、落实上位法的立法，即执行性立法。第三，《非现场执法规定》属于“城市管理”领域的立法，《立法法》将“城乡建设与管理、环境保护、历史文化保护等方面的事项”的立法权限下放到设区的市层面，可见地方对于城市管理领域的立法具有很大的权限，一般无须中央的特别授权。因而《非现场执法规定》属于地方性事务的自主性立法，只是这一自主性立法不能违反《行政处罚法》第41条的义务性和禁止性规定。无论是

① 《行政处罚法》（2021）第41条规定：“行政机关依照法律、行政法规规定利用电子技术监控设备收集、固定违法事实的，应当经过法制和技术审核，确保电子技术监控设备符合标准、设置合理、标志明显，设置地点应当向社会公布。电子技术监控设备记录违法事实应当真实、清晰、完整、准确。行政机关应当审核记录内容是否符合要求；未经审核或者经审核不符合要求的，不得作为行政处罚的证据。行政机关应当及时告知当事人违法事实，并采取信息化手段或者其他措施，为当事人查询、陈述和申辩提供便利。不得限制或者变相限制当事人享有的陈述权、申辩权。”

将《非现场执法规定》理解为先行先试性立法，还是执行性、自主性立法，其均是地方人大及其常委会根据职权就能制定的一般地方性法规。

（六）《生物医药产业规定》的变通与先行先试

2021 年 12 月 29 日，上海市第十五届人大常委会第三十八次会议通过《上海市浦东新区促进张江生物医药产业创新高地建设规定》（简称《生物医药产业规定》）。《生物医药产业规定》聚焦群众健康生活需要和“急难愁盼”问题，在产业项目用地、政府采购、金融支持、人才激励与保障等方面进一步加大生物医药产业扶持力度，为浦东新区实现产业跨越式发展提供强有力的法律保障。《生物医药产业规定》明确规定，符合条件的医疗机构可以进口少量临床急需的药品和医疗器械，从而使得浦东新区成为医疗体制改革的试验场和对标国际的窗口。

在变通方面，此次立法涉及国家层面的事权变通共 8 条，重点针对长期以来影响产业发展的痛点、堵点，作相应的变通突破。[①] 例如，《医疗器械监督管理条例》第 53 条明确规定，自行研制体外诊断试剂的具体管理办法由国务院药品监督管理部门会同国务院卫生主管部门制定。[②]《生物医药产业规定》对此作出调整实施，规定由本市药监部门会同市卫健部门制定具体办法，在浦东先行先试，有望解决医疗机构自行研制体外诊断试剂市场化使用的合规问题。又如，《药品管理法》第 32 条未明确药品上市许可持有人是否可以多点委托药品生产企业生产药品，[③]《生物医药产业规定》明确允许浦东新区生物医药企业开展多点委托，这将有利于药品上市许可持有人

---

① 《实验室“一猴难求”，患者“望药兴叹”，看这部浦东新区法规如何破题》，中国上海自贸试验区微信公众号，https：//mp. weixin. qq. com/s/eO6eqPjX0ZhKK-ngbFtJLQ，2022 年 1 月 3 日。

② 《医疗器械监督管理条例》（2021）第 53 条规定：“对国内尚无同品种产品上市的体外诊断试剂，符合条件的医疗机构根据本单位的临床需要，可以自行研制，在执业医师指导下在本单位内使用。具体管理办法由国务院药品监督管理部门会同国务院卫生主管部门制定。”

③ 《药品管理法》第 32 条规定：“药品上市许可持有人可以自行生产药品，也可以委托药品生产企业生产。”

根据市场需求多点布局快速提升产能。

在先行先试方面，《生物医药产业规定》固化、推动了不少在浦东新区先行先试的改革举措。例如，其第15条固化了本市首创的“联合管理模式”，建立微生物、人体组织、生物制品等生物医药特殊物品出入境联合监管机制和研发用物品联合推进机制。这一改革举措可为生物医药研发企业进口研发用物品提供便利，为处于行业前沿的细胞治疗等企业提供特殊物品的进出口便利。又如，规定自行研制体外诊断试剂试点应用、开展“两头在外”高端医疗设备的保税维修等。此外，《生物医药产业规定》还有不少与生物医药产业发展延伸相关的事项，如建立国际职业资格证书认可制度、优化产业用地准入标准并增加混合用地供给等。

二　贯彻立法全过程人民民主的理念

“全过程人民民主”是党的十八大以来，我国深化对民主政治发展规律的认识后提出的重大理念。2019年11月，习近平同志在视察上海虹桥基层立法联系点时，就曾明确提出这个概念。2021年10月，习近平同志《在中央人大工作会议上的讲话》第一次对“全过程人民民主”的内涵作了深刻阐述：“全过程人民民主实现了过程民主和成果民主、程序民主和实质民主、直接民主和间接民主、人民民主和国家意志相统一，是全链条、全方位、全覆盖的民主，是最广泛、最真实、最管用的社会主义民主。”① 我国的全过程人民民主体现在制度及其实践上，从制度上来说，形成了全面广泛、有机衔接的人民当家做主制度体系；从实践上来说，构建了多样、畅通、有序的民主渠道。全体人民依法实行民主选举、民主协商、民主决策、民主管理、民主监督，通过各种途径和形式管理国家事务、经济和文化事业以及社会事务。栗战书委员长《在中央人大工作会议上的总结讲话》指出，“全国人大和地方各级人大要认真贯彻落实发展全过程人民民主的要求，使

① 习近平：《在中央人大工作会议上的讲话》，《中国人大》2021年第23期。

人民依法享有的知情权、参与权、表达权、监督权真实、生动、具体地体现在人大工作各方面各环节全过程，确保党和国家在决策环节、执行环节、监督落实环节都能听到来自人民的声音，都有人民的参与。”①

浦东新区在立法过程中充分贯彻全过程人民民主理念，拓展人民群众参与立法、表达诉求的途径和方式，具体表现在以下几方面。

第一，征集立法需求，科学编制浦东新区法规立法需求项目清单。市人大常委会法工委在向市级各部门和各区人大征集浦东新区法规立法需求项目的基础上，采用线上和线下两种方式，向社会各方公开征集立法需求项目。征集途径包括通过《解放日报》刊登公告征集，通过“一网通”政务微信向全体市人大代表征集，通过“上海人大”和“上海发布”公众号、上海人大公众网向社会公开征集。市人大常委会法工委收集到立法需求项目后，会同市人大各专门委员会分类分领域赴浦东新区和市有关部门进行调研，听取立法需求项目涉及单位的意见建议；会同市人大法制委及有关委员会、市司法局、浦东新区人大、市人大代表、立法专家召开立项论证会，研究论证立法需求项目安排。

第二，法规草案公开征求意见。每一部法规的出台都事先公布草案及相关说明，向社会广泛征求意见。公布内容除了法规草案外，还包括起草背景、主要内容、征求意见的重点等相关说明。公布途径包括《解放日报》、《上海法治报》、东方网、新民网、上海人大网、“上海人大”微信公众号等。公布征求意见的时间在半个月左右，意见反馈的方式为来信、电子邮件和传真。

第三，发挥基层立法联系点民意直通车作用。许多基层立法联系点建立了线上线下征集意见通道和覆盖辖区重要单位、社区的信息采集点，尽可能原汁原味地反映人民群众的意见。基层立法联系点畅通了联系群众、反映民意的有效渠道，是立法决策察民情、汇民意、聚民智的重要途径，让地方立法更具亮点、更接地气，有力提升了民主立法的水平。上海已建立 25 个基层立法联系点，覆盖全市 16 个区，各基层立法联系点提出了一大批高质量

① 栗战书：《在中央人大工作会议上的总结讲话》，《中国人大》2021 年第 23 期。

的意见建议。[1] 2021 年，25 个立法联系点向地方立法提出 3130 条建议，地方立法采纳 354 条。[2]

例如，在《知识产权保护规定》听取意见的座谈会上，专家、人大代表、基层代表对知识产权保护制度提出了各种意见和建议："要继续打造快速保护通道，为重点企业提供知识产权快速审查、确权和维权，便利科技创新"；"要完善地理标志保护，提升农副产品附加值，助力乡村振兴"；"要规定更大力度的惩罚性赔偿措施，对恶意行为起到震慑作用"……[3]这些意见和建议反映了人民意志，推动了立法创新。

三　凸显"小快灵"立法模式的优势

习近平同志在《坚定不移走中国特色社会主义法治道路　为全面建设社会主义现代化国家提供有力法治保障》中指出："地方立法要有地方特色，需要几条就定几条，能用三五条解决问题就不要搞'鸿篇巨制'，关键是吃透党中央精神，从地方实际出发，解决突出问题。""要研究丰富立法形式，可以搞一些'大块头'，也要搞一些'小快灵'，增强立法的针对性、适用性、可操作性。"[4] 习近平同志用形象的语言描述了两种不同的立法模式——"大块头"与"小快灵"。"大块头"立法具有条文众多、编章节结构完整、调整内容广泛的特点，尤以鸿篇巨制的"法典"为典型，例如 2020 年通过的《民法典》由 7 编加附则共 84 章 1260 个条文构成。"大块头"立法或法典化立法最重要的特征有两个：一是体系性，法典不仅追求

---

① 蒋卓庆：《全面践行全过程人民民主　创新基层立法联系点建设——在学习贯彻习近平总书记关于全过程人民民主重要论述推进基层立法联系点工作座谈会上的讲话》，《上海人大月刊》2021 年第 8 期。

② 姚丽萍：《履职一年间丨2021 年，上海地方立法"新"在哪里?》，"上海人大"微信公众号，https：//mp. weixin. qq. com/s/iNjUYDe4VS4qxIVBoi6vvQ，2022 年 1 月 17 日。

③ 刘天韵、王晓晨：《依法高水平保护知识产权　规范城市管理非现场执法——新通过的浦东新区两部法规解读》，《上海人大月刊》2021 年第 11 期。

④ 习近平：《坚定不移走中国特色社会主义法治道路　为全面建设社会主义现代化国家提供有力法治保障》，《求是》2021 年第 5 期。

大而全，而且要求各组成部分之间协调一致、无矛盾冲突，否则就不成为体系。“法典的体系性、逻辑自洽性和价值一致性等特点，都是单行法所不可比拟的。”① 二是安定性。法典时代的理想图景是——不变的法典统治着静止的社会。正如梅因所说：“当原始法律一经制成‘法典’，所谓法律自发的发展，便告中止。”“不是文明发展法律，而是法律限制文明。”② 受《民法典》成功问世的鼓舞，行政法、教育法、环境法等法典化浪潮此起彼伏，然而需要清醒地认识到，法典化模式并不一定适用于所有的部门法，不一定适用于不同层级的立法。

某种程度上可以说，“大块头”立法适用于中央立法，它追求体系性和安定性，因而也具有相当的滞后性；“小快灵”立法适用于地方立法，需要贯彻问题思维，基于地方内生和外生的不同需要因地制宜，可以先行先试，甚至对既有法律体系作出变通。变通在一定程度上消解了法律的安定性，但它并不违反法制统一原则，它是沟通不变法典与变化社会的制度渠道，是协调法律与社会发展、使法律体系保持鲜活的制度安排。“大块头”立法是体系思维、体系学的表现，体系思维因追寻体系与概念一致性，而罔顾个案中所出现的个别问题；“小快灵”立法是问题思维、论点学的表现，直接从被提出的问题着手，并且直接以解答这个问题为目标。③ “小快灵”立法是“大块头”立法的适当和必要的补充。“小”首先指的是“切口小”，立法调整事项相对单一，坚持问题导向“对症下药”，坚持实事求是“量体裁衣”，④ 这与“大块头”立法从体系思维出发不同；其次指的是“体量小”，用尽量少的条文篇幅解决问题，已出台的六部法规平均每部不到 20 条。⑤

① 王利明：《民法典的时代特征和编纂步骤》，《清华法学》2014 年第 6 期。

② 〔英〕梅因：《古代法》，沈景一译，商务印书馆，1996，第 13、14 页。

③ 〔德〕普珀：《法学思维小学堂——法律人的 6 堂思维训练课》，蔡圣伟译，北京大学出版社，2011，第 180 页。

④ 张维炜等：《地方立法开启高质量发展新征程》，《中国人大》2021 年第 23 期。

⑤ 《“一业一证”改革规定》共 15 条，《市场主体退出规定》共 14 条，《知识产权保护规定》共 16 条，《非现场执法规定》共 18 条，《企业破产规定》共 20 条，《生物医药产业促进条例》共 34 条，平均每部 19.5 条。

“快”指的是“速度快”，能够快速制定出台法规，能够及时回应社会关切。就已出台的六部法规来说，从 6 月中央授权以来，平均每月出台 1 部。“灵”指的是“效果灵”，立法具有针对性、实用性和可操作性，能够切实回应社会需求，解决社会矛盾。“小快灵”立法避免了地方立法中的形式主义，即“在立法结构和体例上表现为求大求全、法典崇拜，在立法内容上表现为大量重复上位法、‘抄袭’其他地方立法、地方特色萎缩，在立法态度上表现为保守有余、创新不足”①。

具体到浦东新区立法来说，其“小快灵”立法模式可以概括为两种：一种是在一般地方性法规中设立专章，在专章中作专门适用于浦东新区的特别规定，例如《上海市城市更新条例》第六章为“浦东新区城市更新特别规定”，《上海市数据条例》第六章为“浦东新区数据改革”。另一种是以“小快灵”单行法规的形式，如《“一业一证”改革规定》《市场主体退出规定》《知识产权保护规定》《非现场执法规定》《企业破产规定》《生物医药产业规定》。由于浦东新区法规与一般地方性法规在权限、备案程序等方面的不同，笔者认为，单行法规的立法模式更具有针对性，更能满足浦东新区创新实践的需求，在其“立改废释”的过程中能够做到专事专办，无论在程序方面还是实体方面，不受一般地方性法规的牵扯和限制。

四　发挥系统集成、凝聚共识和引领推动的作用

浦东新区立法充分发挥系统集成的作用。系统集成是对试点改革行之有效的分散经验予以系统化、制度化、法律化。《引领区意见》指出浦东要加强改革系统集成，激活高质量发展新动力。浦东新区法规的“快”出台，并非急功近利、草率而成，而是厚积薄发、水到渠成。“浦东新区法规凸显了‘小快灵’的立法特点。看似密集，却是浦东新区长期探索的系统集成；

① 封丽霞：《地方立法的形式主义困境与出路》，《地方立法研究》2021 年第 6 期。

看似短小，却是浦东新区精准发力的制度探索。”[①]

例如《“一业一证”改革规定》的出台，上海市人大常委会2015年就作出了关于开展“证照分离”改革试点在浦东新区暂时调整实施本市有关地方性法规规定的决定。2019年7月起，在“证照分离”的基础上，浦东开始探索“一业一证”改革。2020年11月国务院批复《上海市浦东新区开展“一业一证”改革试点大幅降低行业准入成本总体方案》，将浦东上升为国家级改革试点。正是基于长时间的试点改革和自主创新探索，在中央授权制定浦东新区法规后，上海市将“一业一证”改革的制度设计以浦东新区法规的形式予以固化。表面上看，“一业一证”改革不过是将多张许可证变为一张综合许可证，但是在这张综合许可证的背后是政府职能部门之间的持续协调、整合、功能优化。又如《非现场执法规定》的出台，在中央提出构建系统完备、科学规范、运行有效的城市治理体系的背景下，上海城管直面城市数字化转型发展的需求，抓住改革创新的良好机遇，主动探索科学化、精细化、智能化执法。2021年1月起，浦东城管部门就对跨门经营、占道设摊和占道洗车三个事项试行非现场执法，截至10月27日，共办理非现场执法案件10000余例，《非现场执法规定》正是在此基础上孵化出来的。[②]

浦东新区立法充分发挥在更大范围、更宽领域凝聚改革共识的作用。“所谓凝聚共识，就是对中国特色社会主义伟大事业和全面深化改革的政治认同、思想认同和价值认同。”[③] 立法凝聚共识的作用可以分为内外两部分来阐述。首先，从内部来说，改革什么、怎么改革原本就是一个容易引起极大争议的问题，而立法过程就是各方意志表达、利益博弈与平衡的过程，也就是凝聚共识的过程。卢梭认为，“法律乃是公意的行为”，“法律只不过是

---

① 王晓晨、刘天韵：《凸显“小快灵”便利“全周期”首批浦东新区法规破解“进退难”》，《上海人大月刊》2021年第10期。

② 刘天韵、王晓晨：《依法高水平保护知识产权　规范城市管理非现场执法——新通过的浦东新区两部法规解读》，《上海人大月刊》2021年第11期。

③ 王树荫：《全面深化改革进程中如何凝聚改革共识》，《马克思主义研究》2014年第6期。

我们自己意志的记录”。[①]“公意”不是个人意志的简单相加，而是个人意志折冲相抵之后形成的合力，是整个社会达成的共识。“法律是党的主张和人民意志的高度统一……体现人民意志、保障人民权益、激发人民创造活力，是新时代立法工作和法治建设的根本目的。”[②] 在凝聚共识的过程中，浦东新区立法需要加强人大、政府、智库等各部门的合作，加强法学、经济学等各学科的合作，还需要与全国人大、国务院各部门等保持密切沟通。此次《知识产权保护规定》就运用了“纵向联动、横向协同”的立法模式，国家、市、区的知识产权局上下通力合作，实现了中央与地方的高度统一。

其次，从外部来说，立法凝聚共识、固化共识，保持政策的延续性和可预期性，满足人们对政策稳定的信赖需求。正如哈耶克所言，“剥离一切技术细节，（法治）意味着政府在其一切行为中都受事先颁布的确定规则的约束——这些规则使得有可能相当确定地预测当局在既定情形下将如何使用其强制力，有可能以这种知识为基础规划个人事务。”[③] 经济特区和浦东改革开放的成功很大程度上在于吸引了外国的技术和资金，而立法形式给了外国投资者最大的安全感。经济特区的创办者们意识到，“办特区，没有法律可依，投资者不敢来投资……没有相应的法律，改革开放将会寸步难行。”[④] 1990 年中央宣布浦东开发开放，上海宣布十条优惠政策，就曾在国外受到如何才能吸引外资、让外资放心的质疑。随后，上海市便制定了浦东开发开放的九部法规，用法律来保障浦东开发开放以及外国投资者的权益，法治保障开启了浦东勇立潮头、敢为人先的 30 年。[⑤]

浦东新区充分发挥立法的引领和推动作用。当前改革发展对立法的要

---

① 〔法〕卢梭：《社会契约论》，何兆武译，商务印书馆，2003，第 47 页。

② 全国人大常委会法制工作委员会：《发展全过程人民民主 加强和改进新时代立法工作》，《人民日报》2021 年 10 月 26 日。

③ 〔美〕布雷恩·Z. 塔玛纳哈：《论法治——历史、政治和理论》，李桂林译，武汉大学出版社，2010，第 84 页。

④ 吴南生：《经济特区的创立》，《广东党史》1998 年第 6 期。

⑤ 《上证观察家丨周汉民：用好浦东立法权 助推上海国际金融中心高质量发展》，“上海证券报”微信公众号，https：//mp. weixin. qq. com/s/3f4t_ d7oQ3yZQeSOc1yYzg，2022 年 1 月 1 日。

求，已经不仅仅是总结实践经验、巩固改革成果，而是需要通过立法做好顶层设计、引领改革进程、推动科学发展。习近平同志多次指出，要把发展改革决策同立法决策更好地结合起来，要坚持问题导向，发挥立法引领和推动作用。[①] 立法的引领和推动作用，就是运用法律手段调整利益关系、推动改革发展，运用法律规范引导经济社会的发展。立法不能仅仅是对实践的被动回应和事后总结，而是要对社会现实和改革进程进行主动谋划和事先顶层设计。我国已进入全面深化改革关键时期，迫切需要从制度上、法律上解决改革发展中带有根本性、全局性和长期性的问题，通过立法凝聚社会共识、推动制度创新、引领改革发展。[②] 例如，《“一业一证”改革规定》和《市场主体退出规定》的出台深化了市场改革，便利了市场主体“进”“出”市场，促进市场“新陈代谢”，焕发了市场的活力；《企业破产规定》完善市场化、法治化企业破产制度，促进了企业优胜劣汰和市场资源高效配置；《知识产权保护规定》充分接轨国际知识产权保护规则和要求，为知识产权提供“快保护”“严保护”，构建国际知识产权保护高地，引领推动新一轮科技创新；《生物医药产业规定》促进浦东新区生物医药产业高质量发展，推动浦东新区形成世界级生物医药产业集群。

五　结语

在全国人大常委会授权上海制定浦东新区法规之前，浦东作为上海的一个区，在行政层级上受到多方面限制，改革创新和制度突破面临的程序复杂，与中央部委的沟通成本高，许多改革创新的想法很难实现。此次浦东新区法规的立法授权就是中央为浦东松绑而释放的重大制度红利，极大地提升了浦东大胆试、大胆闯、自主改的制度供给能力。要认识到，浦东开发开放

① 乔晓阳：《党的十八大以来立法工作新突破》，人民网，http：//theory. people. com. cn/n1/2017/0601/c40531-29310888. html，2022 年 3 月 1 日。

② 李适时：《充分发挥立法在国家治理现代化中的引领和推动作用》，《求是》2014 年第 6 期。

不仅是地方战略，也是国家战略，[①] 它至少具有两个方面的国家战略意义：一个是带动长三角和长江流域的经济发展，引领整个中国的改革开放；另一个是形成一套行之有效的经验，开辟创新性道路。[②] 我国的改革开放经历了三个阶段：第一个阶段是摸着石头过河，自下而上地改革，这个阶段存在“无法有办法”的问题；第二个阶段是通过顶层设计，自上而下地改革，行之既久出现了“有法无办法”的问题；第三个阶段即此次浦东引领区建设的提出标志着我国迈入改革的“3.0 版”，自下而上的改革创新与自上而下的授权立法相结合，真正做到“有法有办法”。[③] 浦东新区法规承担了重要的历史角色。已出台六部法规用足用好立法变通权和先行先试权，凸显“小快灵”立法模式的优势，贯彻立法全过程人民民主的理念，充分发挥系统集成、凝聚共识和引领推动的功能，为后续立法积累了有益经验。

---

① 黄金平：《浦东开发开放：从地方战略到国家战略的升级》，《炎黄春秋》2018 年第 11 期。

② 杨国庆：《纪念浦东开发开放 20 周年理论研讨会综述》，《上海行政学院学报》2010 年第 4 期。

③ 《专访王战：浦东“引领区”建设，将开启我国“3.0 版改革”新篇章》，上观新闻网，https：//web. shobserver. com/staticsg/res/html/web/newsDetail. html? id = 387463，2022 年 3 月 3 日。

B.3

上海法院关于民事诉讼程序繁简分流改革试点工作的探索与实践

上海市高级人民法院课题组*

摘　要：　上海法院积极推进民事诉讼程序繁简分流改革试点工作，注重建立承上启下衔接保障机制，加强政策解读和宣传引导，及时推动试点成果转化。推进的主要任务包括持续深化司法确认、积极推动适用小额诉讼程序、完善简易程序规则、有序扩大独任制适用、不断优化电子诉讼。改革中充分发挥绩效考核指挥棒作用，调动改革积极性；主动凝聚各方合力，强化沟通协作；高度重视信息化建设，以科技助力改革深入。经过近两年的探索实践和持续调整优化，试点工作取得了明显成效。

关键词：　上海法院　民事诉讼程序　繁简分流　改革试点

自民事诉讼程序繁简分流改革试点工作启动以来，上海法院始终高度重视、广泛动员、积极推进改革工作。2020 年 2 月 5 日，上海高院根据全国人大常委会和最高法院的相关规定，研究制定了《上海法院关于推进民事诉讼程序繁简分流改革试点的实施方案》及任务分解表，明确了五大方面 26 项具体配套任务，建立完善了相关制度机制，保障试点工作稳妥有序推进。2021 年 2 月 1 日，上海高院又结合一年来全市法院的改革实际情况，研究制定了

---

* 课题主持人：陈昶，上海市高级人民法院副院长。课题组成员：郑天衣，上海市高级人民法院研究室主任；丁戈文，上海市高级人民法院研究室副主任；俞小海，上海市高级人民法院研究室司改科科长；李胜卡，上海铁路运输法院行政庭法官助理。

《关于进一步优化繁简分流改革试点工作的实施要点》及任务分解表，将14项工作要点进行分工分解，细化为20项工作任务，推动改革走深走实。经过近两年的探索实践和持续调整优化，试点工作取得了明显成效。

一　试点工作整体情况

（一）建立承上启下衔接保障机制

高院成立试点工作领导小组（下设领导小组办公室），全市21家试点法院均成立试点工作领导小组或工作专班。对上，高院与最高法院司改办保持密切联系，对于需要上级法院指导的规则适用等疑难问题，及时研究并提出倾向性意见，通过专题报送或月报等形式积极上报。试点期间，全国人大常委会法工委、最高法院司改办等上级调研组来沪调研指导3次，高院司改办向最高法院报送工作月报20期。对下，高院建立试点联席会议、释法答疑、汇报联络、月报台账、总结指导等长效机制，及时研究解决问题。对于需高院层面解决的问题，及时解决跟进。对于需试点法院自身加以落实完善的问题，做好答疑解惑和研究释明，强化纠偏指引，为改革顺利推进保驾护航。试点期间，共组织召开全市层面的联席会、座谈会7次。

（二）加强政策解读和宣传引导

对内，高院在及时转发最高法院相关解读文件，并制发相关理解适用问答的基础上，制定《关于开展民事调解协议司法确认程序试点工作的实施细则》等十余项细化规定。[①] 全市试点法院对照高院出台的相关实施方案

---

① 高院层面制定的规定主要包括：①《上海法院关于推进民事诉讼程序繁简分流改革试点的实施方案》及任务分解表；②《上海市高级人民法院关于进一步优化繁简分流改革试点工作的实施要点》及任务分解表；③《关于民事诉讼程序繁简分流改革试点理解与适用系列问答（一）——关于民事诉讼独任制适用范围问题的把握》；④《上海市高级人民法院关于开展民事诉讼程序繁简分流改革试点小额诉讼程序的实施细则》；⑤《上海市高级人民法院关于网上立案、电子送达、电子归档的若干规定》；⑥《上海市高级人（转下页注）

和细化规定，结合自身实际，对相关改革任务进行了进一步探索，研究制定了改革试点细化规则、操作指引、配套文件等100余项，形成涵盖三级法院、五大方面的民事诉讼程序繁简分流改革试点规则体系。对外，各试点法院通过各类媒体、法院官网、微信公众号等渠道，及时发布改革试点相关政策文件及改革案例，尤其注重宣传当事人、律师、法院干警等群体对改革的评价感受。试点期间，新华社、《人民日报》、《新民晚报》等主流媒体报道50余次，有效提升了改革在人民群众中的认同度、支持度。例如，上海高院“庭前独角兽”微信公众号刊发的《正在审议的民诉法修正草案，当事人、律师和法官怎么看?》一文被社会各界广泛浏览、转载。

（三）及时推动试点成果转化

高院梳理形成《关于试点工作推进过程中所遇困难和问题的报告》和《关于民事诉讼程序规则的完善建议》，并在最高法院民事诉讼程序繁简分流改革试点调研座谈会上作交流发言；组织最高法院交办的民诉法修法建议稿起草工作，形成近5万字的修法建议稿，提出各类修改建议20条；精心指导培育各类改革案例30余个，其中入选人民法院改革案例2篇。试点工作先后6次受到最高人民法院党组书记、院长周强同志批示肯定。

（接上页注①）民法院关于进一步优化司法确认工作的操作指引》；⑦《上海法院特邀调解工作管理暂行规定》；⑧《上海市高级人民法院关于进一步严格规范民商事案件延期开庭和延长审限的通知》；⑨《上海市高级人民法院关于完善全流程网上办案体系促进审判高质量发展的指导意见》；⑩《上海市高级人民法院关于专业法官会议的规定》（2021年修订版）；⑪《上海市高级人民法院关于群体性金融纠纷示范判决机制的规定》；⑫《上海法院一站式多元解纷平台管理暂行规定》；⑬《上海法院审判权责清单指引（2020年版）》；⑭《关于进一步加强网上诉讼服务和信访工作的意见》；⑮《上海市高级人民法院　上海市市场监督管理局关于企业确认诉讼文书送达地址并承诺相应责任的实施意见》；⑯《关于开展民事调解协议司法确认程序试点工作的实施细则》；⑰《关于运用现代科技深化庭审记录方式改革试点的通知》；⑱《关于探索先行调解推进诉源治理工作的意见（试行）》。

二　各项改革任务推进情况

（一）持续深化司法确认

二中院积极探索调解前置，引导当事人在专业调解组织的主持下先行调解，并与司法确认高效对接，成功解决一起标的额高达 2.4 亿元的复杂案件，获上海电视台新闻综合频道专题报道。金融法院制定全国首个关于证券纠纷示范判决机制的规定，创新“示范判决+专业调解+司法确认”全链条解纷机制，选取具有代表性的案件先行审理、先行判决，首例试点案件共计 1629 名投资者获赔，调撤率达到 98.78%。黄浦法院把握三个关键点，确保特邀调解与司法确认程序的无缝衔接，强化三大节点监控，精准打击虚假诉讼。[①] 金山法院上线“解纷直通车”服务平台，集中法院调解力量，整合消保委、银行保险业纠纷调解委员会、民革律师志愿者等调解力量在线入驻平台，由群众线上点单调解，调解成功的，在线制作调解协议并进行司法确认。

（二）积极推动适用小额诉讼程序

长宁法院探索与携程、拼多多等电商平台合作，通过在合同条款中提前约定的方式，推进小额诉讼约定前置。宝山法院制作《小额诉讼程序告知书》《同意适用小额诉讼程序确认书》《当事人（电子）送达地址确认书（小额诉讼专用）》《小额诉讼庭审笔录模板》《小额诉讼程序转换审批表》《小额诉讼判决书模板》等六大类十余项配套制度，统一小额诉讼中各类文

① “三个关键点”：一是把握特邀调解组织在司法确认程序中的“排头兵”位置，充分发挥特邀调解组织在司法确认程序中的纽带作用；二是把握法院在司法确认程序中的“大本营”地位，依法做好司法确认的审核、裁定工作；三是把握法院与调解组织之间的沟通协作，确保特邀调解与司法确认顺利衔接。“三大节点监控”：一是严格筛查虚假诉讼多发案由节点；二是重点把握关键反常节点；三是设置预警节点要素。

书样式。上铁法院积极探索“三个一”模式，通过“一表式”告知、“一门式”征询和“一站式”处理的方式，稳妥推进小额诉讼程序适用。静安法院积极引导融资租赁公司就符合条件的案件同意率先适用小额诉讼程序，加快案件审理进程，降低当事人诉讼成本。

（三）完善简易程序规则

青浦法院适用简易程序快速审结“劳动者为父奔丧被辞退案”，明确用人单位必须在法律规则和道德准则内行使管理权，以快速反应的司法力量弘扬社会主义核心价值观，被多家中央主流媒体报道点赞，浏览总量超过10亿次。嘉定法院打造专业速裁团队，针对买卖合同、金融借款、民间借贷等九大类纠纷分类制作文书、庭审要素模板，并在简易金融类案件中广泛推行制作要素式裁判文书，压缩文书篇幅，便利文书制作，金融类案件要素式裁判文书适用率超90%。长宁法院拟定《关于小额诉讼程序、简易程序、普通程序转换衔接规范》，从程序适用范围、事项审批签发、衔接转换要求、审限监督管理等方面，统一三大类程序之间的转换衔接规范。上铁法院结合环资、轨交、食药等案件集中管辖特点，选择具有一定数量且案情简单的部分类型案件，制定类型化诉讼程序和要素式裁判文书制作指引。徐汇法院制作应用庭审改革案件、小额诉讼程序当庭宣判庭审笔录等配套文书，提高审判效率。杨浦法院制作知识产权小额诉讼程序要素式审判操作指引，完善机动车交通事故责任、商标权等7类纠纷的令状式、表格式法律文书样式，结合要素式庭审与表格式裁判文书，增强操作规范性，统一类案审判思路和裁判尺度。虹口、松江、崇明等法院结合各自特点，制作应用格式化庭审笔录、快审提纲和简式文书，针对简单案件探索适用令状式、要素式、表格式等，简化说理。

（四）有序扩大独任制适用

一中院制定二审独任制实施规范，明确适用范围、审判人员、审理方式、程序衔接和监督管理等内容，制作格式化二审独任制裁判文书样式，提升二审独任制适用的规范性和实操性。二中院制定《关于在民事诉讼第二审程序中扩大适用独任制的工作方案》《关于进一步深化民事二审独任制适用的实施方案》，明确二审独任制“四步走”的工作路线。[①] 同时制定《独任法官履职指引》，明确二审独任法官从主持庭审到签发文书的16条审判职责和履职规范，强化独任法官的监督管理。三中院制定程序指引，适用独任制审理知识产权民事二审案件698件，平均审理天数29天，较改革前缩短了78%，无一例被提起再审，提速增效的同时确保案件质量。嘉定、黄浦、长宁等法院统一独任制适用案件裁判文书样式，规范扩大一审普通程序独任制适用，给予“事实不易查明”情形下的必要时间和程序保障，强化案件审判权力运行监督。

（五）不断优化电子诉讼

金融法院运用“智助立案”“智能诉讼风险提示”“中小投资者保护舱”“AI智审传译系统”等最新科技成果，完善无纸化诉讼服务、电子化诉讼执行的系统集成，助力金融纠纷高效便捷化解。自2021年6月启用智助立案系统以来，当事人评价满意率均为99%以上，9~12月当事人评价满意率达到100%。长宁法院着力提炼互联网空间治理规则。对“电商平台自主打假”“互联网侵权行为保全”“杀毒软件强制捆绑安装”“旅游产品默认推荐”等典型案件的裁判规则进行梳理和提炼，先后两次发布《互联网空间十大行为规范指引》，相关案例入选十大中国互联网司法典型案例，并

---

① 所谓“四步走”，第一步，试点适用：由立案庭程序团队和民商事速裁团队作为试点团队，在劳动争议纠纷、机动车交通事故责任纠纷、民间借贷纠纷、买卖合同纠纷等十几类案件中先行适用独任制，通过试点发现问题，解决问题，优化方案。第二步，扩大适用：将二审独任制的适用范围推广至未成年人与家事综合审判庭的婚姻家庭纠纷和家事财产纠纷两个团队，在抚养费纠纷、扶养费纠纷、赡养费纠纷以及涉诉金额100万元以下共有纠纷中适用，进一步排摸二审独任制适用中遇到的理论问题和操作问题。第三步，全面适用：在前两步工作的基础上，将二审独任制扩大到所有民商事审判团队。第四步，深化适用：构建体系化、精细化、智能化、高效化的二审独任制工作机制，深化前端分案机制、审理适用机制、审判监督机制、机制运行效果，并制作民商事二审独任制审理流程图、工作提示，全面规范二审独任制的适用。

得到《人民法院报》等媒体专题报道。徐汇法院从案件源头方面作尝试，向全区金融机构和类金融企业发出包含应用电子签约、尝试区块链存证、采取网上立案等内容的司法建议。青浦法院与浙江嘉善法院、江苏吴江法院联合发布合作意见，进一步加强三地法院跨域在线司法协作。闵行法院聚焦电子送达“三大关键”①，力促送达工作转型升级。奉贤法院积极开展电子卷宗单套制归档改革，紧密结合即时扫描、网上立案和庭审改革，每年减少5万册纸质卷宗材料，节省归档扫描及档案寄存业务经费60余万元。宝山法院积极推广“互联网庭审直播+庭审记录改革+线上庭审”的“多合一”庭审模式，优化机制、强化考核，对涉外地当事人案件及执行案件的庭审、听证、谈话等倡导“在线模式”优先选择，进一步方便外地当事人参与诉讼。

三　推进试点工作的主要经验

（一）充分发挥绩效考核指挥棒作用，调动改革积极性

高院统一调整优化相关权重系数，将司法确认及小额诉讼程序权重分别上浮20%，科学完善业绩评价并与绩效考核衔接。一中院修订《审判绩效考核与管理实施办法》，同步研发启用配套考核软件，坚持“凸显质量优先、落实考核到人”，提升考核效率和透明度。金山法院设定公共考核目标项目，将繁简分流改革试点纳入年度重点工作，明确职能部门、完成时间，规定无正当理由未按时间节点完成年度重点工作的，予以相应扣分。徐汇法院在各业务庭配置速裁办案团队，在统计历年各类案件难易、数量，结合人均工作量的基础上，探索形成适用于速裁案件的速裁团队分案筛选算法，确

① “三大关键”：一是聚焦关键群体，挖掘潜在需求。内容包括瞄准两类群体，广泛征求意见；梳理问题清单，挖掘潜在需求；配置优质资源，打造过硬队伍。二是聚焦关键服务，提升电子送达普及率。内容包括对内制定操作规范，细化工作指引；对外发布图文教程，优化诉讼服务。三是聚焦关键环节，推进全流程覆盖。内容包括稳步推广电子送达，实现诉讼流程全部覆盖；推动线上线下衔接，实现送达方式转型升级；强化配套举措支撑，实现相关改革互促共进。

保司法资源集约化利用，解决忙闲不均问题。闵行法院在方案设计上突出三个注重：注重分类性，对各业务部门设计不同的达标值及权重，对办理繁案和简案的法官分类考核，确保考核结果更加客观；注重全员性，对法官、法官助理、书记员分别设置不同的考核标准，着力引导法官、法官助理、书记员各司其职；注重激励性，将考核结果与法官员额管理、评先评优、绩效奖金挂钩，推动形成干多干少不一样、干好干差有区别的鲜明导向。

（二）主动凝聚各方合力，强化沟通协作

高院与市司法局、市市场监管局等部门联合印发《关于探索先行调解推进诉源治理工作的意见》《关于企业确认诉讼文书送达地址并承诺相应责任的实施意见》等规定，并先后与市人社局、市工商联等十余家市委办局、行业协会等建立相应的专门的诉调对接机制。知识产权法院与国际组织开展深入合作，制定《关于同世界知识产权组织仲裁与调解上海中心开展诉调对接工作操作规程》，规范与 WIPO 仲调上海中心诉调对接机制。长宁法院牵头和上海市旅游质量监督所、长宁区消保委等合力参与旅游纠纷诉源治理，形成“人员联合、力量联动、资源共享”互联网时代旅游纠纷大调解工作的新格局，并为辖区重点互联网头部企业开展“司法体检”，相关企业先后 3 次修改平台规则，涉诉案件降幅明显。浦东法院联合新区人保局以及张江镇人民政府等单位打造上海首个基层调解、仲裁、审判“三位一体”的劳动争议多元化解平台。上铁、金山、普陀等法院与司法局共同设立“非诉调解窗口”，积极完善先行调解运行机制。

（三）高度重视信息化建设，以科技助力改革深入

高院在试点初期即优化法院移动端应用和“在线庭审系统”，将在线庭审系统与审判流程管理系统、执行流程管理系统、信访管理系统、电子卷宗系统等业务应用系统进行数据对接，实现系统之间案件信息融合共享、互联互通；拓展电子卷宗深度应用，连接从立案到审判、执行的全业务流程，满足复杂案件的证据展示和质证需求；嵌入庭审公开直播和适用庭审记录改革

等功能模块，同步满足多种庭审需求；设立官方电子邮件送达系统，实现送达回执系统自动发送，有效提升电子送达的效率效果。金融法院深度融合人工智能、区块链、大数据等技术方法，打造“智审”“智源”“智管”平台和智慧法庭“四位一体”的金融智慧法院。浦东法院研发并完善全流程网上办案系统操作平台，试点信用卡纠纷类案全流程网上办案，实现试点团队“一审一助一书”可完成每个月1700余件信用卡案件的审理工作，生成单篇文书的时间相较传统文书撰写时间缩短了95%。

下一步，上海法院将认真做好修改后的民事诉讼法的贯彻落实工作，并结合四级法院审级职能定位改革试点，持续优化相关程序规则，促进司法资源合理配置，确保改革实效。

B.4

“一业一证”改革试点中食品经营许可改革措施研究*

上海市市场监督管理局课题调研组**

摘　要： “一业一证”改革的核心在于“减”，通过减少审批材料、减少审批流程、压缩审批时限，减少市场办理次数，推动政府高效率办事、强化政府高效能监管，让商家享受高品质服务、市场环境高质量优化。由于“一业一证”改革在国内尚无先例，存在缺乏统一的划分标准、各部门间缺乏有效互动、改革的系统集成亟待优化、改革缺乏社会认可度的风险，应以“减”为基础，流程再造，让审批服务更优化；以“提”为突破，集成高效，让审批服务更贴心；以“拓”为延伸，主动作为，让审批服务更精准。

关键词： “一业一证”改革　食品经营　准入不准营　营商环境

为贯彻落实《国务院关于上海市浦东新区开展“一业一证”改革试点大幅降低行业准入成本总体方案的批复》（国函〔2020〕155号）以及市委、市政府改革工作总体要求，持续深化“证照分离”改革，更好地克服

---

* 本文为上海社会科学院2022年院重大系列课题“法治护航共同富裕：理论、实践及路径”的阶段性研究成果。

** 课题组由市市场监管局二级巡视员陶爱莲任项目负责人，食品经营处副处长黄丽瑢，食品经营处王磊、胡鹏、陆威达，以及上海市法治研究会副会长王奕蓉，上海社会科学院法学研究所研究员彭辉组成。

“准入不准营”问题，上海市市场监督管理局积极响应改革，于2021年5月17日发布《关于在“一业一证”改革中分类推进食品经营许可改革试点的通知》，统筹各区市场监管部门推进分类实施食品经营许可改革试点，持续深化“证照分离”改革，进一步积累可复制、可推广的经验。但在“一业一证”实践运行过程中仍存在许多风险与困境，为此，亟待总结和凝练“一业一证”食品经营许可改革的主要成效与创新之处，类型化梳理食品经营许可改革所面临的风险及困境，廓清食品经营许可改革具体实施路径，最终为更好地推进“一业一证”食品经营许可改革建言献策。

一 “一业一证”改革的内涵

作为深化市场准入管理制度改革的一项重要举措，“一业一证”改革是“先照后证”“证照分离”“照后减证”改革的延伸和深化。“一业一证”改革，是指在市场进入某一行业前，将需要申请的不同且数量较多的许可证，通过优化审批流程和集中审批程序，集成为一张行业综合许可证，即由“多”整合为“一”。其核心在于一个“减”字，也就是减少审批材料、减少审批流程、压缩审批时限，减少市场主体跑腿的次数，甚至不用跑腿，推动政府高效率办事和工作效益大幅提高，从而进一步活跃市场、优化营商环境。因此，这项改革对于进一步实现“照后减证”、破解“准入不准营”难题、增强市场主体获得感具有重要意义。

二 “一业一证”食品经营许可改革背景

2020年11月14日，《国务院关于上海市浦东新区开展“一业一证”改革试点大幅降低行业准入成本总体方案的批复》（以下简称《总体方案》）同意在浦东新区开展“一业一证”改革试点，推动行政审批管理服务从“以政府部门供给为中心”向“以市场主体需求为中心”转变，实施“证照分离”改革新举措，开拓照后减证、简化审批的新方式，推动浦东新区成为改革的排头兵，为其他省市和地方积累经验，更好地破解“准入不准营”难题。2021 年 1 月 7 日，上海市人民政府办公厅印发《上海市浦东新区“一业一证”改革试点实施方案》，贯彻落实该批复。4 月 21 日，上海市人民政府印发《关于在全市范围推广实施“一业一证”改革的指导意见》（以下简称《指导意见》），进一步细化落实改革。5 月 17 日，上海市市场监督管理局发布《关于在“一业一证”改革中分类推进食品经营许可改革试点的通知》，统筹各区市场监管部门推进分类实施食品经营许可改革试点，为持续深化“证照分离”改革积累可复制、可推广的经验。6 月 10 日，第十三届全国人大常委会第二十九次会议作出决定，授权上海市人大及其常委会制定浦东新区法规①，为进一步探索“一业一证”改革提供了有力的法治保障。

三　推进“一业一证”食品经营许可改革的意义

1. 有利于贯彻落实国务院深化“放管服”改革要求

除了集成多个行业准入审批外，还实施配套措施，将国务院部门负责的一些审批事项的受理和证件发放工作，通过委托交由浦东新区负责；对食品经营许可的审批方式也提出了“关于设施设备布局、操作流程等进行标准化模板设计，实施告知承诺”的新要求。因而食品监管领域“一业一证”改革是深化“放管服”改革的重要抓手和实施路径。

2. 有利于提升食品经营许可领域的监管质效

食品监管领域覆盖面广，涉及百姓健康安全，具有无可比拟的重要意义。因而在食品监管领域存在诸多审批程序，在“放管服”改革、减证放权的大背景下，有必要寻求公共利益保障与营商环境优化的平衡点，在食品

---

① 2021 年 6 月 10 日第十三届全国人民代表大会常务委员会第二十九次会议通过《关于授权上海市人民代表大会及其常务委员会制定浦东新区法规的决定》，授权上海市人民代表大会及其常务委员会根据浦东改革创新实践需要，遵循宪法规定以及法律和行政法规基本原则，制定浦东新区法规，在浦东新区实施。

经营许可的试点行业进行风险分级，聚焦重点行业，强化风险管控，严守食品安全底线，推动审批管理服务由“供”转“需”，即“以政府部门供给为中心”向“以市场主体需求为中心”转变，促进行业准入成本大幅度减少，加快创建国际高水平营商环境。

3. 有利于精准推进食品经营许可领域实行告知承诺制

食品经营许可改革是一项复杂的系统工程，根据《上海市行政审批告知承诺管理办法》（沪府令 4 号）[①]，直接涉及人身健康的行政审批事项不适用于告知承诺[②]，食品安全涉及人身健康，因此食品经营许可不适用于告知承诺。但是浦东新区“一业一证”改革试点方案中，对食品经营许可提出实施告知承诺制，这无疑对食品经营许可审批改革在筑牢风险防控基础的同时进一步提升管服质效提出了更高的要求。

四 “一业一证”食品经营许可改革现状

1. 改革具有特殊性

民以食为天，食以安为先。近年来，我国食品安全事故时有发生，食品安全问题已成为全民关心的社会问题之一。食品安全不仅对人民生命健康、社会稳定极为重要，而且还对社会经济发展产生影响，甚至影响国家在全球范围内的形象。全球化、一体化以及风险社会化的现状使得食品安全问题具有全新的时代特点，与之相对应的则是食品安全治理方式的不断完善。因此，在“一业一证”食品经营许可改革中，最为关键也是相对于其他领域最为特殊的地方就在于食品安全问题。李克强总理曾经说过，对涉及人身安

---

① 《上海市行政审批告知承诺管理办法》，2018 年 4 月 9 日市政府第 8 次会议通过，4 月 18 日上海市人民政府令第 4 号公布，自 2018 年 5 月 1 日起施行。

② 《上海市行政审批告知承诺管理办法》（2018 年 4 月 18 日上海市人民政府令第 4 号公布）第五条规定：“对审批条件难以事先核实、能够通过事中事后监管纠正且风险可控的行政审批事项，行政审批机关可以采取告知承诺方式实施行政审批，但直接涉及公共安全、生态环境保护和直接关系人身健康、生命财产安全的行政审批事项以及依法应当当场作出行政审批决定的行政审批事项除外。”

全与健康的领域要慎之又慎。在食品领域推行告知承诺制，必须要严守安全的底线。

2. 改革尚无先例

此次“一业一证”改革仍然是在不断深化“放管服”改革的背景下实施的，同时也是遵循和落实习近平总书记关于支持浦东在改革系统集成协同高效方面先行先试、积极探索、创造经验的重要指示精神。除了集成多个行业准入审批外，还实行相关配套措施，即国务院相关部门将其负责的一些审批事项的受理和证件发放工作，通过委托交由浦东新区负责；对食品经营许可的审批方式也提出了一系列新要求，相关内容在国内尚无先例。

3. 改革成效凸显

在没有先例可供借鉴的情况下，上海市市场监督管理局制定发布《关于在“一业一证”改革中分类推进食品经营许可改革试点的通知》，为各区市监局推进食品经营许可领域“一业一证”改革提供了规范指引。目前，各区市监局已积极在便利店、超市、饭店、小餐饮、现制现售食品、烘焙房/面包房、咖啡店/茶馆及酒吧 8 个行业积极开展食品经营许可改革，并因地制宜地进行了一些有益创新。如虹口区首次尝试由属地市场监管所在商业体内设置“驻点服务”专窗实时提供业务咨询、审图指导、现场验收等服务，取得了良好的成效。长宁区则通过人民政府牵头印发了《关于长宁区深化“一业一证”改革试点的实施办法》的通知，规范 8 个试点行业食品经营许可改革。

五 “一业一证”食品经营许可改革面临的风险

（一）缺乏统一的划分标准

1. 食品行业划分标准不统一

总体来看，“一业一证”的食品行业分类是代替市场经营者定义行业，并且没有相对统一的划分依据。以长宁区为例，目前这 8 个食品经营许可涉及“一业一证”行业划分方面，主要凭经验、凭字面理解，区审改条线也没有规定相关的划分依据。虽然目前全市统一推进“一业一证”改革，但是因为没有统一的行业划分标准，有可能存在相同的经营项目的经营者在不同区划分进入不同的行业分类的情况。

2. 风险等级划分标准不统一

食品行业划分标准不统一，其结果就是不同行业的食品安全风险等级因为各区的不理解而不一致。关于这8个试点行业食品风险等级，该区主要按照食品经营许可和监管的风险等级来划分。从其经验角度来说，便利店、超市以销售预包装食品、利用自动设备制作饮品、简单加热关东煮为主；咖啡店/茶馆、酒吧以制作饮品为主，因此将上述4个行业归为低风险经营项目。饭店、小餐饮、现制现售食品，以食品原料粗加工、切配并经过蒸、煮、煎、炒、烤等烹饪工艺制作热食、冷食或生食类食品等。烘焙房/面包房以面粉或冷冻面团为食品原料，经搅拌、醒发、烘焙等工艺制作糕点类面包。因此，将后续4个行业归为高风险经营项目。由于没有统一的风险划分标准，其他各区就有可能按照其他不同的风险划分标准，将这8个食品行业归入不同的风险等级范围，一定程度上会给经营者带来不便，同时也给市场监管者带来监管不便。

（二）各部门间缺乏有效互动

1. 业务手册制定标准不一致

各区分别制作8个行业的业务手册，综合表单的内容、格式都无法统一，影响申请人在操作上的体验。同时，由于各许可部门工作要求不同，很难通过市场监管部门一个部门的协调来达到统一操作模式的目标，在表单制作、材料清单、流程设计、数据共享等方面很难达成共识。

2. 后续监管缺乏协同联动

各区作出许可审批改革以后，相关部门之间并没有建立起相互共赢的理念，各区之间以及市区之间缺乏积极沟通交流的意识，出现信息共享度较低的消极现象。各部门后续监管信息得不到及时分享，导致事中、事后监管缺乏有效的沟通和协同，彼此之间增加了一些不必要的误会和麻烦，监管效能较低，无法保障改革中食品领域的安全问题，不利于改革的进一步实施。

（三）改革的系统集成亟待优化

1. 信息系统建设有待推进

在“一业一证”改革过程中，信息系统建设相对迟滞，出现外网申请端与业务系统无法打通的瓶颈。由于“一网通办”与各许可部门业务系统没有链接，申请人提出“一业一证”申请后，填写的表单信息无法直接转到业务部门系统内，无法走出“二次录入”困境，仍没有实现“让数据跑路”的目标。对于牵头部门来说，各个部门的办证时限和总的办证时限也难以把控，还需将各张许可证的信息录入“一业一证”系统中完成制证，工作量大，成效不明显。

2. 推行告知承诺制风险大

按照“证照分离”改革的总体要求，食品经营许可采取优化准入服务的方式进行改革，目前暂不涉及实行告知承诺等审批方式。根据《上海市行政审批告知承诺管理办法》（沪府令 4 号），直接涉及人身健康的行政审批事项不适用于告知承诺，食品安全涉及人身健康，因此食品经营许可不适用于告知承诺。但是浦东新区“一业一证”改革试点方案中，提出对食品经营许可实施告知承诺，这对食品经营许可审批改革提出了进一步的要求。虽然改革对食品经营许可的审批方式也提出了“关于设施设备布局、操作流程等进行标准化模板设计，实施告知承诺”的新要求，但是由于相关内容在国内尚无先例，相关事中、事后监管的改革举措并不完善，再加上食品安全始终关系到人民的生命安危，因此在食品领域推行告知承诺制具有较大的风险。

（四）改革缺乏社会认可度

改革缺乏社会认可度主要体现在申请主体的体验度有待提升方面。申请主体并不认为“一业一证”改革会给其带来多少方便，目前，改革还处于摸着石头过河的探索时期，许多改革举措给申请主体带来的体验感并不是很好。如“一网通办”实施过程中，主要是人机交流，但有时候机器并不具有很强的专业性和灵活性。

六　推进“一业一证”食品经营许可改革的对策建议

（一）目标定位

为进一步推进“一业一证”改革，深化市场准入管理制度改革，实现“照后减证”、破解“准入不准营”难题、增强市场主体获得感，通过统筹各区市场监管部门推进分类实施食品经营许可改革试点，强化食品安全风险管控，积极运用互联网、智能信息化等方式提升监督管理效能，创新食品领域安全监督管理方式，推动食品安全监管模式数字化转型，并着力强化审批与监管执法等环节的衔接，确保形成食品安全风险防范的闭环管理机制，逐步完善食品安全智慧化监管体系，守牢食品安全底线，不断提升人民群众的获得感和满意度，积累可复制、可推广的经验，创造国际化高水平营商环境，从而不断增强深化“证照分离”改革的持续性。

（二）对策建议

1. 以“减”为基础，流程再造，让审批服务更优化

（1）精简优化申请材料

各区市场监管部门应当按照《总体方案》《指导意见》要求，凡是同样的审批材料能够在不同的审批事项中使用，凡是审批材料可以在同部门内部核验，或者各部门之间通过共享信息即可核验的，凡是审批材料可以通过审批工作人员自行获取的，凡是审批材料尚未经过法律法规明确要求的，市场主体可不再提交，各许可部门也不得强制要求其提交，通过简化审批条件，保证审批实现精简。一是根据《食品安全法》，对申请仅销售预包装食品经营项目的经营者实施备案。备案具体要求参照本市自贸区内仅从事预包装食

品销售备案的有关规定执行。二是申请人申请“散装食品销售”“热食类食品制售”、“冷食类食品制售”、“糕点类食品制售”以及“自制饮品制售”经营项目的，各区市场监管部门应当按照《总体方案》，向申请人提供设施设备布局、操作流程的标准化模板设计。允许申请人在市场监管部门作出审批决定前提交设备设施布局、操作流程文件。三是申请人承诺经营场所的设施设备布局、操作流程符合模板要求，且申请的主体业态、经营项目符合《上海市食品经营许可管理实施办法》第十九条第二款①情形的，各区市场监管部门不进行现场核查，进一步缩减许可审查时限。四是申请人将食品经营许可与酒类商品零售许可一并申请的，各区市场监管部门收到申请材料后，通过整合内部流程，优化行政审批程序，实施食品经营许可与酒类商品零售许可联合办理，充分发挥机构改革优势，进一步提高行政审批效能。五是对首批纳入“一业一证”改革试点行业目录中涉及的其他行业，各区市场监管部门应当按照食品安全风险等级参照上述要求，细化审批条件，营造更加透明、便利的营商环境。

（2）整合兼并管理环节

一是推行综合许可单轨制改革。行业综合许可证实际上是多项行政许可在效力上的综合，证明市场主体所取得的相关行政许可并据以获得的行业准营资格已经得到确认。为推进“一业一证”食品经营许可改革，上海市各有关部门对行业综合许可证的效力认可需达成一致，对相关行业准入涉及的单项许可不再进行单独受理和发放证照；在相关管理服务活动中，市场主体可直接出示综合许可证，无须再提供单项许可证书。二是完善综合许可证相关管理制度。建立行业综合许可证统一许可期限制度。对于设定了有效期的单项许可，可以取消或者延长该有效期。其中，适用的具体范围由浦东新区负责向社会公布。市场主体需要将行业经营有关信息与年报公示信息一同填报，并由行业管理部门在受理过程中以及后续的监管中予以查证核实。当行

① 《上海市食品经营许可管理实施办法》第十九条第二款：“申请附件 6 所列食品经营许可事项，以及食品经营许可变更不改变设施和布局的，区市场监督管理局可以在对申请材料进行审查后，作出是否准予行政许可的决定。”

业综合许可证记载的单项行政许可发生改变或者其依据的相关规定被废除，有关审批部门需要及时更改或者消除该行业综合许可证上载入的相关许可信息。三是建立改革清单管理制度。通过建立“一业一证”改革清单管理制度，浦东新区可以根据其先进的改革开放实际，制定改革行业清单；对于综合许可单轨制改革、取消或者延长许可有效期、实行市场准营承诺即入制等一系列改革举措，可以制定改革举措清单，并将确定以后的改革行业清单和改革举措清单向社会公布。

（3）压减缩短审批时限

由“串联”审批变为“并联”审批，即一个行业涉及事项的审批，通过“一业一证”专窗集中分发至审批室一并审批，审批时限的确定则以所有审批事项中用时最短的时限为依据，限时办结。创新即时办结，以限时办结为基础，进一步缩减和规范审批时限，在全市先行试点行业即来即办，根据申请人的申请事项，若其提交的材料齐全，按照规定可免去现场核查的步骤，在现场即可发放行业许可综合证，现办现取。

2. 以“提”为突破，集成高效，让审批服务更贴心

（1）创新设置“一业一证一码”，提升服务质量

一是逐步完善“码上亮证”。以“综合监管码”为展现载体，逐步完善面向市场主体的“码上亮证”。“码上亮证”的法律效力与纸质版证照相同，即市场主体通过展示“综合监管码”的方式展示相关证照信息的，可视为其已经履行展示证照的法律义务。目前，上海市已经开展电子营业执照与食品经营许可电子证书联动应用试点工作，部分市场主体已实现通过电子屏、手机等展示电子营业执照、食品经营许可电子证书的方式履行亮照亮证的义务。对此，应进一步拓展电子证照的应用场景，确保市场主体证照信息展示更加真实、透明，满足市场主体便携化、个性化、电子化展示证照的需求。二是加快落实“码上监管”。以“综合监管码”为监管手段，充分依托“双随机”“互联网+监管”等应用平台，进一步将市场主体基本信息、各部门监管数据投诉举报处理结果、社会第三方机构数据等内容整合到“综合监管码”中。在日常监管中，监管部门以扫描“综合监管码”为入口，可以

及时获取相关信息；同时，进一步开发完善“综合监管码”在市场监管移动执法系统中的应用，提升监管效能，实现对市场主体全生命周期的综合监管。三是推动实施“码上治理”。以“综合监管码”为公示途径，推动实施面向社会公众的“码上治理”，进一步拓展“综合监管码”的延伸应用，在实施食品安全量化分级监督公示的基础上，将市场主体证照信息以及移动监管信息、“双随机”信息、食品安全量化分级公示信息、投诉举报信息、“明厨亮灶”信息等接入“综合监管码”，不断丰富“综合监管码”的内涵，实现公众参与食品安全社会治理方式的多元化。

（2）先期试点搭建平台，提高风险管控能力

一是建立行业综合监管制度。如果涉及申请人同时申请其他许可证的情况，经营者要取得行业综合许可证，可以充分利用区级市场监管领域联合“双随机、一公开”监管联席会议机制，根据市、区两级在市场监管领域全面推行部门联合“双随机、一公开”监管的有关要求，结合区联席会议工作机制的安排，由主要职能部门牵头，开展区级部门联合“双随机、一公开”抽查。二是坚持风险分级管控理念。应由市市监局牵头，对 8 个试点行业的食品安全进行风险分级，按照《食品经营许可管理办法》[①]《食品生产经营风险分级管理办法（试行）》[②]，结合本市食品安全监管实际，分析每个试点行业涉及的许可经营项目，量化评估其经营静态风险因素，形成适应食品安全监管的分级管理要求，进一步突出分类管控理念；优化低风险经营项目准入标准，加强对散装食品销售、冷食以及高危易腐食品制售等行为的许可与监管。三是依法强化事中、事后监管。食品安全关系到社会公众的生命安危，市场监督管理部门应当严肃对待，认真贯彻落实“四个最严”的工作要求，依法依规强化监管执法，严守安全底线。若市场主体的实际经

---

① 《食品经营许可管理办法》，2015 年 8 月 31 日国家食品药品监督管理总局令第 17 号公布；2017 年 11 月 7 日，国家食品药品监督管理总局令第 37 号通过《国家食品药品监督管理总局关于修改部分规章的决定》，对办法进行了修改。

② 《食品生产经营风险分级管理办法（试行）》2016 年 9 月 5 日由国务院食品药品监管总局印发，食药监食监一〔2016〕115 号。

营情况不符合其当初承诺的内容，各区市场监管部门应当要求其在一定期限内按照规定进行整改；市场主体未按照规定的期限进行整改，或者整改后仍达不到要求的，各区市场监管部门应当依照《食品经营许可管理办法》进行处理。

（3）畅通渠道高效联动，提高审批便利度

一是健全跨地区、跨部门、跨层级的政务信息共享机制。对纳入改革试点的行业，梳理政务信息需求清单，包括市场主体的许可、年报、处罚、电子证照、信用等。依托全国一体化政务服务平台和市大数据资源平台，逐渐完善政务信息跨地区、跨部门、跨层级共享机制，以此实现市场主体相关信息非必要一次填报即可。为推动深化实施“一业一证”改革，本市市级相关部门可建立数据交换机制，加快相关业务应用系统的优化完善，提高与浦东新区“一业一证”改革申请办理系统的对接水平，促进政务信息共享。二是建设并迭代升级“一业一证”网上申办系统。依托“一网通办”平台，公布纳入改革试点的行业清单及各行业综合许可办事指南，提供准确便利的办事导航服务，通过便捷查询、精准匹配、智慧填表等功能，使得行业综合许可证的办理更加高效便捷。关于“一业一证”改革行业及其许可条件，申请人可以通过“一网通办”查询知晓，并下载该行业准入需提交的相关表格等材料。申请人将相关材料提交至行政审批局，由行政审批局统一收件后，各部门实行并联审批、限时办结，行业综合许可证等文书由行政审批局统一向申请人送达。

3. 以“拓”为延伸，主动作为，让审批服务更精准

（1）争取上级支持，试点行业“尽快办”

一是应当及时响应试点单位的改革诉求。帮助调节和处理改革实施过程中遇到的困境和难题。发挥积极主动精神，及时推进与国务院有关部门之间的沟通交流，努力争取国务院有关部门对浦东新区深入推进“一业一证”改革的大力支持，推动国务院部门事权下放、系统对接等工作顺利进行。二是加强业务指导培训和监督。切实搞好事权下放后审批、服务、监管全流程各环节的衔接，对能够证明改革获得成效且具有典型性的做法和经验，要及

时和善于总结、推广，对试点证明行之有效的改革举措，推动将其上升为制度规定，固化改革成果。

（2）扩大试点范围，高频行业“更多办”

一是通过“综合监管码”推动食品经营许可审批服务改革。以“一业一证”行业综合许可准入为基础，进一步强化对便利店、超市、饭店、小餐饮、现制现售食品、烘焙房/面包房、咖啡店/茶馆、酒吧等8个由市场监管部门牵头行业中已取得“行业综合许可证”的市场主体的食品安全风险管控，积极运用互联网、信息化等手段提升监管效能，创新食品安全监管方式，推动食品安全监管模式数字化转型。二是建立健全综合许可与监管执法衔接机制。对已具备经营资格，需扩大经营范围、变更经营项目的，纳入“一业一证”实施范围，实现“照后减证”。全面梳理“一业一证”改革试点举措落地实施、复制推广等涉及的法律法规，对需要暂时调整适用的，依照法定程序提请暂时调整适用。

（3）完善配套改革，提高认知“主动办”

一是健全完善“好差评”机制。建立健全行业综合许可“好差评”制度和管理体系，对行业综合许可的审批服务全面开展“好差评”。让市场主体对行业指引、条件告知、审核程序、服务质量等各方面进行“找茬”，形成评价、反馈、整改、监督全流程衔接，[①] 推动各部门提升政务服务质量，优化服务效能。二是完善相关争议解决机制。实施行业综合许可证，不是把原有的行政许可事项全部取消，而是保留现有的行政许可事项，其中所涉行政许可的实施主体、法律效力和法律关系仍然保持不变。当所涉具体行政许可行为发生争议时，市场主体若需申请行政复议或者提起行政诉讼的，可将相关行政审批部门作为被申请人或者被告。建立复议诉讼咨询服务机制，注重数字化发展，让市场主体获取具体实施相关行政许可的行政审批部门信息，并实现相应救济方式的智能化、数字化。

---

① 王学军：《“好差评”提升政务服务绩效的公共价值逻辑》，《西北师大学报》（社会科学版）2021年第3期。

七 总结与展望

综观“一业一证”改革，其核心在于一个“减”字，也就是减少审批材料、减少审批流程、压缩审批时限，减少市场主体跑腿的次数，甚至不用跑腿，推动政府高效率办事和工作效益大幅提高，从而进一步活跃市场、优化营商环境。而食品经营许可领域的改革则具有安全这一特殊性，且在国内改革实践中尚无先例可供参考，改革当然面临一定的风险和困境，包括没有统一的划分标准、监管效能较低、数字化转型有待加强、社会认可度有待提升等。为深入持续推进“一业一证”食品经营许可改革，应始终坚持需求导向，以市场主体为中心，坚持问需于企、问计于企、问效于企，不断提升改革的精准性和实效性，再造审批管理服务全流程，优化提升政务服务效能，努力打造市场主体和人民群众满意的市场准入制度体系。通过深化改革推进审管互动，实现工作重心从重审批转向重监管，逐步完善食品安全智慧化监管体系，守牢食品安全底线，推进审管双方共同致力于维护市场经济更加健康良性发展。在推动实施“一业一证一码”过程中，通过“综合监管码”解决改革中面临的风险和困境，实现“码上亮证”“码上监管”“码上治理”的创新监管方式，不断提升人民群众的获得感和满意度，积累可复制、可推广的经验，增强深化“证照分离”改革的持续性，从而创造国际化高水平的营商环境。

B.5

推进城市公共安全领域警务改革

——打造“大客流”智慧管控的“黄浦模式”

上海市公安局黄浦分局课题调研组*

摘　要： 本文围绕公安机关对公共安全领域管理手段的不断升级变革，以上海外滩区域这一开放式人员密集场所为切入点，详细分析了“大客流”形成的原因，总结梳理出“大客流”管控在当前新形势下面临的风险和适配的要求。对此，上海市公安局黄浦分局依托近年来智慧公安建设的成果，在实战中积极探索、总结、完善，不断优化升级管控措施，形成可复制、可借鉴的“大客流”智慧管控的“黄浦模式”。

关键词： 大客流管控　智慧公安　黄浦模式

2018年11月，习近平总书记在考察上海时强调：“城市治理是国家治理体系和治理能力现代化的重要内容。一流的城市要有一流的治理，城市治理要注重在科学化、精细化、智能化上下功夫。既要善于运用现代科技手段实现智能化，又要通过绣花般的细心、耐心、巧心提高精细化水平，绣出城市的品质品牌。”习近平总书记的这些要求为上海城市治理指明了方向、提供了遵循。作为“上海的心脏、窗口和名片”，黄浦区每年都吸引大量游客到此观光旅游，人群密集场所安全管理成为常态化工作，化解“大客流”

* 组长：上海市公安局黄浦分局指挥处副处长钱海峰；成员：上海市公安局黄浦分局指挥处调研科科长李富强，上海市公安局黄浦分局指挥处调研科民警吕文正。

带来的风险隐患是黄浦区城市公共安全管理的重大课题之一。近年来，上海市公安局黄浦分局牢牢把握智慧公安建设契机，创新风险防控手段，充分将互联网、物联网、大数据、云计算、地理信息系统等前沿技术运用到“大客流”管控中，在工作中追求既实现“保安全、护稳定”，又实现“促发展、惠民生”。本文结合上海市公安局黄浦分局历年来人员密集场所安保管控手段创新和改进情况，就智慧管控模式如何应对外滩区域超大客流这一难题并提升实战效能进行探索、研究，为黄浦江两岸45公里岸线贯通后的人流密集区域管控提供经验借鉴和模式参考。

一 外滩区域“大客流”形成的原因

（一）经济因素

外滩，位于上海市黄浦区黄浦江畔，是中国历史文化街区。外滩全长1.5公里，南起延安东路，北至苏州河外白渡桥，东面即黄浦江，西面是上海金融、外贸机构的集中地。上海辟为商埠后，外国的银行、商行、总会、报社开始在此云集，外滩成为全国乃至远东的金融中心。[①] 外滩矗立着52幢风格迥异的古典复兴大楼，素有外滩万国建筑博览群之称，是中国近现代重要史迹及代表性建筑，上海的地标之一。1996年11月，国务院将其列入第四批全国重点文物保护单位。

随着时代的发展，黄浦区作为上海经济、行政中心所在地，正努力打造全球城市经济实力、城市形象、文化繁荣、社会活力、创新创意精彩浓缩与集中表达的核心舞台，从而成为举世瞩目的“世界会客厅”。因此，在外滩区域，每年自发性（节假日观光）和组织性（重大活动）参与人数和规模不断上升。上海国庆彩灯在2019年增加了浦江光影秀活动后，直接导致国庆长假7天外滩观光人数累计达到1240万人次，创下新高，同比增加42%以上。2020年底，随着南京路步行街东拓工程竣工，步行街与外滩滨水区

① 《上海外滩的历史变迁》，人民网，2018年8月6日。

实现无缝对接，游客从南京东路到外滩观光的路线更加畅通，外滩“大客流”管控压力有增无减，9 月 30 日至 10 月 8 日，共迎来超大人流 1283 万人次，其中 10 月 2 日外滩滨水区瞬时客流历史最高峰值 8.1 万人。此外，上海国际马拉松赛已连续九年在外滩陈毅广场鸣枪起跑，跨年迎新等重大活动也多次在外滩举行，这些活动都在不断提升外滩的世界级影响力，也吸引着越来越多的游客到此旅游打卡。

（二）区位因素

黄浦区作为上海历史文化中心所在地，拥有外滩、豫园、南京路步行街等享誉全国的旅游胜地。外滩是上海的象征，是上海城市近现代化的起点，能观赏万国建筑博览群、外白渡桥等历史建筑，以及浦东陆家嘴地区的东方明珠电视塔、上海中心、金茂大厦等现代摩天大楼，夜晚还能看到相应的景观灯光，吸引大批人流自发性地驻足观看。豫园作为江南园林的瑰宝，是全国重点文物保护单位，被誉为“奇秀甲于东南”，蜚声中外。南京路步行街更是享有“中华第一街”的美誉，众多老字号品牌以及包括世界 500 强在内的众多国际知名品牌先后入驻，南京路步行街东拓以来，泰康、星火日夜等老字号升级焕新，许多国外著名品牌首店、潮店的落户更是激发更多游客前来参观购物，是游客们观光旅游的必到之处。

从地理位置上看，南京东路与外滩形成“T”字形结构，到南京东路观光购物的客流与到外滩观光的客流本身即是一体联动的。而豫园商城的位置在这一“T”字形的夹角处，与外滩滨水区的直线距离仅 700 余米。随着城市交通手段的进一步完善，地铁 1 号线、2 号线、8 号线、10 号线等线路将人民广场、南京路步行街、外滩、豫园等重点区域串联到一起，加速了人流的瞬时汇集和对冲，为“大客流”管控增加了更多不可预知的风险和难度。

二　外滩“大客流”管控的经验与教训

在智慧公安建设之前，上海市公安局黄浦分局对外滩区域采取的“大客流”管控措施既有经验总结也有反思改进。

从上海市公安局黄浦分局安保工作经验来看：一是注重“大客流”数量评估。对人流计数采取肉眼估算的方法，并总结出“看脚三成、看肩六成、看头八成”的测算标准，即从外滩区域制高点以及制高点监控看密集区域人员流动情况，如果能看到人流的脚，则可大致判断人员为三成左右；如果能看到人员的肩部，则可大致判断人员为六成左右；如果只能看到人员的头部，则大致判断人员为八成左右，并以此为依据，同步采取相应管控措施。二是注重交通管制先行防控。提前采取交通临时管制措施，最大范围形成西至西藏中路、东至中山东一路、南至延安东路、北至南苏州路的四面封闭的机动车禁行区域，扩大人流活动空间，从而实现降低人流密度确保安全的效果。三是注重地铁交通同步协控。在国庆等“大客流”安保工作期间，提前对地铁 2 号线、10 号线交会的南京东路地铁站采取跳站的方式，避免大量人流经轨道交通涌入南京东路沿线，从而直接将人流集聚压力传导至外滩区域，形成对冲风险。上述工作经验是上海市公安局黄浦分局在安保工作中不断探索总结的，2010~2017 年，上海市公安局黄浦分局在上述经验的基础上，取消了在区域道路范围内实行交通管制的一刀切式措施，并针对性地在河南中路—南京东路以及南京东路—中山东一路两个路口实施“开关式”过马路，对南京东路（河南中路至中山东一路段）按照人流量大小视情况进行交通管制，减缓通往外滩区域的人流压力。

“海因里希法则”告诉我们，一件重大的事故背后必有 29 件轻度事故，还有 300 件潜在隐患。[①] 在有关经验教训的基础上，上海市公安局黄浦分局意识到当时实施的人流管控措施仍存在以下风险和待完善之处：一是指挥决策风险。因无法精准得知外滩区域即时滞留人数，所以无法判断需要多久人流量会达到预警阈值，也就无法实现警力精准部署和既定方案的精准实施。二是集聚流动风险。由于人流呈动态流动状，仅凭“看脚、看肩、看人头”无法确定人流密度和内部流向，一旦在某个区域因人流对冲或者长时间挤压

① 朱发鹏：《论海因里希法则对安全工作的启示》，《发展》2014 年第 10 期。

形成“堰塞湖”，除了依靠人海战术以及民警自身经验快速反应外，无法在整个指挥系统上做到迅速应对和调整，从而彻底消除风险隐患。三是暴恐维稳风险。近年来大型公共活动面临的各类非传统风险越来越大，如2010年巴基斯坦朝拜场所连环爆炸案、2013年美国波士顿马拉松比赛爆炸事件，按当时的管控手段，还无法对外滩“大客流”中重点人员进行即时预警、处置。四是追求更高舒适度。随着时代发展，“大客流”管控仅仅守住安全底线还远远不够，要让重大活动有序开展，让参与者“自然随和、管理无感”，做到“安全、有序”与“活力、魅力”并重，增强市民游客的获得感、幸福感、安全感。

三　以智慧公安建设为新起点，探索外滩“大客流”管控的“黄浦模式”

自智慧公安建设起步后，上海市公安局黄浦分局不断探索，狠抓短板不足，对标将外滩打造成“世界会客厅”的功能定位，不断完善“大客流”管控方案，利用智能化新技术深化公安改革，创新建立了“大客流”全过程全周期管控体系、警务力量的扁平高效指挥体系、以实战为导向的联勤联动体系，以及融合科技伟力、工匠精神与社会协同，匹配精细化管理的最高水准，打造“大客流”管控的“黄浦模式”。

（一）建立以“五大管控”为核心的大客流全过程、智能化管控体系，确保有序、安全、宽松、高效

管理客流犹如治水，关键要在精确监测预警基础上，因势、因形疏导。多米诺骨牌理论认为，突发伤亡事故的发生不是一个孤立的事件，而是一系列事件相继发生的结果①，因此，如果能提前预知这些将要形成的风险事件，提前移除因果连锁中任意一块“骨牌”，事故过程就会被中止，达到控

① 刘新立：《风险管理》，北京大学出版社，2006。

制风险、避免事故发生的目的。为此，上海市公安局黄浦分局研发了“大客流风险洞察系统”，专门用于客流预测；在关键路口和高危地段安装“客流眼”等新设备，实时监测客流数量、流向、密度，为全过程、全周期管控奠定基础。

一是预警管控，赢得“黄金 1 小时”。“大客流风险洞察系统”能对未来 1 小时至 7 天，上海气候、轨交、民航、铁路、宾旅馆（尤其是外滩周边）数据及历史客流数据进行多维度深度分析，包括豫园商城、南京东路人流最终目的地动向，是否会与外滩区域人流发生叠加对冲风险等，从而实现对客流规模、持续时间等关键信息的全息阅读与提前预判，并智能匹配各项联动和管控预案，在源头上做到精准管控。当前，对外滩风景区未来 1 小时客流预测精准度接近 100%，科技创新赢得的“黄金 1 小时”从根本上杜绝了“投入警力不足、部署没有到位”而发生危险的可能。

二是远端管控，防止客流直击外滩。在不封闭南京东路地铁站的情况下，游客主要从南京东路站出来，沿南京路进入外滩，一旦监测到南京路客流量超过阈值，就从离地铁站最近的河南中路开始，在南京路沿线道路两侧设立标兵线，并按右侧通行原则，规范双向人流秩序，减缓客流到达外滩和对冲风险。如果继续增加，则启动分流管控措施，引导部分客流从南京路两侧的九江路、天津路等进入外滩；如果再增加，则启动交通管制措施，到一定阈值后，直接封闭南京东路地铁站，从根本上消除“大客流”直接冲击外滩的风险。在封闭地铁站的情况下，尤其是针对 2020 年国庆节前南京路东拓段与外滩滨水区人流峰值“倒挂”现象，黄浦分局在南京/河南路口保持“开关式”过马路的基础上，增加“雨刷式”导流预案，将路口打造为远端分流的“调节阀”；在南京路东拓段沿道路中线两侧设置标兵线并留有应急通道，避免发生人流对冲，并提前对路段内的树木、露天座椅分别采取临时改建、隔离措施，最大限度地消除摔绊行人等隐患；根据东拓段路面 1 万平方米、每平方米 3.5 人的标准，在江西路、四川路口设置多道引导线，将人流分成 600~800 人小方阵，有序引导人流“分列式”前往外滩江堤。

三是节点管控，消除客流对冲风险。能量释放理论认为风险或者事故是不断聚集的能量无规则或者意外释放造成的[①]，因此关键节点的客流冲撞是引发事故的重要因素，尤其是节假日豫园商城、南京路步行街以及外滩人流剧增，三个地区的人流汇聚叠加易引发对冲风险。上海市公安局黄浦分局牢牢把握以下关键节点：在南京东路和中山东一路路口，采取“波次放行”、“雨刷式站位”以及以三角队形构筑“分水阀”执行“分向导流”措施，灵活调节人流由北部北京东路、南苏州路，中部南京路，南部九江路、福州路3条通道进入江堤，将进出外滩客流有效分离，确保了外滩滨水区人流始终“南北均衡”；在上下外滩江堤的通道台阶上，监测系统报警之后，陈毅广场等核心观景平台处4号、5号、6号通道变为“只下不上”单向通行，引导游客由南北两侧较远的通道上江堤，并用硬隔离装置（铁马）在陈毅广场划出专门通道，引导下江堤游客快速离开。针对南京东路地铁站封站后豫园地铁站客流激增的情况，分局调配安保力量现场疏导，协调轨交总队由申通地铁公司在人民/河南路口增设移动售票车，确保现场人流平稳有序。

四是封闭管控，确保实现总量控制。美国纽约时代广场管理机构公布的跨年迎新晚会安全措施中的一个重要举措就是：当群众进入广场这一开放区域后就不要再走动，要等到活动结束后才能离开[②]，即“封闭管理、只出不进”。上海市公安局黄浦分局也充分利用地形，围绕中山东一路和外滩亲水平台，形成北到外白渡桥、南到新开河约8万平方米的小范围封闭空间，一旦监测到区域内人数超过阈值，即时实施封闭管控，出现紧急状况时还能封闭中山东一路机动车道以获得4万平方米预备空间，并用人墙、硬隔离将上述区域隔开，使参观的游客在固定的区域内活动，有效防止人流无序窜动，加大“大客流”管控力度。

五是重点管控，消除各类治安风险。通过“大客流风险洞察系统”、数

---

① R. William Haddon, “Energy Damage and the Ten Countermeasure Strategies”, *Human Factors Journal*, 1973.

② 高娓娓：《为何纽约时代广场跨年人挤人却没事》，http://net.blogchina.com/blog/article/2364871，2015年1月6日。

字化高清探头、人脸识别技术、LBS“大客流”监测等智能科技手段，实时分析比对抓拍的高清图像，强化对扒窃、黄牛、诈骗、“黑导游”等各类重点人员的“精准定位、到达警告”，进一步降低处突风险。

（二）建立指挥扁平、处置高效的智慧指挥体系，为“大客流”管控提供智能化的组织保障

完美方案依赖高效执行，上海市公安局黄浦分局借助智慧公安建设，研发了用于“大客流”管控的智能勤务管理系统。

一是建立了全覆盖的监控体系。为从根本上解决后方指挥不能及时了解前方信息的情况，在外滩设立了“鹰眼—路口探头—智能头盔”的立体监控侦查体系，实现全区域的全量上图、实时显示；制高点上设置五个“鹰眼”级高清探头，方便指挥员全景式了解区域情况；各个节点、路口安装高清探头，近距离掌握信息；利用“4G 无线单兵头盔”摄像头，实时传输一线画面。

二是建立了“指挥员—警员”的扁平层级。一旦发生突发事件与重大警情，以移动警务终端为平台，依托移动警务通 App，现场指挥员能将管控指令直接发送到具体岗位的特定民警，执勤民警也能“一键调取”移动警务终端的安保现场动向信息，有效减少了指挥层级、降低了人为失误等因素影响。

三是建立了智能辅助指挥系统。通过“警力撒点图”与“警情热力图”的重合比较，切实实现“警力跟着警情走、勤务跟着需求走”，让就近警力能第一时间到场、让专业力量投放到最需要的地方。

（三）建立以实战为导向、多元参与的联勤联动体系，形成“大公安治理”格局

面对“大客流”常态化，外滩区域属地派出所及外滩治安派出所协同外滩风景区管理办公室、南京路步行街管理办公室、环卫系统、楼宇物业及商家等多元主体，形成“大客流”管控共同参与、联勤联动、快速响应的

新格局。一是实现了从“小公安”到“大公安”的转变。在外滩滨水区，所有保洁员、保安、导游，以及附近各个大楼的保安、保洁人员，都是“大客流”管控的安保力量之一，都能按照外滩治安派出所的指挥，精准发挥作用，从派出所负责的“小公安治理”格局演变成社会多元参与的“大公安治理”格局。二是建立了“以演练替代开会”联动机制。外滩治安派出所把定期开会协商机制改为每月一次演练，以实战为导向发现问题、解决问题，不断提升各单位的协同配合、反应能力和处置水平。特别是每年夏季，伴随着大中小学放暑假来外滩旅游观光的客流增加，外滩治安派出所统筹各方力量承担了“暑期大客流”的安保工作，每天既是演练，也是实战。

四 “大客流”管控“黄浦模式”带来的启示以及未来发展愿景

（一）树立“大客流”管控“全生命周期管理”的样板

全生命周期管理起源于美国国防部“计算机辅助后勤支援”计划，其内涵是从产品的需求、规划、设计、生产、经销、运行、使用、维修保养，直到回收处置的全生命周期中，管理每一个阶段的信息与过程。[①]“大客流”管控“黄浦模式”作为上海市公安局黄浦分局打造的拳头产品，在前期筹备规划阶段，主动加强与学警、武警的沟通，明确各管控点位上的任务和责任；做好国内外反恐形势和可疑线索、情报的综合研判，确定活动现场安检的级别；综合收集管控时段进沪客流量、宾馆入住量、天气情况等数据情报并开展人流的综合评估，确定对应的用警数量。

管控方案设计阶段，通过现场反复勘察踩点、借助“大客流风险洞察系统”预测未来1~7天管控区域人流量，不断完善、调整警力的部署并拟定相应管控措施，进一步明确做什么、谁来做、怎么做、什么情况下做到哪

① United States Department of Defense, Computer Aided Logistic Support, 1985.9.

一步，提升方案措施的精准度；以表格、地图、菜单和沙盘推演等最常使用和最为直接的工具演示方案，凸显方案实战性和可操作性。

实战阶段，在严格按照既定方案执行管控措施的同时，针对实际客流拥堵点，同步运用智慧指挥体系，创新采取“波次放行”“雨刷式站位”“只下不上”“交替开关”“南进北出”“慢进快出”等导流措施，在确保安全这一底线的同时，提升人流参观的舒适度。

总结阶段，在每次安保活动结束后，进行深度分析和全面总结，进一步发现问题、解决问题，不断修正、改进管控措施并对实战民警进行培训；在指挥策略、技术手段和实战能力上不断升级完善并对标“圈层防护、人物干净、宽松高效、有序尊严”，推动“大客流”管控工作迈向更高境界、更高水平，形成规划、设计、实战、总结的全生命周期闭环管理过程，从而铸就新时代“大客流”管控的秩序之美。

（二）为本市人流密集场所人员管控和其他城市“大客流”管控提供可复制、可推广的经验

黄浦江两岸45公里岸线贯通后，浦东滨江大道、前滩滨江、徐汇滨江、虹口北外滩等都和黄浦区外滩区域同属开放式区域，随着知名度和节假日人员密集度提升，同样面临“大客流”的考验，因此上海市公安局黄浦分局针对外滩的“大客流”管控模式在相似的环境下，推广度更高、实操性更强；而国内外超大城市如北京、广州、深圳、巴黎、纽约、东京①等，尽管针对“大客流”管控有着丰富的经验，但就人流规模、无序性而言，外滩的管控难度更大，对应“大客流”管控采取的措施科技含量更高、经验更趋成熟，因此“黄浦模式”的推广借鉴价值更高。

（三）“大客流”管控“黄浦模式”未来发展路径

为确保“大客流”管控更趋完善，可以通过以下两条路径升级管控手

① 周靖祥：《千万人口级超大城市的未来命运》，《上海证券报》2014年12月3日。

段、完善大型活动策划。

一是政府层面，建议举办更多活动完善机制并实现“分流效应”。纵向要提供更多时段节目。以纽约时代广场“新年倒数时间表”为例，从下午六点至午夜十二点，全时段安排多场不同节目，拉长活动持续跨度、扩大活动选择范围。横向要增加活动地点，在全市新增的多个地标性区域开展多样化大型公益活动吸引游客，不仅能减轻外滩区域客流压力，而且能将外滩“大客流”管控模式应用在更多的活动场景，实现经济效益和安全效益双赢。建议在徐汇滨江、虹口北外滩、浦东世博等地标性区域同步开展跨年、国庆观灯、旅游节等活动，提升活动的规模效应、品牌效应、安全效应，促进“上海服务”“上海制造”“上海购物”“上海文化”四大品牌建设。

二是加快将“大客流”管控融入“一网统管”。以上海市公安局黄浦分局“大客流”智能化管控体系为基底，在“一网统管”城市运行管理系统中的区、街镇级节点搭建“大客流”智慧管控子系统，充分发挥“一网统管”在“数据赋能、系统支撑、信息调度、趋势研判、综合指挥、应急处置”等领域的专业优势，全量联通政务网络，全量汇聚“大客流”管控领域的各类数据，打破部门边界，协助提供强化重点人群排查、社会治安管控、联勤队伍即时响应等业务支撑，推动群体性事件、突发案（事）件、重大公共安全事件“网上网下一体化”联动处置，形成“横向到边、纵向到底”的工作格局。

待相应运行机制在实战中不断运用、完善后，按照相同的逻辑架构和技术支撑体系，在城市运行管理系统市级平台建立市级层面的“大客流”智慧管控系统，并逐步迭代升级为“城市系统公共安全管理子系统”，做到“实战中管用、基层干部爱用、群众感到受用”，真正完成黄浦“大客流”智慧管控模式在市域层面线上线下的推广、完善和升级，成为对城市生命体协调、高效治理的手段之一，为持续推动社会治理公共安全领域的智能化、专业化建设，推动城市高质量发展、让市民享有高品质生活作出新的更大贡献。

专题篇

Special Reports

B.6
加强金融司法服务 保障上海金融中心提能升级

上海金融法院课题组*

摘　要： 为服务保障上海金融中心提能升级，上海金融法院牢牢把握正确政治方向，始终坚持司法为民、公正司法，高起点、高速度、高标准、高质量推进“专业化、国际化、智能化”世界一流金融法院建设。通过狠抓执法办案，努力树立解决金融纠纷的“中国标准”“上海规则”；聚焦服务大局，紧扣“金融服务实体经济、防控金融风险、深化金融改革”三大任务强化司法保障；站稳人民立场，努力让人民群众在每一个金融案件中感受到公平正义；深化司法改革，加快推进信息科技对金融司法的长效赋能，为推动上海经济社会高质量发展提供更加优质的金融司法服务。

* 课题主持人：赵红，上海金融法院党组书记、院长。课题组成员：肖凯，上海金融法院党组成员、副院长；沈竹莺，上海金融法院申诉审查及审判监督庭副庭长；周嘉禾，上海金融法院申诉审查及审判监督庭法官助理。

关键词： 金融司法　服务保障　国际金融中心

2021 年，上海金融法院坚持以习近平新时代中国特色社会主义思想为指导，深入贯彻习近平法治思想，牢牢把握司法为民、公正司法工作主线，找准金融司法服务保障上海国际金融中心建设的结合点和切入点，踔厉奋发、开拓创新，高质量推进“专业化、国际化、智能化”世界一流金融法院建设，为保障上海金融中心提能升级提供强有力的金融司法服务保障。

一　立足执法办案，强化定分止争，持续提升金融司法核心竞争力

依法公正高效化解金融纠纷，发挥裁判规则引领作用，统筹推进国内法治和涉外法治，努力树立解决金融纠纷的“中国标准”“上海规则”，提升上海国际金融中心法治软实力。

1. 依法公正高效履职，强化金融司法裁判公信力

2021 年在管辖范围调整扩大、金融案件大幅增加的情况下，上海金融法院精细管理深挖潜力，克服案多人少困难，优质高效完成审判执行任务。全年共受理各类金融案件 9146 件，同比上升 41.08%，涉案标的额达 2880.50 亿元，审结 9149 件，同比上升 40.54%，案件结收比例达 100.03%，排在全市法院前列。实际执行到位金额达 146.51 亿元，二审瑕疵改判发回率等 10 项指标位列全市法院第一；法官人均结案数（228.72 件）、网上立案率（90.19%）等 19 项数据居中院前列。

2. 实施审判精品战略，发挥金融裁判规则引领力

妥善审结全国首例证券虚假陈述普通代表人诉讼案、首例适用《民法典》判决贷款机构应当明确披露实际利率案等一批重大疑难复杂新类型金融案件，12 起案例入选“最高法院公报案例”，全国十大商事、消费维权、服务长三角一体化典型案例和优秀案例，以及上海法院十大金融、行政、涉

外、服务“一带一路”典型案例等。发布上海金融法院“2020年十大典型案例”，规范金融交易、引导诚信经营、维护市场秩序。中央金融监管文件吸纳本院裁判规则，要求全国贷款机构明确披露实际利率。

3.强化涉外金融审判，提升金融司法国际影响力

制定《上海金融法院提升金融司法国际影响力和话语权的规划意见》，明确6个方面21项具体举措，全方位打造与上海国际金融中心地位相匹配的金融司法高地。积极行使涉外管辖权，推动最高法院扩大上海金融法院管辖范围，完善金融法院涉外金融纠纷管辖权；推广“涉外金融交易争议解决及法律适用示范条款”，被上海自贸区首单离岸人民币债券业务采用。优化涉外金融审判机制，与华东政法大学合作完善外国法查明机制，发布“涉外、涉港澳台金融案件审判指南”及第一批涉外典型案例，稳定中外当事人的裁判预期。加强金融司法国际传播，在威科先行等国际知名法律信息平台发布两批中、英文版典型案例，检索量达120万次，被境内外用户下载引用1.4万余次。协办第十三届陆家嘴论坛专场活动“金融法治国际研讨会”，参加香港国际仲裁中心线上研讨会，宣传我国金融司法创新举措，为国际金融争端高质效解决提供中国方案。

二　服务大局，强化司法保障，全面助力上海经济社会高质量发展

立足新发展格局，助力高质量发展，紧扣“金融服务实体经济、防控金融风险、深化金融改革”三大任务强化司法保障，持续优化法治化营商环境，全力服务国家金融战略实施和上海国际金融中心建设能级提升。

1.积极服务各项新的重大任务，助力实体经济发展壮大

服务长三角一体化高质量发展，牵头与江浙皖四家中院（南京中院、杭州中院、合肥中院、苏州中院）签署《长三角区域金融司法合作协议》，连续三年组织长三角金融庭长论坛，促进区域金融裁判标准统一。审结的全国首例判决信托公司在通道类业务中承担民事侵权责任案件被评为“人民

法院服务和保障长三角一体化发展典型案例”。服务注册制改革进一步深化完善，优化与涉科创板案件集中管辖相适应的专业化金融审判工作机制，积极探索推行民事赔偿优先原则，合理认定中介机构责任，为建设更加开放透明、有活力、有韧性的资本市场提供优质法治保障。服务临港新片区“金融法治创新区”建设，发挥新片区一站式争议解决中心和法律服务中心的作用，促进新片区金融纠纷多元高效化解，营造更加稳定、规范、可预期的法治化营商环境。

2. 积极参与金融市场综合治理，助力防范化解金融风险

在稳妥处理涉安信、国之杰等重大敏感案件的基础上，强化金融司法的风险预警和建议功能，维护金融市场安全稳定。强化个案建议，贯彻金融风险精准防控新要求。就具体案件中反映的上市公司治理不规范、助贷类业务监管有待完善等问题，积极报送信息简报，制发司法建议。共编发信息简报98篇，被高院录用26篇，被最高法院录用5篇，2份简报获上海证监局书面积极反馈。6份司法建议被中国证券投资基金业协会、上海银保监局等监管机构采纳。聚焦重点领域，打造金融行业风控建议新范式。建立金融纠纷法律风险防范报告年度发布机制，撰写《私募基金纠纷法律风险防范报告》，发布《金融行政案件审判情况白皮书》，为行政机关完善监管措施、金融机构加强合规风控、投资者提高风险意识提供防范建议。注重跨域联动，构建金融司法监管协同善治新格局。与上海证监局、上海清算所签订合作备忘录，至今已与11家金融监管机构、行业自律组织和金融市场基础设施机构建立重大信息共享、重大问题共研、重大风险共防的金融风险防范长效机制。

3. 积极探索金融创新法治供给，助力金融市场改革开放

探索“金融市场案例测试机制”，通过对重大法律问题可能引发的纠纷进行审理，为金融创新提供法律风险压力测试和前瞻性规则指引，为金融领域的制度型开放提供司法保障。合力打造金融法治高端智库，联合中国人民银行上海总部、市高院、复旦大学发起成立中国金融法治研究院，提升中国金融法治研究水平。积极开展金融创新法律实务研究，出版《金融审判前沿（第2辑）》《上海金融法院涉外　涉港澳台金融案件审判指南》，编印

《上海金融法院审判要览（2020）》（中英文版），为妥善解决金融创新过程中的法律适用疑难问题提供司法智慧。

三　站稳人民立场，强化司法为民，持续提升人民群众金融司法获得感

坚持以人民为中心的根本立场，细化金融司法利民便民举措，破解投资维权难点、痛点问题，努力让人民群众在每一个金融案件中感受到公平正义，切实增强获得感、幸福感和安全感。

1. 积极保护中小投资者权益，加大金融司法为民力度

审结全国首例证券纠纷普通代表人诉讼案件，315 名投资者获赔 1.23 亿元，为打造中国特色的集体诉讼积累有益经验，被《人民日报》、中央电视台等媒体广泛报道。全国首次通过证券登记结算机构向投资者全额发放赔偿款，打通投资者维权“最后一公里”。打造全国首个证券代表人诉讼在线平台，为适格投资者提供全流程诉讼便利。优化证券示范判决机制，完善示范案件审理流程，进一步提高群体性金融纠纷解决质效，获评上海金融创新成果二等奖。探索平行案件集约审理模式，平行案件团队成立以来（2021 年 4 月），共审结平行案件 3348 件，2854 名投资者依法获赔 2.6 亿元，案件平均审理时长缩短至 17.7 天。

2. 扎实开展“我为群众办实事”实践活动，提升金融司法温度

出台 12 个实事项目 36 项举措，着力解决人民群众“急难愁盼”问题。优化诉讼服务中心功能，制定诉讼服务中心接待工作规范，进一步规范立案接待流程和诉讼服务标准，升级电子引导屏功能，开通绿色服务通道，增加便民服务设施，开发在线立案评价模块，当事人评价满意率达 99.72%。聚焦特殊当事人诉权保障，与外地法院、监狱协作联动，通过“云审判”“云调解”，及时保障残疾不便或受疫情影响无法出庭人员、被刑事羁押人员、河南暴雨受灾群众等特殊群体的诉讼权利。在线庭审适用率达 70.03%，位列全市法院第一。建立“胜诉退费”长效机制，开展“胜诉退费”专项整

改活动，累计清理排查案件7188件，全部做到应退尽退、主动清退，切实保护胜诉当事人权利。

3. 大力推进阳光司法，提高金融司法透明度

主动接受社会监督，做好河南、湖北等5省（市）全国人大代表团视察工作；邀请两代表一委员旁听庭审、参加征求意见座谈会；认真督办人大代表、政协委员关注案件2件，及时反馈情况，全部按时办结。坚持开门纳谏，召开专题座谈会5场，健全来信、来访、来电等群众诉求表达渠道，走访5家上海金融监管机构、金融市场基础设施机构，广泛听取意见建议，接受社会各界监督。12368诉讼服务平台共办理热线和网络工单458件，当事人满意度达100%。全面拓宽司法公开渠道，网络庭审直播案件2514场，名列全市法院第一；审判流程信息有效公开率达99.99%，名列全市法院前茅。推动新媒体矩阵建设，着力打造“两微一端”，全年官方微信公众号累计发布稿件225篇，微信微博总阅读量达150万余次，单篇最大阅读量达10万余次，全面及时报道金融法院金融司法服务创新举措。积极参与八五普法宣传，加强对具有规则意义案件的宣传，及时回应社会舆论对热点金融法律问题的关注，在院微信公众号上增设“融法微课”“普法在线”等普法专栏，单期阅读量最高达1万多次。选派优秀法官到金融机构宣讲，组织4场公众开放日活动，其中包含2场“法进百企护民生”活动，增强金融企业的合规意识和投资者的风险意识。

四　深化司法改革，强化科技赋能，加快推进金融审判体系和审判能力现代化

全面深化金融司法改革，加快建立与金融案件特点相适应的审判权力运行和财产执行机制，加快推进信息科技对金融司法的长效赋能，形成更多可复制、可推广的金融司法经验。

1. 以规范司法自由裁量权为重点，全面落实金融司法责任制改革要求

进一步细化审判监督履职权责清单，出台《上海金融法院进一步深化

审判权力制约监督体系改革重点任务分解表》，细化院庭长、审委会委员、审判团队负责人带头办理和重点监督“四类案件”的规范，院庭长共办理案件1108件。进一步促进金融类案裁判标准统一，出台《上海金融法院进一步规范法官自由裁量权行使、促进裁判标准统一的规定》，有效发挥合议庭、专业法官会议和法官专业委员会作用。召开专业法官会议151次，发布专委会动态22期、判解参考8期，编写证券虚假陈述纠纷、独立保函纠纷、涉货物运输保险纠纷类案裁判指引。进一步加强基层法院审判业务指导，落实四级法院审职定位改革要求，突出中级人民法院二审有效终审、精准定分止争作用，积极履行对下级法院的监督职责。扎实开展“我为基层解难题”实践活动，开展基层法院发改、申诉案件质量讲评，发挥典型案例、会议纪要示范作用，实现裁判标准统一。

2. 以提高审判质效为目标，全面发挥金融诉讼繁简分流改革试点成效

创新金融案件“五分法”多层解纷机制，根据金融案件的类型特点和收案规律，探索诉调案件专业化调解、平行案件集约化审理、简单案件快速化审理、重大案件精品化审理、普通案件常规化审理机制，实现金融案件精准处置，显著提升审判质效，连续7个月结收比例超过100%，名列全市法院前茅，3期司改案例被高院司改专刊录用。完善金融纠纷多元化解机制，强化诉调对接中心功能，完善金融行业全覆盖、平台服务全线上、“示范判决+专业调解+司法确认”全链条、委托调解到协议履行“全周期”司法保障的金融纠纷诉调对接机制，成功调解纠纷235起，标的总额达46.57亿元，为当事人节省上千万元诉讼费，纠纷处置最快仅需8天。

3. 以执行方式改革为抓手，全面提高金融案件执行规范化、专业化、公开化水平

自主研发财产执行综合管理系统，打破一人包案传统模式，探索“集约分组、运行分权、繁简分流、公开透明”的执行新机制。系统试运行以来，成功处置到位金额超过50亿元，财产处置启动平均时长缩短10日。持续发挥大宗股票协助执行机制作用，成功处置财产超26亿元，实现大宗股票处置价值、效率以及便利程度最大化，获评上海金融创新成果三等奖。促进执行改革经验转化为制度成果，受最高法院委托起草《最高人民法院关于证券执行若干问题的规定》，在全国范围内推广金融法院的执行创新经验。

4. 以智慧法院建设为驱动，全面促进信息科技对金融司法的长效赋能

制定法院信息化建设三年规划，加强智慧法院建设顶层设计，以“全业务网上办理、全流程依法公开、全方位智能服务”为目标，打造“智源、智审、智管、智慧法庭”“四位一体”的专门法院数字化转型标杆、智能化赋能典范。集成全流程网上办案系统功能，打通在线立案、随机分案、电子送达、网上阅卷、远程庭审、记录方式改革、电子归档等各环节，大幅提高金融案件审理效率和便捷度。网上立案率达 90. 19%，庭审记录改革适用率达 64. 19%，位列中院第一。电子送达 74439 次，电子卷宗单套归档使用率达 99. 32%。打造高效能金融司法科技产品，获得国家版权局著作权登记 8 项，以数字正义推动实现更高水平的公平正义。智助立案系统、中小投资者保护智慧舱等多项数字化成果被欧洲最大的公共广播电视机构德国电视一台采访报道。

下一阶段，上海金融法院将以习近平新时代中国特色社会主义思想为指导，深入贯彻习近平法治思想，全面贯彻落实党的十九大和十九届历次全会精神，全面对标中央、市委决策部署和最高法院、市高院工作要求，弘扬伟大建党精神，进一步加强政治机关建设，筑牢政治忠诚，坚持党对法院工作的绝对领导；坚持稳中求进工作总基调，充分发挥金融审判职能作用，强化金融司法服务保障，为“六稳六保”、民生改善、保护市场主体活力营造良好的金融法治环境；持续完善金融专业化审理机制，加快智慧法院建设，推动司法改革系统集成，对标国际最好水平打造国际金融审判高地，为上海国际金融中心建设和经济社会发展作出新的更大贡献，以优异的成绩迎接党的二十大胜利召开。

B.7

上海市国资委推进法治国企建设的实践与探索

钟可慰　姚莉　姚捷　赵利　强颖*

摘　要： 近年来，上海市国资委以“两实”为原则、“四有”为目标，坚持三个“融入”，聚焦重点、全面推进，上海法治国企建设取得显著成效，但仍存在短板。按照新时代上海国资国企改革发展的新任务新要求，上海市国资委对“十四五”期间上海法治国企建设进行了深入研究和思考，总体思路可以归纳为“一二三四五”，即出台“一部法”、抓住“两个人”、上好“三堂课”、守住“四条线”、写好“五篇文章”。

关键词： 上海　法治　国企改革

近年来，上海市国有资产监督管理委员会（以下简称“上海市国资委”）坚持贯彻习近平法治思想，认真落实国务院国资委和《上海市法治政府建设“十三五”规划》的各项要求，立足上海国资国企实际，紧紧围绕国资国企区域综合改革重点任务，以“两实”为原则（符合实际、务求实效）、“四有”为目标（领导有意识、企业有制度、工作有队伍、员工有培训），坚持三个“融入”（融入决策、融入管理、融入文

* 钟可慰，上海市国有资产监督管理委员会政策法规处处长；姚莉，上海市国有资产监督管理委员会政策法规处副处长；姚捷，上海市国有资产监督管理委员会政策法规处副处长；赵利，上海市国有资产监督管理委员会政策法规处二级调研员；强颖，上海市国有资产监督管理委员会政策法规处干部。

化），强化依法行政、依法监管、依法治企，深入推进国资改革促进国企发展。

一 聚焦重点、全面推进，上海法治国企建设成效显著

（一）顶层设计和制度建设工作

上海市国资委按照以管资本为主加强国有资产监管的新要求，加强顶层设计，不断完善国资监管制度体系。上海市国资委成立了由委主要领导担任组长、各相关处室参加的法治国企建设工作领导小组，领导小组办公室设在政策法规处，明确了推进法治国企建设工作的职责分工和任务。出台了《市国资委监管企业主要负责人履行推进法治建设第一责任人职责规定》，进一步增强企业主要负责人的法治意识。出台了《关于全面推进上海法治国企建设的意见》，强化上海法治国企建设顶层设计和未来规划。同时，制定了《关于进一步完善市国资委监管企业法律顾问工作的指导意见》《上海市国资委国资监管文件制定计划（2020—2022 年）》《上海市国有独资公司章程指引（2020 版）》《上海市国有控股公司章程指引（2020 版）》《上海市国资委监管企业法务管理工作指引》《上海市国资委监管企业重大案件管理工作指引》《关于进一步深化上海市国资委监管企业总法律顾问制度建设的实施意见》等相关配套文件。

（二）合规管理工作

2018 年，上海市国资委出台《上海市国资委监管企业合规管理指引（试行）》，对监管企业合规管理体系的重点、运行和保障予以规定。上海市国资委根据企业法治工作基础、所面临的合规风险，选取不同类别、不同行业的企业，通过现场专题推进会、研讨会等多种方式加以推广，促进企业合规管理水平提升，保障企业持续健康发展。2021 年，上海市国资委委托市律师协会对《上海市国资委监管企业合规管理指引（试行）》和企业合规管理体系建设情况进行了第三方评估。评估结果显示：目前，42 家市属

国企中已有36家企业制定了合规管理制度，全面开展合规管理体系建设工作。其中：金融企业已全部建立合规管理制度，任命合规总监，成立法律合规部，编制员工合规手册，每年向董事会进行合规报告；上海仪电集团等委托专业中介机构量身打造合规方案；上汽集团等出台《境外合规管理指引》；上海建工集团等将合规情况纳入集团专项检查内容；东方国际集团等开展“海外用工合规课题研究”；上海电气集团加强境外企业合规管理，推行首席合规官委派制等。

（三）法律风险防范机制建设

上海市国资委积极推进监管企业加强法律风险防范机制建设，要求“横向到边，纵向到底”。近年来，各集团持续保持“规章制度、重大决策、重要合同”三大领域法律审核率达到100%；同时，将法律风险防范机制建设与信息化建设相结合，探索将企业重大案件信息纳入国资监管信息系统平台，提高管理效能，实现法律管理数据化、精细化；上海市国资委与市司法局、市律师协会等加强合作，围绕近年来国有企业易发多发案件开展“法治体检”，通过编写案例集、编制工作指引和合同范本等指导企业弥补漏洞、优化管理、防范化解潜在风险。

（四）重大案件管理工作

受经济环境等因素影响，近年来上海国有企业重大案件数和案件金额增长较快。2017年以来，上海市国资委监管企业上报重大法律纠纷案件连续多年增长，五年案件总额近4000亿元。案件呈现“两多一集中”特征，即监管企业作为原告多、涉案相对方为异地企业多、企业纠纷案件类型相对集中。上海市国资委在重大案件管理方面，一是完善案件管理制度，将《关于推进法治国企建设加强法律案件管理的实施方案（2020—2022年）》纳入上海国资国企改革专项行动，修订《市国资委监管企业重大法律纠纷案件管理实施意见》《市国资委监管提示函、责任约谈和通报工作规则》等一系列文件，提升企业重大案件管理能力。二是建立部门协同机制，针对国有企业案件纠纷“调解难”等问题，积极推动市人大将“鼓励国企调解”条款纳入《上海市促进多元化解矛盾纠纷条例》，首次从地方立法层面推动国有企业多元化解矛盾纠纷。与市二中院等签订合作备忘录，推动市二中院受理的涉及监管企业法律纠纷案件，由上海国际仲裁中心先行调解，共同推动企业纠纷案件多元化解。三是加强企业之间交流。成立上海市国资委法律纠纷研究委员会，定期召开“重大案件与合规事件季度分析会”，对重大案件进行交流、研究和指导，通报有关情况，发挥国企法务人员合力，帮助企业防范化解法律风险。

（五）法治人才队伍建设

上海市国资委围绕强基固本、提升素质的目标，努力为法治工作提供更加坚实的组织保障。目前，全系统已实现公司律师100%全覆盖，现有专职法律顾问人数超过2000人，公司律师超600人。上海市国资委连续四年联合相关委办局举办“上海市企业法务技能大赛”，被写入上海市推进法治化营商环境建设情况的报告，作为中央全面依法治国委员会第三次会议的审议材料。上海市国资委组织开展“上海国企法治领军人物”“上海国企优秀法务工作者”双十佳的评选活动，集中展现了新时代上海国企法律人积极进取、奋发向上的精神风貌。

（六）知识产权工作

上海市国资委制定《上海市国有企业知识产权管理和保护工作指引》，发布系统企业知识产权白皮书即《上海市国资委系统企业知识产权白皮书》，强化对企业专利与商标等创作、运用、保护和管理的指导支持。上海市国资委与市知识产权局签订战略合作框架协议，指导企业制定知识产权专项规划、开展企业中高层管理人员知识产权培训、推动企业职务发明分配机制试点工作，加强对企业关键核心技术、商业秘密、品牌的保护，提升依法管理能力和维权能力。

（七）法治宣传教育工作

“七五”普法期间，上海市国资委以“围绕中心、服务大局，全面覆盖、风险防范，分类指导、依法治企”为工作原则，以打造国资监管法治机构和法治国企为工作目标，认真贯彻落实国务院国资委以及上海市法宣办的工作部署，采取多种有效措施，深入推进法治宣传教育，取得显著成效。2020年，全国“七五”普法总结验收组来沪到上海市国资委系统企业检查验收，得到验收组的充分肯定。2021年底，上海市国资委普法办被评为“2016~2020年全国普法工作先进单位”。上海市国资委除积极组织企业参加法规局双月视频培训外，还与市民法典宣讲团、营商环境宣讲团、市律师协会、法律顾问协会等合作，开展内容丰富、形式多样的法治宣传教育培训活动。2021年，上海市国资委举办监管企业法治专题培训班，邀请专家以“以习近平法治思想指导法治实践”为主题进行专题授课，在国资系统掀起了习近平法治思想学习热潮。

（八）合作交流工作

“十三五”期间，上海市国资委支持本级人大、政府、政协、法院、检察院等单位开展工作，多次参与相关调研、交流活动，搭建法治平台，共同开展重大案件通报、政策会商、课题研究等工作，积极争取有关部门对国企法治工作的支持。上海市国资委与上海市司法局签订《关于共同推进市属国企法治建设的工作机制》，形成沟通会商、重大政策落地、服务企业、项目合作四项机制。推进在市属国企层面建立基层立法联系点，其中上海市国资委下属临港集团、上港集团两家企业被列为市政府立法联系点，海通证券被列为市人大立法点。上海市国资委与市检察院、市工商联等单位出台涉案合规第三方监督评估机制相关工作规则及配套文件，共同推进企业合规建设。

二　对标一流、正视不足，上海法治国企建设仍存短板

上海法治国企建设虽然取得了一定的成绩，但也存在一些问题，对标对照世界一流企业和优秀央企，与部分兄弟省市相比也还存在一定差距。主要表现为：一是对国资国企改革重点和难点中法律问题的前瞻性研究不够深

入，地方监管立法尚未出台；二是对企业重大法律纠纷的指导和风险提示不够，类似案件重复发生；三是推进企业完善法律顾问制度特别是总法律顾问设立和专职化的进度有待加快且力度有待加大；四是对企业重大投资、海外投资经营的风险管控、合规管理及法务工作信息化建设有待加强。在推进企业法治建设过程中，也遇到了一些困难：既懂经营又通法律的复合型人才不足；企业法务、合规、风管、内控等部门之间有效衔接难；个别企业领导对法治工作还不够重视。这些短板和困难，需要高度重视、积极面对，集思广益、着力解决。

同时我们也要看到，近年来企业法治工作的内涵和外延不断发生新的变化，出现了不少新赛道。

一是治理型管控。随着混改的重点由“混资本”转向“改机制”和依法治企进程的加快，今后多元投资主体企业越来越多，越来越强调要严格依据法律法规、国有资产监管规定和公司章程，明确股东权利义务、股东会定位与职权，规范议事决策方式和程序，完善运作制度机制，强化决议执行和监督，切实维护股东合法权益。对于纳入集团管控的子企业事项应尽可能减少或避免行政性、机关化直线管控方式，将集团对合理管控事项的管控方式有机嵌入子企业的公司治理框架下，以治理主体依法按章程行权的方式实现管控意图。

二是企业合规管理。推动国有企业加强合规管理，是贯彻落实党中央、国务院决策部署，适应市场化、法治化、国际化发展需要采取的一项重要举措，在当前全球强化合规的大趋势下势在必行。国务院国资委提出加快建立健全具有中国特色、符合国企实际的合规管理体系，为企业稳健经营、健康发展提供有力支撑保障。一方面行政监管越来越严，另一方面无论是最高检还是证监会，最近也都提出了以合规为根据作出不起诉决定、将合规作为减免刑事责任的情节、以合规换取和解协议进而换取撤案结果、通过违法违规信息的披露换取宽大处理结果的模式。

三是知识产权工作。近年来，习近平总书记多次在重要场合讲话中强调知识产权保护的重要性，要求营造尊重知识价值的环境。上海国企的 PCT

专利申请量等创新指标与央企、部分民企相比还有一定差距，在核心技术领域缺乏自主知识产权，知识产权保护措施相对有限，必须依靠科技创新和知识产权才能在新一轮产业竞争中保持优势。随着上海国企发展步入新阶段，“走出去”参与国际合作日益深入，知识产权风险与日俱增，国企面临的是不仅要保护自己的知识产权，也要应对来自外部的侵权压力。这就迫切要求企业从战略层面重视和开展知识产权工作，特别是在管理和保护上作出相应的部署。

三 凝心聚力、奋发有为，深化上海法治国企建设

党的十九届五中全会对“十四五”时期我国经济社会发展作出重大战略部署，开启全面建设中国特色社会主义现代化国家新征程。国务院国资委在中央企业法治工作会议上提出：要坚决打好落实全面依法治国战略的持久战、要坚决打好推进国资国企改革发展的助攻战、要坚决打好应对外部风险挑战的阻击战。上海市委书记李强在上海市国资国企工作会议中强调：不断增强国有经济竞争力、创新力、控制力、影响力、抗风险能力，建立健全企业内控体系，深入整治管理层级过多、管理链条过长问题，切实防范化解风险隐患。

按照新时代上海国资国企改革发展的新任务新要求，上海市国资委对“十四五”期间上海法治国企建设进行了深入研究和思考，总体思路可以归纳为“一二三四五”，即出台“一部法”、抓住“两个人”、上好“三堂课”、守住“四条线”、写好“五篇文章”。

（一）出台“一部法”

“一部法”就是制定国资监管地方性法规。多年来，上海市国资委在国资国企改革和国资监管方面有一些制度和机制上好的探索和实践，如产权代表、外部董事、章程的审批和审核、目标责任任期契约和业绩考核等体制机制方面的探索，今后将加强对已经制度化的做法的总结，通过制定地方性法

规或者政府规章等形式予以确认。2022 年，将完成该部法规初稿，争取 2023 年出台。

（二）抓住“两个人”

一是抓住主要负责人。中央全面依法治国工作会议上，习近平总书记提出的“十一个坚持”中，压轴的就是“坚持抓住领导干部这个‘关键少数’”。对于重点工作，上海市国资委主要领导亲自挂帅，亲自部署，亲自出征。上海市国资委将积极推进《市国资委监管企业主要负责人履行推进法治建设第一责任人职责规定》相关要求落实落地，以此带动企业的党委书记、董事长、总经理勇于担当、主动作为。

二是抓住企业总法律顾问。上海市国资委制发《关于进一步深化上海市国资委监管企业总法律顾问制度建设的实施意见》，细化完善总法律顾问的选聘、职责、待遇、述职、考核等制度机制，发挥企业总法律顾问在经营管理中的法律审核把关作用。今后要通过细化指标、加强督察等方式在推进落实这两项制度上狠下功夫、力促成效，确保“两个人”充分发挥“关键少数”的作用。

（三）上好“三堂课”

一是把习近平法治思想作为“第一课”。习近平法治思想是顺应实现中华民族伟大复兴时代要求应运而生的重大理论创新成果，是全面依法治企的指导思想和行动指南。上海市国资委党委专门安排中心组学习，将习近平法治思想作为“第一课”，进一步筑牢理念，把习近平法治思想贯彻落实到依法治企各方面和全过程。

二是把《民法典》作为“必修课”。《民法典》是新时代社会主义法治建设的重要成果，上海市国资委把《民法典》的学习纳入“八五”普法规划的主要内容，鼓励结合企业实际，聚焦重点领域重点群体，促进树立契约精神，依法诚信参与市场经济活动。

三是把企业法务管理作为“基础课”。企业法务管理是每家企业的“基础课”，随着形势发展，法务管理的内涵和外延不断扩大，公司律师、合规管理、涉外法治、知识产权等都是企业面临的新课题，上海市国资委对《上海市国资委监管企业法务管理工作指引》进行了修订完善，推动各集团根据实际，建立健全党委顶层谋划、主要领导亲自负责、总法律顾问全面领导、法务机构主责推动、各职能部门协同推进的法治建设管理系统。

（四）守住“四条线”

一是守住公司治理结构的主线。根据《国有企业公司章程制定管理办法》相关规定，按照上海市国有独资公司和国有控股公司章程指引（2020版）的要求，推动企业结合实际，将坚持和加强党的全面领导与建立健全现代企业制度相结合，充分发挥公司章程在公司治理中的基础作用。推动企业全面梳理子企业章程，深入分析存在的共性问题，区分全资、控股、相对控股、参股、上市等不同情形，认真研究、科学设计章程内容，合理配置股东权利义务，依法明确和细化议事规则、决策机制、行权方式等，切实保障各治理主体依法依规依章程行使权利、履行义务，维护各治理主体的合法权益。

二是守住法律风险防范的防线。坚持重大决策、规章制度、经济合同三个审核100%的要求，通过完善企业管理流程，明确法律审核成为经营和决策中的必备环节，保证法律审核把关的实效性。进一步发挥法务部门在重组上市、清理退出、资产处置等涉及企业改革发展的重大事务中的作用，参与决策论证、制度设计、方案审核和文件制定的全过程。推动法务部门包括合规内控部门，既要有喊“停”的能力，更要有喊“行”的能力，助力企业行稳致远。

三是守住合规经营管理的红线。合规管理是当前企业面临的一项重要工作。随着中国企业走出国门，涉及合规的案件多发，风险凸显；在国内，监管部门对于违规事件的处罚也越来越严，其中也包括市属国企。我们要把合规管理作为容错纠错、违规追责的连接点，严守合规红线，将容错纠错、合规管理和违规追责三项制度有机统一、系统推进。

四是守住重大法律案件的底线。上海市国资委出台《关于推进法治国企建设加强法律案件管理的实施方案（2020—2022 年）》，方案主要围绕“压存案、挽损失、降败诉、建系统、促管理”五项目标展开，按照“加强事前机制建设、注重事中监督管理、强化事后总结问责”，通过三大类共 15 项实质举措，争取用三年时间扭转企业重大案件“双增”的局面，防范化解企业重大法律风险。

（五）写好“五篇文章”

一是写好“涉外法治”这篇文章。关键词是“提前准备”和“稳妥慎重”。组织企业认真学习系列合规指南、适应掌握运用国际经贸规则，密切关注高风险国家地区法律法规和政策变化，提前准备，做好应对预案，邀请相关部门、相关专家为企业进行专题培训。同时，通过加强境外法治工作力量，健全重大项目法务人员全程参与制度，形成事前审核把关、事中跟踪控制、事后监督评估的管理闭环，稳妥慎重处置涉外案件、严控法律合规风险，切实防止授人以柄，护航企业行稳致远。

二是写好“队伍建设”这篇文章。关键词是“增数量”“提质量”“优机制”。“增数量”就是高度重视法务队伍建设，推动企业根据实际，对标同行业一流企业，确定法务专业人员比例，通过多种渠道配齐配强，并适时做好人才储备，力争“十四五”期间公司律师超千人。“提质量”就是在充实法务专业人员队伍的同时，建立履职培训长效机制，全面推进公司律师建设，进一步提升队伍整体素质和能力，培养一批懂经营、善管理、通法律的复合型人才。“优机制”就是根据企业实际，构建法务专业序列，实现管理与专业并行的职业发展通道；通过完善法律人才交流任职机制，支持总部法务人员赴下属企业挂职任职或赴律所锻炼，遴选基层企业法务人员到总部任职交流，以解决法务人员流失和职业发展瓶颈问题。

三是写好“法治宣传”这篇文章。关键词是“八五”普法、“多样多元”和“典型案例”。上海市国资委出台“八五”普法计划，通过法务技能大赛、宪法主题日、法治文化阵地等多渠道多形式开展普法宣传，通过微博、微信、短视频等新媒体，拓展普法工作的广度和深度，通过通俗易懂、生动形象的典型案例，增强员工的法治意识和风险意识，带动全员尊法学法守法用法。争取在“十四五”期间，形成8~10家在全市层面领先的法治宣传单位，形成10~15个在全市层面有影响力的法治宣传品牌，形成20个左右各具特色的法治文化宣传阵地，形成一支专兼职相结合的法治宣传队伍。

四是写好“信息化管理”这篇文章。关键词是“务实”和“融合”。上海市国资委将根据企业实际情况，结合“数字化转型”工作，加强法务管理信息系统建设，推进合同管理、制度管理、案件管理等的信息化和一体化，实现业务和法务的有效融合，务实管用，避免数据孤岛和搭“花架子”。同时，通过信息化管理，探索打造法务、合规、风管、内控相融合的协同机制，力争法律合规风险在线识别、分析、评估、防控，推动信息系统向各级子企业和重要项目延伸，并与财务、产权、投资等系统互联互通，努力实现对全集团法治工作的上下贯通、全面覆盖、相互融合、共同响应和高效管理。

五是写好“研究总结”这篇文章。关键词是“瞻前”和“顾后”。“瞻前”就是要加强对企业“十四五”发展战略、国企改革重点任务中法律问题的前瞻性研究，对与本行业有关的重点立法和监管政策提前研究、结合实际提出建议。同时通过中心组学习、处室业务学习、法律法规摘编评析等方式，加强对新出台法律法规的学习。“顾后”就是注重以案为鉴、举一反三，定期汇总企业发生的法律纠纷案件，认真开展“法治体检”，深入查找原因和风险源点，运用企业法治工作季度例会制度和“提示函”工作机制等及时通报和提示风险。通过案件倒查发现企业经营管理和法律风险防范中存在的漏洞和短板，加强共性问题研究，提出完善建议，堵塞管理漏洞，从源头上杜绝类似案件再次发生。

在“全面依法治国”的新形势下，企业法治工作面临新的挑战和更高要求，上海市国资委将紧紧围绕上海国资国企改革发展中心任务的落实，攻坚克难，开拓进取，不断提升法治工作水平，依法保障并促进企业稳健经营和健康发展，以饱满的工作热情和优异的工作业绩为全面推进上海法治国企建设作出新的积极贡献！

B.8
超大城市反恐立法的上海实践

肖　军*

摘　要： 2021年上海出台了反恐法实施办法，是我国超大城市首次反恐立法实践。长期以来，上海面临着反恐维稳的巨大风险挑战，需要通过地方立法加以应对。上海具备良好的反恐立法基础；立法工作坚持问题导向、需求导向，坚持不抵触、可操作、有特色，坚持预防为主、惩防并举。实施办法在体例上与上位法保持基本统一，在内容上显现特色，主要体现在反恐责任体系愈加严密、反恐安全防范制度愈加坚实、反恐保障措施愈加有力、反恐法律责任愈加清晰等方面。

关键词： 上海　反恐　立法

2021年10月28日，上海市人大常委会审议通过了《上海市实施〈中华人民共和国反恐怖主义法〉办法》（以下简称《实施办法》），自2021年12月1日起施行。当前，国际恐怖主义活动进入新一轮活跃期，我国境内存在暴力恐怖事件演变升级的风险，反恐任务艰巨。上海的《实施办法》是继新疆、浙江、湖南后，为数不多的地方反恐立法，更是我国超大城市首次反恐立法实践，意义重大。

* 肖军，上海社会科学院法学研究所宪法与行政法室副主任，副研究员。

一　上海作为超大城市反恐立法的必要性

我国自 2016 年 1 月开始实施《反恐怖主义法》（以下简称“反恐法”），反恐工作由此获得强有力的法律保障。六年多来，该法对控制涉恐风险，维护国家安全和公共安全发挥了重要作用。随着国际形势日益复杂，反恐工作出现了一些新情况、新需求，需要地方从自身的客观情况出发，通过立法予以回应。

（一）上海面临着反恐维稳的巨大风险挑战

从国际情况看，大城市一直是恐怖主义活动的热点地区，也是恐怖组织窥视的重要目标。自“9·11”事件以来，世界各国遭受的恐怖袭击大多发生在大城市，上海反恐工作面临的风险挑战巨大。

首先，上海影响力大、开放度高，直面国际国内恐怖势力的双重威胁。上海是我国的经济中心，拥有良好的商贸环境和生活服务设施，是我国对外开放交流的重要窗口。特别是近年来加快国际经济、金融、贸易、航运、科创中心建设，集聚效应和国际化程度不断加深。目前，在沪跨国公司地区总部、投资公司、研发中心超过 1000 家，常住境外人员 26 万多人，驻沪外国领馆、机构众多。加上中国国际进口博览会等重大活动因素，每年来沪的境外人员和外国政要日益增多。上海不仅成为境内暴恐团伙的袭击目标，也面临国际恐怖活动的现实威胁。

其次，上海人口稠密、地域狭小，恐怖活动易造成重大损失。上海人口 2400 万左右，而地域面积仅为 6300 多平方公里。其中，市区面积 600 平方公里，却承载着全市六成以上的人口，人口密度可谓全国之最。同时，上海的城市现代化、集约化、信息化程度高，标志性建筑、地标性区域多，一旦遭受恐怖袭击，很可能造成重大人员伤亡、城市功能局部瘫痪，引发社会恐慌。

再次，上海安保目标多，城市安全运行风险大。上海是我国重要的交通枢纽，现有2座国际机场、7个火车站、3个国际省际客运码头、32个长途汽车站，还有世界最长的城市地铁轨道交通网络（总里程800多公里，日均客流超1000万人次）。上海有高层建筑（10层或24米以上）1.5万余幢、超高层建筑（100米以上）500余栋、地下空间5700万平方米、加油站近900座。数量多、密度高、分布广的高层建筑、地下空间、水电油气等城市“生命线”工程、危化物品单位等，提高了风险聚集程度，凸显了城市公共安全的脆弱性，增加了安全防范难度。

最后，上海反恐对象多，涉恐敏感群体管控难度大。近年来，上海涉恐关注群体、涉恐高位敏感国家来沪人员日趋增多，其中多数人员文化程度低、经济收入低，无固定、正当职业，难以融入社会，易被“三股势力”拉拢利用，有的从事宗教极端活动、欲出境参加“圣战”、图谋就地实施暴恐活动。同时，上海具有便捷的交通条件和相对宽松的出入境政策，易成为涉恐人员潜藏蛰伏的落脚地和潜入潜出的中转地。在上海周边的江苏苏州、浙江义乌地区，关注人群大量聚集，往来上海频繁，涉恐人员可能混迹其中，对他们的管控难度很大。

（二）通过地方立法应对反恐风险挑战

反恐法颁布实施，标志着我国走向依法反恐的新阶段。而随着形势的发展，各地反恐实践出现了一些新情况、新问题，越来越需要地方通过自身立法对反恐法予以细化和补充。上海的地方立法可以从以下几个薄弱面出发，细化和补充上位法的规定，为反恐工作提供更强保障。

首先，可疑情况发现预警能力不适应反恐怖斗争新变化。在境内境外、疆内疆外、网上网下连成一个战场的情况下，暴恐势力、宗教极端势力向内地渗透蔓延的趋势更加明显。特别是随着科技信息化的快速发展，暴恐极端分子借助高科技手段组织、策划暴恐活动增多，袭击目标扩大、手段翻新，且反侦查意识和能力也在增强，提前发现打击暴恐活动“苗头”的难度和复杂程度大幅提高。

其次，反恐安全防范措施不适应社会经济飞速发展需求。如前所述，上海城市现代化、集约化程度快速提高，成为人流、物流、资金流、信息流的集散地，呈现人群密集场所多、标志性建筑多、人口流动性大的特征，而且出境入境极为便利，这既为境内外暴恐极端分子的潜入潜出创造了条件，也成为发动袭击的首选目标之一。但上海反恐防范现状有不容乐观之处，例如重点目标防范措施落实不到位，公共交通安检仍有漏洞，物流寄递、住宿、汽车租赁等行业的实名制查验尚未全覆盖等。

再次，地方反恐组织机构不适应反恐工作新要求。反恐法对地方反恐怖工作领导机构的规定比较原则，未规定常设议事协调机构的法律地位；对各行业单位应当履行的法定义务规定得也较为模糊，而已作出规定的各类文件因涉密程度较高，其具体要求往往无法有效传导至执行部门。

最后，社会公众宣传发动程度不适应反恐工作的需要。人民群众在社会经济快速发展，物质生活和精神生活日益充实的同时，对安全感的期待更加强烈。但是受制于反恐宣传发动工作的不足，公众普遍缺乏忧患意识和应对恐怖袭击的心理准备，并没有树立反恐怖主义的正确观念，而且一旦发生恐怖袭击事件，自救、互救能力又不足。另外，公众缺乏发现、识别、举报涉恐可疑情况的能力，相关表彰奖励措施未跟上，民众参与反恐工作的积极性不高。

有了反恐法治，就有各方遵循的反恐规则和秩序；有了反恐法治，就能凝聚各方力量，形成全社会、全民的反恐防范体系；有了反恐法治，执法机关就有依法反恐的强大威慑力和执行力。地方层面的反恐法规在国家层面反恐法的指导下，从地方实际情况出发，织密织牢反恐法治防线，必将助力反恐工作取得更大成效。

二　上海反恐立法的基础与原则

（一）立法基础

上海就反恐进行地方立法具备良好的基础。首先，上海反恐工作的改革探索为反恐地方立法提供了实践经验。多年来，上海反恐部门善于在实际工作中探索创新，尤其是在反恐责任制、重点目标分级管理、反恐情报中心建设、反恐应急处突演练等方面做了大胆尝试。在世博会和进博会安保、平安上海建设等工作中积累了很多成功经验。可以将这些经验做法以立法形式加以固化，助力上海反恐事业再上新台阶。

其次，兄弟省区市的立法实践为上海反恐立法提供了有益参考。反恐法实施以来，浙江省人大、湖南省人大已经制定颁布了反恐法规，新疆维吾尔自治区人大修订了原有的反恐法规。它们都从各自经济社会发展需要出发，结合自身特点，以反恐法为指导，在反恐目标、责任体系、反恐措施等方面做了相应的探索和充实，体现了普遍要求与地方特色相结合、延续性与创新性相互补、可操作性与前瞻性相结合的立法思路。这些地方立法为上海提供了很有参考意义的范本。

最后，反恐法和相关规范性文件为上海地方立法提供了框架体系。反恐法立意深远、结构科学、内容丰富，推动我国反恐工作取得巨大成就，是地方反恐立法的精神指引和模本范例。以该法为指导，中央及国家反恐怖工作领导小组下发了相关政策文件，最高人民法院、最高人民检察院、公安部、司法部也对该法实施中的部分问题作出了解释。上海市也印发了多个专门的规范性文件，推动反恐法在上海得到全面实施。

实践证明，上述以反恐法为核心的反恐制度体系有力、有效，是上海反恐地方立法的强大基石。上海有能力在已有制度体系的基础上，为超大城市反恐立法起好步。

（二）立法原则

上海反恐立法工作应以习近平新时代中国特色社会主义思想为根本指导，坚持总体国家安全观，准确把握反恐安全在国家安全中的地位，坚持以人民为中心的发展观，让反恐工作始终体现人民的利益，让人民切切实实感觉到经济社会各方面安全水平得到提升，幸福感不断增强。

上海反恐立法工作首先是坚持问题导向、需求导向。反恐工作是一项牵涉面广、实践性强的工作。在全民反恐格局下，人人都是反恐工作的参与者、利益的攸关方。社会各方各面对反恐安全都有或多或少的需求，反恐执法实践工作也暴露出很多问题。反恐地方立法必须首先掌握、分析这些问题和需求，进而尽量解决和回应这些问题与需求。所以，反恐地方立法工作的重要一环，听取各方意见工作必须做实做细做全。既要问需于民，又要问计于民；既要深入执法一线调研，也要重视专家学者意见，达到在法治框架内问题能解决、需求能满足的既定目标。

其次是坚持不抵触、可操作、有特色。为维护国家法制统一，地方立法不得与国家立法相抵触。反恐地方立法的宗旨和内容不得与反恐法等国家法律相抵触，而是要通过立法让反恐法的目的和规范在上海真正得到落实。地方立法要在法律允许的范围内，对反恐法的规定进一步细化和明确，增强规范的可操作性。如在反恐责任方面，可以厘清相关部门的权责，尽可能避免权责交叉和重复；在新事物与传统概念匹配方面，可发挥厘清、明确和规范的作用。另外，本市的反恐工作具有明显的上海特色，应该将实践中形成的好经验、好做法加以提炼，打造特色条款。

最后是坚持预防为主，惩防并举。本市一旦发生暴力恐怖事件，危害大、影响恶劣，造成的后果难以估量。因此，要牢牢守住暴恐袭击“零发案”的底线，就必须在反恐法指导下，以预防恐怖主义为出发点和落脚点，建构和完善预防性反恐规范体系。同时，坚持对恐怖主义施加严厉打击，以严惩促进预防。基于此，地方立法应该主要侧重于“职责分工”“安全防范”“情报信息”“法律责任”等内容，让预防责任更加清晰、防范措施更加周密有效、情报更加快速准确、法律责任更加规范有力。

三 《实施办法》的体例与特色内容

（一）体例

《实施办法》设置总则、责任体系、安全防范、情报信息、应对处置、保障措施、法律责任、附则等八章，共 54 个条文。附则共一个条文——规定施行日期，所以前七章是该办法的主体内容。相较于反恐法的结构安排，《实施办法》增加了责任体系这一章；反恐法中恐怖活动组织和人员的认定、国际合作等章由于是中央事权或者该法规定已很充分等，《实施办法》并没有设置，在总体上保持了与上位法的统一。《实施办法》制定过程中，对保障措施是否单独成章有过讨论。有意见认为，经费、社会参与、技术支撑、表彰奖励、情报队伍建设等保障措施可以分别安排到其他章节中。另有意见认为，专门的人、财、物和其他有关制度保障对反恐工作非常重要；保障措施单独成章，并增添符合地方、符合实践的更具体保障措施和规范，如高校反恐课程建设、科技赋能等，能为反恐工作提供强大助力。《实施办法》设置保障措施一章，显示对反恐保障的重视，也在体例上进一步贴近反恐法，体现本次立法是制定上位法之实施办法这一定位。

（二）特色内容

《实施办法》在主体部分的七章中都安排了接地气的新规范。比如，推动建立长三角反恐情报信息互通、数据资源共享、应对处置联动、执法标准统一的工作机制，增强区域反恐工作实效；乡镇政府、街道办事处根据需要设立反恐工作领导机构；反恐成员单位应当按照要求，开展反恐情报信息搜集工作，将工作中获取的反恐相关情报信息及时报送市反恐情报信息中心；重点目标管理单位应当每年至少组织一次反恐培训和应急演练，等等。尤其是在以下四个方面，内容更实、更显特色。

一是反恐责任体系愈加严密。《实施办法》在反恐法基础上，细化了反恐领导机构、公安机关、国家安全机关、交通、邮政、商务、经信、网信、通信、教育等部门的工作职责；确立了市反恐办的法律地位；强调了单位和个人协助配合反恐工作的义务。面对恐怖主义危害性大、隐蔽性强等特点，构筑起全民反恐的铜墙铁壁，反恐成效将更加显著。

二是反恐安全防范制度愈加坚实。反恐法对恐怖主义确立了预防为主原则。《实施办法》一方面面对新形势，细化了防范规则。要求各级各类学校加强人防、物防、技防等校园安全保卫工作；要求货运单位、邮政和快递企业、长途客运业务经营者、旅馆业单位、成品油销售业务经营者等严格执行身份、物品查验与登记；要求规划资源部门在审核重点目标建设工程设计方案时，应当征询公安机关等的意见。另一方面面对新业态、新行为，充实了防范规则，堵住反恐监管盲区。要求留宿过夜浴场（室）、公寓式酒店、乡村民宿等业务经营者、服务提供者落实身份查验、信息登记义务；要求民用无人机依法登记后飞行；要求机动车租赁、二手车交易、物流、住宿等信息服务的互联网服务提供者为公安机关、国家安全机关依法防范、调查恐怖活动提供技术支持与协助。《实施办法》坚持反恐安全底线与经济社会发展双保障，助力上海发展为最安全的全球城市。

三是反恐保障措施愈加有力。《实施办法》在反恐法有关保障措施的基础上增加规定，鼓励高等院所、职业学校开展反恐课程建设，提供专业支撑、培养专业人才；对举报涉嫌恐怖活动违法犯罪线索、协助防范或制止恐怖活动有突出贡献的单位或个人给予表彰、奖励；推动大数据、人工智能等现代信息技术在反恐工作中的应用，依托“一网通办”“一网统管”平台赋能反恐工作，提升信息化、智能化水平。

四是反恐法律责任愈加清晰。《实施办法》在立法权限内，增加了处罚情形。二手车交易业务经营者未查验身份、登记信息的，由商务部门责令改正，拒不改正的，由市场监管部门给予罚款。成品油销售业务经营者、瓶装液化石油气业务经营者未记录或者未如实记录客户身份信息、购买数量和用途的，由公安机关、住房城乡建设管理部门责令改正，拒不改正的，给予罚款。

《实施办法》从上海反恐实践出发，充满了科学性和务实性，又落脚上海反恐实践，充满了创新性和实操性，必将为上海反恐工作再上新台阶提供更加强大的支撑，使上海始终位于全球最安全城市的前列，全体市民的安全感和幸福感越来越临近满格。

热 点 篇

Reports on Hot Issues

B.9

数据合规：新时代检察工作新作为

——立足上海的近景观察

林竹静*

摘 要： 数据是数字化转型的基础。通过数据合规助力提升数字行业的规范水平和治理水平，是当前检察机关面临的重要且富有挑战性的任务。因此，有必要立足上海工作实践，同时在对美国、欧盟等世界主要经济体数据合规工作进行全视角考察的基础上，认清企业数据合规存在的内部挑战与外部压力、公共数据合规存在的监督盲点，认真总结检察机关开展数据合规监管存在的痛点、难点，进而提出探索对市场主体数据合规的智慧监管、落实公共数据存储与适用的合规监督、加强数据跨境行政监管的"元监督"、提前研究布局"数字全息"时代法律监督等，完善检察机关数据合规工作的对策建议。

* 林竹静，法学博士，上海市人民检察院法律政策研究室检察官。

关键词： 数据合规　企业合规　检察机关　数字化转型　上海实践

党的十九届五中全会强调，要坚定不移建设数字中国。当前，数字化转型正在政务、企业运营、跨境贸易等众多领域如火如荼地展开。全面推进数字化转型是国家治理体系和治理能力现代化的必然要求，同时是一项事关全局、事关长远的重大战略决策。具体到上海，《中共上海市委关于制定上海市国民经济和社会发展第十四个五年规划和二〇三五年远景目标的建议》，明确将推动城市数字化转型写入指导思想并对数字化发展作出部署，通过一系列政策推进城市数字化转型升级。

检察机关作为宪法规定的国家法律监督机关，在推进治理体系和治理能力现代化中肩负着重要的政治与法律责任。如何在数字化转型中充分履职，通过及时有效、专业高效的监督、公益诉讼、公诉等形式，引导企业等数据责任主体加强数据合规管理，预防治理网络、数据、个人信息等领域犯罪发生的行业漏洞，整体提升数字行业的规范水平和治理水平，是当前检察机关面临的重要且有挑战性的任务。

一　数据与数据合规

（一）数据与信息

数据（data）是观察事实的结果，是客观事物的逻辑归纳，是用来表示客观事物的未经加工的原始素材。[①] 在计算机语言中，数据以二进制信息单元 0 和 1 的形式出现。2016 年《网络安全法》第 74 条将“网络数据”定义为“通过网络收集、存储、传输、处理和生成的各种电子数据”。2021 年《数据安全法》第 3 条明确，“本法所称数据是指以电子或其他方式记录的任何信息”。

① 数据可以是连续值，如声音和图像，称为模拟数据；也可以是离散值，如符号和文本，称为数字数据。“数据”定义参见潘银松等编《计算机导论》，重庆大学出版社，2020。

在这一界定中，信息是数据的内容，数据是信息的载体。大数据时代，数据和数字技术为改善个人生活品质提供了巨大的潜力。[①] 因此，各国都将数据视为重要的生产要素。2020 年 4 月 9 日，中共中央、国务院印发《关于构建更加完善的要素市场化配置体制机制的意见》，明确将数据作为新的生产要素，与土地、劳动力、资本、技术等传统要素并列。[②] 这也从根本上明确了数据的重要地位。

“信息”与“数据”时常在同一语境中出现。“信息”一词在英语、德语、法语和西班牙语中均为同一个词“information”。作为一个科学术语，它最早出现在 R. V. Hartley 于 1928 年撰写的《信息传输》一文中。[③] 根据 2021 年《个人信息保护法》第 4 条定义，“个人信息是以电子或其他方式记录的自然人身份识别或可识别性相关的各种信息，不包括匿名后的信息”。换言之，《个人信息保护法》所保护的对象是体现为数据形式的个人信息。《数据安全法》的保护对象则直接指向承载个人信息的数据。在浙江淘宝网络有限公司诉杜某等三人网络侵权案中法院认为，数据是指具有分析性、统计性和使用价值的信息总和，不仅包括原始数据，即计算机直接生成的数据，还包括记录、存储、编辑和计算这些数据后形成的具有使用价值的衍生数据。[④] 从这个角度看，法院是以信息来定义数据的。

（二）数据合规

数据是数字化转型的基础。正是由于数字化转型意义重大，影响深远，甚至可以重塑各行业的发展模式，[⑤] 当前，无论是政府还是企业，都在有组织

---

① Pramanik, M. I., Lau, R. Y., Chowdhury, M. K. H., Automatic Crime Detector: A Framework for Criminal Pattern Detection in Big Data Era. In Pacific Asia Conference on Information Systems, Chiayi, Taiwan, 2016.

② 《中共中央 国务院关于构建更加完善的要素市场化配置体制机制的意见》，http://www.gov.cn/zhengce/2020-04/09/content_5500622.htm，2020 年 4 月 9 日。

③ 唐济波、尤传华主编《大学计算机基础》，中国铁道出版社，2016，第 10 页。

④ （2018）苏 0684 民初 5030 号。

⑤ Matt, C., Hess, T. & Benlian, A., Digital Transformation Strategies, Bus Inf Syst Eng 57, 339-343 (2015). https://doi.org/10.1007/s12599-015-0401-5.

地进行数字化转型，借助传感器、物联网和区块链等技术，扩大数据的收集范围、规模和精细化程度，为数字化转型提供必要的资源条件。这就更加需要加强数据合规，将数据的收集、存储、利用等限制在合法、必要、合理的范围内。

合规源于行政监管领域，其主要目的是在不失去市场活动的经济和社会利益的情况下刺激市场主体合法经营。企业合规是指企业通过制定政策、程序等规范来确保企业经营活动、员工行为等符合国家政策和法律规范，并建立合规部门以确保企业和每位员工都遵守相应的政策和程序。① 自 2018 年欧盟《通用数据保护条例》（*General Data Protection Regulation*，GDPR）实施以来，企业数据合规成为全球关注热点。我国也在加快出台数据合规相关立法，随着《网络安全法》《数据安全法》《个人信息保护法》等相继出台，企业数据合规业务成为我国法律业务发展最快的领域之一。尤其是 2021 年以来，数据安全治理和隐私计算被充分地提上日程并被广泛推进。在国家层面，国务院办公厅印发了《要素市场化配置综合改革试点总体方案》，在“探索建立数据要素流通规则”试点任务下具体提出了“探索原始数据不出域，数据可用不可见的交易范式”“加强数据安全保护”。在地方层面，地方数据立法层出不穷，《上海市数据条例》《浙江省数字经济促进条例》《深圳经济特区数据条例》等地方数据立法相继出台，强化数据安全、促进公共数据的利用以及数据流通。

二　数据合规的检察实践

（一）检察机关企业合规试点

2020 年 3 月开始，最高人民检察院在上海、江苏、山东、广东的 6 家基层检察院试点开展“企业刑事合规不起诉适用机制改革”第一期试点工

---

① 中国最早的企业合规出现在金融领域，规范依据源自 2006 年 10 月 25 日中国银行业监督管理委员会发布的《商业银行合规风险管理指引》，使商业银行的经营活动与法律、规则和准则相一致，https://web.archive.org/web/20110218060535/http://www.cbrc.gov.cn/chinese/home/jsp/docView.jsp?docID=2835。

作。2021 年 4 月 8 日下发《关于开展企业合规改革试点工作方案》（以下简称《方案》）开始第二期改革试点，范围扩大至 10 个省（直辖市）。[①] 随着数字经济时代加速到来，数据作为新的生产要素的作用越来越突出，数据合规自然也成为检察机关开展企业合规、服务保障经济社会高质量发展的一项重要工作内容。从更广的意义和范畴上，检察机关数据合规的监督对象不仅包括企业，也应包括政府有关部门。这不仅是由于检察机关作为宪法规定的国家法律监督机关，对公权力行使的合法性进行监督是其法律监督的一项重要内容，更是考虑到当前我国各级政府掌握着全社会信息资源的 80%，是最大的数据保有者的现实情况，由检察机关加强对政府自身数据依法合规管理的法律监督已经成为不可拖延的现实需要。[②]

当前我国检察机关正在试点的“企业刑事合规”，与美国的暂缓起诉协议（DPA）和不起诉协议（NPA）有一定的相似之处。在美国，检察官可以将 DPA 和 NPA 作为一种合规激励措施，促使涉案企业通过采取补救措施（如处理责任人、自我披露）和重塑合规管理体系，来换取宽大的刑事处理，避免被起诉和被定罪的命运。DPA 和 NPA 大部分都向企业提出了建立或者改善合规体系的要求，并将企业合规计划列为协议的附件。但由于两国检察机关在机构定位、职责权属等方面的根本差异，中美检察机关在合规的具体工作内容上并不相同。

（二）域外数据合规的检察实践

目前，美国、欧盟等主要经济体对数据治理的要求越来越严格。美国制定了一系列完备的联邦法律来规范数据的收集和使用。欧盟 GDPR 法案更

---

① 《最高检下发工作方案　依法有序推进企业合规改革试点纵深发展》，https：//www.spp.gov.cn/xwfbh/wsfbt/202104/t20210408_ 515148.shtml，2021 年 4 月 8 日。

② “目前我国信息数据资源 80%以上掌握在各级政府部门手里，‘深藏闺中’是极大浪费。”在 9 日的全国推进简政放权放管结合优化服务改革电视电话会议上，李克强总理以这个形象的比喻，点出了我们简政放权过程中的一个突出问题。参见《李克强：信息数据“深藏闺中”是极大浪费》，中国政府网，http：//www.gov.cn/xinwen/2016－05/13/content_5073036.htm。

是被称为历史上“最严格”的数据保护法。在数据合规领域，检察机关发挥了重要作用。

以美国为例，在监督合规阶段，美国多数州都有数据泄露报告法。该法规定经营者必须向州居民通报涉及敏感个人信息的数据泄露事件。有的州法律特别规定，这些敏感个人信息数据泄露者必须向州检察长，甚至向征信机构发出通知。检察官接到通知后可以行使法律赋予的权力。如加州规定如果经营者个人信息泄露超过500个就必须通知州检察长，这是检察官在数据安全保护中发挥职能的一部分情况。① 例如，在2016年Uber遭黑客攻击事件中，Uber向黑客支付了100000美元要求其销毁从该公司窃取的5700多万用户和司机数据，但并未将此事通知受害人或政府。2017年，华盛顿州总检察长起诉Uber，指控其违反了该州的数据泄露通知法。② 再如，2020年10月20日，美国司法部（DOJ）正式宣布对谷歌提起反垄断诉讼。美国司法部联合了11位州检察长共同向哥伦比亚特区地方法院提诉，指控谷歌在“通用搜索服务，搜索广告和常规搜索文字广告”市场上非法维持垄断地位。③

以欧盟为例，欧盟宪章下有欧盟层面的法院、检察院和各成员国的司法机构。当发生有关个人信息的案件后，由于各个成员国检察机关的性质不同，所以响应也不同。GDPR发布之后确定了一站式服务模式，即当发生违反欧盟数据保护相关法律的案件时，先由欧盟最高法院检察长提出检察建议。检察长提出建议后，法院法官一般会采纳建议。还有一些成员国，例如英格兰、威尔士等由于其国内的检察机关定位不同，所以其在GDPR中保

① 《75号咖啡丨数据安全法与检察职能作用发挥》，上海检察公号，https：//mp.weixin.qq.com/s/VsUlgPMz8TiNd3OW2QEOxQ。

② 华盛顿州总检察长鲍勃·弗格森（Bob Ferguson）表示，他对Uber发起了案值数百万美元的诉讼，原因是该州至少有10888名Uber司机的姓名和驾照号码被盗，但Uber却并未按照法律要求发出通知。参见《Uber数据泄密事件发酵：华盛顿州总检察长起诉》，新浪科技，http：//tech.sina.com.cn/i/2017-11-29/doc-ifypceiq5707062.shtml。

③ US Justice Department Sues ‘Monopolits’ Google for Alleged Violation of Antitrust Laws，http：//global.chinadaily.com.cn/a/202010/21/WS5f8faa10a31024ad0ba8008b.html.

留了通过国内途径起诉的权力，这时检察机关就按照该国的法律行使职权。①

（三）我国数据合规的检察实践

数据作为现代企业的重要生产要素，自然也成为当前我国检察机关正在开展的企业刑事合规不起诉试点工作中的一个重要细分领域。域外经验告诉我们，当数据保护越来越强的时候，企业可能在数据安全上动辄得咎，加强数据合规已成为当务之急。这方面，上海检察机关领风气之先。2021 年，上海市杨浦区人民检察院在对某信息科技有限公司涉嫌非法获取计算机信息系统数据案件委托第三方评估组织开展监督考察、督促涉案企业合规改革的过程中，首次尝试引导企业建立数据安全合规标准。在合规标准的指引下，涉案企业发挥企业优势，开发 API 敏感信息监测插件，辐射所在科技园区 27 家中小微企业。找准发力点后，杨浦区人民检察院随即着手分析识别数字经济企业可能存在的法律风险共性问题，把“碎片化治理”整合成“综合性治理”，以个案合规逐步推动行业合规。2022 年 1 月，上海市杨浦区人民检察院出台《企业数据合规指引》（以下简称《指引》），《指引》共 38 条，按照合规架构与风险识别处理的逻辑划分为六章，从数据合规管理体系、数据风险识别、数据风险评估与处置、数据合规运营与管理等方面指导企业加强数据合规管理。②

2021 年 9 月《数据安全法》实施后，刑事检察部门面临越来越多的相关领域犯罪。比如违反该法第 2 条、第 21 条、第 45 条、第 53 条的行为可能涉嫌侵害国家秘密罪。违反该法第 2 条、第 8 条、第 32 条、第 33 条、第 47 条的行为可能涉嫌侵犯公民个人信息罪。违反该法第 2 条、第 8 条、第 38 条的行为可能涉嫌侵犯商业秘密罪或者为境外窃取、刺探、收买、非法

① 《75 号咖啡丨数据安全法与检察职能作用发挥》，上海检察公号，https：//mp. weixin. qq. com/s/VsUlgPMz8TiNd3OW2QEOxQ。

② 《上海首份〈企业数据合规指引〉发布 鼓励企业设立数据合规部》，《中国贸易报》2022 年 2 月 10 日。

提供商业秘密罪，此外还可能涉嫌其他一些犯罪。即便《数据安全法》出台之前，相关案例也已经呈递增态势，检察机关已经开始尝试由个案出发，“由点及面”地开展数据合规探索。[①] 除了刑事检察外，公益诉讼检察领域也会出现更多与数据安全和合规相关的内容。尤其在行政公益诉讼检察领域，比如政府有关部门设置在公共场所的一些收集个人信息的设备，在未来是否会过度收集个人数据？收集的这些数据存储和使用是否符合安全保密的标准，其存储的期限是否严格遵守了相关法律法规的规定，都需要检察机关在数据安全保护过程中参与综合治理。

三　检察机关数据合规面临的难题

（一）“数据合规”本身存在的难题

1. 企业数据合规的内部挑战

尽管新的监管和行业趋势对数据安全管理提出了更高的要求，但企业长期形成的粗放式数据运营和使用习惯难以在短期内通过行政甚或立法上的强制手段加以改变。现实中，各行业要真正落实数据合规所要求达到的规范标准仍需假以时日。以快递行业为例，《快递暂行条例》（2018 年 5 月 1 日施行）第 34 条规定，经营快递业务的企业应当建立快递运单及电子数据管理制度……采取有效技术手段保证用户信息安全。[②] 目前，一些快递公司隐藏了收发双方手机号码中间四位，但还有一些快递公司的运单仍然显示收发双方详细的手机号码。除了企业对数据合规的主观重视程度仍有不足，由于数

① 如在 2017 年田某某侵犯商业秘密案中，被告人田某某从北京的一家科技公司离职后利用公司数据管理漏洞，下载公司机密级文件，并跳槽到深圳的公司工作。其利用从原公司下载的文件研发产品，给原公司造成损失 200 余万元。北京门头沟区法院判处田某某侵犯商业秘密罪一年十个月，并处罚金十万元。门头沟区检察院针对原公司存在漏洞问题制发检察建议，帮助其堵漏建制。原公司也认真整改并回复，强化企业对数据的保护。具体案情详见（2019）京 0109 刑初 106 号刑事判决书。

② 《快递暂行条例》（国务院令第 697 号）。

据合规会给企业运营增加经济成本，客观上还会给小微企业带来额外负担。即便像IBM这样的顶级巨头公司，根据2021年7月发布的《2021年数据泄露成本报告》，IBM的数据泄露平均成本从上一年的386万美元上升到424万美元，是IBM发布报告17年历史中最高的。[①] 见微知著，可以推知：理想状态的数据安全与数据合规所需要的诸如分布式基础设施设备、数据安全分级管理、客户隐私数据保护等软硬件配置升级与管理思维模式转型不是每一家企业均能达到的，更不可能在短期内实现。

2. 企业合规面临的外部压力

企业在做好数据合规工作时，不仅面临着内部挑战，还面临着外部挑战。2021年，《数据安全法》《个人信息保护法》等新的法律规范陆续生效。但是，相应的配套解释和执法规范却没有及时跟上。在数据合规领域，政府监管执法能力薄弱也在一定程度上制约了企业的发展。例如，在数据输出方面，随着数字经济全球化的推进，数字贸易日益成为区域经贸协定的重要组成部分。我国的数字贸易额也在不断增加。商务部数据显示，“十三五”期间，我国数字贸易额从2015年的2000亿美元增长到2020年的2947.6亿美元，同比增长47.4%，占服务贸易比重从30.6%增加到44.5%。有的企业有跨境数据需求，但在咨询或向相关部门征求指导时，相关部门无法提供有效反馈，回应这是“优化营商环境”的范围。[②] 显然，如果在监管层面缺乏必要的行政指导，势必将给企业，尤其是“义乌系”的小微企业埋下巨大的数据合规隐患。另外，随着一桩桩超越国界的网络攻击、数据泄露等安全事件的频发，各国政府逐渐意识到，数据已成为关系国家安全和国际竞争力的重要因素，数据安全意识也从传统的个人隐私保护上升到关乎国家安全高度。在中美摩擦加剧之际，中国的数据安全需要时刻得到保障。有关部门也开始对收集敏感个人数据的美国上市公司进行严格审查，并建立数

① 《2021年数据泄露成本报告》，IBM中国官网，https://www.ibm.com/cn-zh/security/data-breach。

② 《数据合规：互联网企业大考将至》，新浪财经，https://baijiahao.baidu.com/s?id=1717286431948449624&wfr=spider&for=pc。

据隔离机制，严防数据泄露。

3. 公共数据合规存在盲点

为了实现治理体系和治理能力的现代化，政府部门需要进行数字化转型，这就涉及公共数据合规。当前，各地政府部门探索建立数据交易中心、数据中心（IDC），落实数字化转型，收集大量个人信息和公共数据，尽管可能会按照要求实施网络安全和数据安全等级保护制度，但是这些过程没有得到充分监督。由于公共数据结构复杂化、数据集中化、服务对象多样化，传统的网络安全架构很难应对新兴技术带来的虚拟化、资源池化、平台可用性等安全风险。再加之这些数据隶属政府部门，数据是否泄露、滥用，普通公民也难以知晓。显然，政府相关主管部门不仅承担着引导数据产业发展、促进经济增长的重任，而且由于其特殊性，需要对所有参与者进行监督。然而，对于政府自身的监督却仍存在盲点。例如，针对当前国内人脸识别等生物信息识别技术无法得到有效监督的状况，在“2021 世界人工智能大会法治论坛”上专家指出“有地方一公里道路安装 89 个摄像头”，安装使用摄像头是否有足够的法律依据、大规模精准收集信息有无受到严格监管、公共数据的收集与保管者是否有能力保护数据安全、是否遵守伦理规范、能否合规使用数据等，也尚无法得到严格监督。

（二）检察机关开展数据合规监管存在的难点

随着数字化的深入发展，涉及网络平台运营者、关键信息基础设施运营者、公共数据服务提供者等的网络安全和数据保护合规工作持续提质升级，对于相关主体合规及其监管主体的监督也需相应的提质升级。一方面，市场主体的合规能力参差不齐，且出现的风险多种多样；另一方面，行政监管涉及的部门多，合作执法的标准也难以统一。例如，尽管《个人信息保护法》没有单设统一独立的监管机构，但是第 58 条确定的“独立机构”、第六章确定的“履行个人信息保护职责的部门”、第 62 条确定的“有关机构”等，这些主体的工作与个人信息保护密切联系，除了受到有关行政主管部门的监管外，更应受到检察机关的法律监督。但由于行政机关与检察机关有关信息流通不畅，也可能导致职责交叉、重复监督等问题。

目前，检察机关开展的企业刑事合规不起诉试点尚不足两年，具体到数据合规，更是“摸着石头过河”的早期探索阶段。在当前的企业合规试点中，检察机关主要是督促涉案企业进行合规整改，重在事后“矫治”，但也有检察院尝试探索“事前合规”。如深圳、张家港等地检察机关已主动将试点工作范围从“涉案企业事后整改”延伸到“非涉案企业事前预防”，通过评估非涉案企业合规体系建设情况，作出评级结论或提出整改建议。尽管该种模式可以防患于未然，但在数据合规领域，如果检察机关对企业数据乃至公共数据进行合规监督，变事后惩戒为事前合规预防，时间提前固然有利于数据合规的有效落实，但亦有因“监督”变“侦察”，影响数据权利主体经营或履职自主权之虞。如何正确设置检察机关数据合规监督的时间提前量，把握好监督、介入与引导的合理刻度，进而避免司法监督对行政监管的不当僭越，需要在实践中进一步探索。

四　创新检察机关数据合规工作的对策建议

（一）探索对市场主体数据合规的智慧监督

积极探索大数据、人工智能等技术在企业数据合规中的深度应用。随着经济社会数字化进程的加快，检察机关的法律监督方式和手段也需要逐步从传统监督向智能化监督转变，进而实现对监督事项的全方位感知掌握与多维度分析评估。企业数据合规领域的智慧监督，是检察机关运用人工智能、区块链、云计算、大数据等现代科技手段，实现法律监督数字化转型的全新路径。智慧监督是解决当前检察机关监督资源与力量不足，推动检察机关法律监督工作高质量、可持续发展的重要抓手。以上海市杨浦区检察院研发的企业数据合规自评估平台为例，当企业将基本信息输入平台并选择合规模板后，平台会对隐私政策、数据主体权利响应机制、数据安全和风险管理措施、数据安全应急预案等数据治理体系进行盘点，在识别数据全生命周期风险的基础上，自动生成包括风险量化评级、影响评估、建议解决方案在内的评估报告，为企业决策提供参考。该平台在数据业务评估方面比传统方式节省60%以上的时间，极大地提高了企业的数据合规工作效率和治理能力。

（二）落实公共数据存储与使用的合规监督

只要公权力存在就必须要有监督和制约。[①] 检察机关应进一步发挥法律监督职能，对行政机关过度收集数据、滥用生物识别技术的行为，以及网络、数据安全保护等领域行政机关滥用职权、失职渎职等问题加强法律监督。通过运用检察建议、行政公益诉讼等手段，以对行政机关的监督为抓手，促进行政机关守法作为和行政监管的有效落实，从而确保大数据时代公民的个人信息安全、人格尊严，以及国家安全。具体到上海，上海数字化发展基础良好，“一网通办”“一网统管”的两网建设成效显著，但“一网通办”“一网统管”也必然涉及不同部门、不同环节的数据整合，而这也带来数据泄露、滥用的潜在风险。对于这些风险地带，检察机关可以通过履行法律监督职责，及时提醒、敦促相关部门强化数据治理手段、上调网络安全保护等级，必要时还可以通过制发检察建议等方式为数字化转型保驾护航。例如，检察机关可以通过监督政府部门在收集数据时，是否坚持数据的最小化、必要性等原则，防止政府部门过度收集、滥用个人数据，怠于采取强有力的技术和方法保护数据等行为。再如在服务未来临港自贸区的大数据交易和数据跨界处理中，检察院可以发挥监督职责，审查数据交易中心的业务是否存在数据泄露危险，必要时探索通过公益诉讼等形式，惩治滥用数据、非法牟利和非法使用等行为，助力数据交易环境的透明、清朗和安全、便捷、高效。

（三）深化对数据跨境行政监管的“元监督”

所谓“元监督”，指代一种在行政机关专业性监督基础上的监督补强。立足于诉讼与监督的国家法律监督机关角色定位，以及基于检察机关的实际

① 习近平：《在新的起点上深化国家监察体制改革》，《求是》2019年第5期。

检力配置限制，检察机关不可能替代专门的行政监管部门下场亲自进行“合规”施工作业。这里可借用工程施工中的“施工方”和“监理方”概念做形象说明。所谓“施工方”，简单讲就是工程施工单位，所谓“监理方”，通俗地说就是专门监督施工单位工作进度、质量的第三方。在具体的企业数据跨境行政合规监管工作中，对口的行政监管部门是专业“施工方”，检察机关则更像是合规施工的“监理方”。对于网信、海关、工商等相关行政主管部门是否合法依规履行监管职责，相关网络与数据安全审查、评估等工作是否到位等，检察机关应落实好法律监督职责，在监督行政机关数据合规监管的基础上，筑牢企业数据安全与合规的最后一道屏障。

（四）提前研究布局“数字全息”时代法律监督

2021 年，一个与现实世界相对独立存在和运行的新型数字全息世界——“元宇宙”概念骤然升温。[①] 在元宇宙中，用户以数字身份栖身，在一定意义上是“全栖”且“全息”的。此时，用户即数据，数据被全时记录，全域处理。因此，在元宇宙时代，数据将成为社会和个人财产的核心，成为利益冲突与规则重构的焦点。可以预见，未来基于元宇宙的应用类型丰富，参与主体多元，数据权益诉求各异，势必造成数据治理体系建立与数据治理权责划分更为复杂。回到当下，元宇宙是“风口”还是“虎口”仍难定论。但有一点是可以肯定的，元宇宙的发展需要一套能够独立运行的经济体系，这套体系需要具备以下几大特点：良好的流通性、稳定的安全性、必须合法合规。接下来，检察机关应提前布局研究元宇宙技术发展可能涉及的治理与法律问题，如如何增加数据透明度、尊重用户选择权、严格保护个人隐私、限制高风险应用等，立足检察职能提升数字治理能力。

---

① 元宇宙网络空间是一种在数字空间中互动和形成社区的新方式，本质上是物理世界的数字化，在此基础上形成物理世界与数据世界的交互甚至合并（merge）。现阶段，元宇宙本质上是物理世界的数字化，意味着更多的传感器、更快的计算，预示着人从思想到行为、从心理到生理的全面数字化，在此基础上，构造虚实结合的下一代互联网（空间）。参见陈吉栋等《元宇宙的法律治理专题报告》，载崔亚东主编《世界人工智能法治蓝皮书 2022》，上海人民出版社，2022。

B.10
数据可视化的检察实务应用

陈军标 *

摘　要： 数据可视化广泛应用于社会各行各业的动态监管、风险防控、决策治理等领域，是直接面向用户的交互窗口，关系到数据价值的最终实现，在数据管理和运用体系中作用重大，也对社会的发展、行业竞争力的提升具有极为重要的意义。结合基层检察实务的现实需求以及当前数据可视化的应用形态，有必要结合检察数据治理试点，借鉴数据可视化的基本方法论，进一步探索创新检察数据可视化的实务应用。具体而言，要从数据治理团队的运作、数据定制服务的探索、数据技术路径的演进以及数据基础平台的构建等方面，推动检察数据价值的充分挖掘。

关键词： 检察数据　可视化　数字检务　数据治理

目前，随着大数据技术的日渐普及，数据可视化被广泛应用于政府、金融、医学、工业、电子商务等行业发展、社会治理的各个领域，对社会各行各业的动态监管、风险防控、科学决策、系统管理等方面都发挥着积极作用。所谓数据可视化，就是指将不同数量、规模的数据通过清晰且直观的图像、图形等形式呈现出来，以便数据运用者快速地从诸多复杂的数据资料中提炼可运用的信息。[①] 在这一过程中，数据变得易观察、可感知，数据运用

* 陈军标，上海市黄浦区人民检察院副检察长。

① 李新平：《大数据环境下基于数据可视化技术的电子数据审计方法探讨》，《财会学习》2020 年第 6 期。

者可以通过这一可视化的方式，作出更为高效、精确的决策。具体而言，就是借助图形化、图示化的手段，将数据库中的每一个数据项作为图形元素，将数据的各个属性值作为维度数值，以特定组合数据集构建图像，以便于从不同的角度深入观察和分析数据，洞察数据中的规律性和关联性。通过这种数据可视化的方式，可以最大化挖掘并实现数据的价值，有助于促进行业竞争力的提升以及社会的发展。正如有论者提及的那样，数据可视化，作为科学技术领域中一门与数据视觉表现形式相关的研究，其作用的发挥使得大数据更加具有实践意义。① 因此，在新时代“以人民为中心”价值理念的指引下，借鉴数据可视化的方法论，进一步探索检察数据可视化的实务应用，同样顺应现阶段社会发展以及检察工作实践的现实需求。基于此，为推动检察工作的数字化转型，笔者拟结合基层检察机关创新实践的分析，以期对进一步探索完善检察数据可视化的实务应用有所助益。

一　数据可视化相对统计分析的形态超越

结合数据运用的特点及分类，我们知道，数据可视化与统计分析都属于数据运用的重要方式。二者在数据收集过程、定量处理技术以及服务决策目标等方面都存在不少相似或者相通之处，但也有所区别。就本质而言，数据可视化是现阶段大数据背景下对传统统计分析形态的一种超越，由此也产生了有别于传统统计分析形态的新特点。具体而言，数据可视化作为数据运用方式中新的类型，具有四个方面的新特征。

（一）从数据文字到视觉图形的表达升级

一直以来，数据列表和文字描述都是统计分析的主要表达方式。虽然近年来对于统计分析的表达，越来越多地采用图形元素的方式，但该方式并未

① 黄源：《大数据可视化发展与应用》，《科学咨询》（科技 · 管理）2019 年第 3 期。

上升至主流的地位，仍主要发挥辅助的功能。而事实上，自20世纪中期计算机图形学进入早期发展阶段开始，数据可视化的概念也由此萌芽起来。可见，数据可视化已经经历了长期的沿革与发展过程。而在这一过程中，其内涵与边界也得以不断延伸与扩大，就本质意义而言，数据可视化是数据文字到视觉图形的表达升级。具言之，表现为以下几个方面。

首先，数据可视化是将视觉特征作为表达的基点。有关研究数据以及资料表明，视觉是人类获得信息的最主要途径，眼睛感知信息的最高带宽可达到2.3GB/s；而在人脑中，近一半的功能要被用作与视觉信息相关的处理器，因此，人脑对于图像信息的记忆力超过对文字记忆力的6万倍左右。① 鉴于此，基于实践应用的考究，如果可以通过研究和应用数据可视化技术，将实践中得到的纷繁复杂的数据资料转化、映射为可直观识别的图像、视频等信息，则可以充分发挥视觉感知的作用，从而“加深和强化受众对象对于数据的理解和记忆”②，提升受众群体对于数据信息的接受度、认可度。

其次，数据可视化是将视觉元素作为表达的要件。对视觉元素的充分运用会直接或间接影响数据可视化的效果，因为数据的可视化通过图像、动画、视频等形式表现出来，而这些图像、动画、视频等载体信息又由一系列不同的点线面形状，不同的尺寸，不同的字体标签，不同的颜色、纹理、模糊度、透明度和亮度等视觉元素组合而成。这些视觉元素都是数据可视化设计的基本要素，可以用于呈现数据比较、关系、分布和组合等视觉效果。由此，充分挖掘并运用好各种视觉元素在数据可视化中的表达，有利于形成更为直观的数据视觉，为信息获取、科学决策等方面提供建议参考。

最后，数据可视化是将视觉影响作为表达的追求。正如前文所述，视觉元素的充分运用影响着数据可视化的效果，而这也引申出数据可视化的价值追求问题。笔者认为，视觉影响是数据可视化的最终价值，而评判数据可视

① 石金平、万向、荀艺：《关于数据可视化技术支撑国网公司泛在物联网建设的研究与应用》，《科技创新导报》2019年第27期。

② 宋帅：《刍议军事人力资源信息数据可视化创新发展》，《网络安全技术与应用》2020年第1期。

化的重要标准之一则体现为数据表达的艺术性。因为数据可视化的目的虽然仍在于通过对数据真实、完整的表达，来满足受众群体对于数据的获取、利用、转化等实用性需求，但要更好地满足这些实用性需求，通过"艺术性"、直观性处理往往能产生更好的效果。正如有论者所认为的那样，符合审美规则的数据表达往往更能激发受众群体的兴趣，为其提供更好的视觉体验。

（二）从静态分析到动态监管的功能迭代

数据可视化的技术应用也表现为从静态分析到动态监管的功能迭代过程。结合传统统计分析与数据可视化的比较，我们知道，传统的统计分析通常是一项阶段性的任务，其可以在特定的时间点，通过运用业务数据来分析回顾过去和展望未来；而数据可视化则更侧重于对数据的动态呈现，从而为分析相关业务情况提供更为常态化的决策支持。具体而言，数据可视化的动态呈现与表达，主要表现为以下三个方面。

一是实时监测。随着当前数据采集技术、设备等的不断进步与发展，实时采集、监测日常所需要的数据，并运用可视化的方式展现出来，已经成为各个领域数据运用的基本手段。比如，在军事人力资源数据可视化的应用中，基于地理信息系统，可以实时查看人员在岗状态、分布等内容，支持快速掌握各单位当前人员在位情况和详细信息，可以对各类型人员进行实时监控，还可以根据减员情况进行单方调度和多方协同调度。

二是问题定位。通过数据可视化的手段与方式，还可以精准定位实践中的问题所在，从而根据发现的问题寻找针对性的解决方案与对策。比如在针对高速公路的管理中，通过数据可视化的方式，就可以将收费站流量、道路封闭管制情况、交通事件频次等系列相关数据，根据不同权重、不同类别以及不同要素充分融入复杂数据的分析过程当中，基于多维数据叠加生成的热力图，直观地反映路网中通行能力较差或者容易发生交通事故的路段、时间点，从而进一步标注可能存在的路网管理薄弱点。这对于增强高速公路管理能力，针对交通事故的治理与预防制定针对性化解方案均具有十分重要的意义。

三是价值发现。数据可视化其实是从诸多复杂、不易发现、看似关联不大或者无从解释的数据现象中挖掘数据与数据之间的规律与联系，从而实现让数据进行自我解释的目的。[①] 从这一层面而言，通过在纷繁复杂的数据中建立联系，也能进一步获取、发现并实现数据的价值。比如电子商务相关领域，个人进行网上购物的偏好、习惯、频率等都会最终通过数据的形式表现并保存下来，商家及相关人员可以对这类数据进行可视化分析画像，从而方便定位理想用户群体，制定精准营销策略，完善个性化定制服务，改善用户购物体验。

（三）从区域覆盖到全局关联的内容拓展

从内容拓展层面来讲，数据可视化也实现了从区域覆盖到全局关联。比较而言，传统的基于任务的统计分析，其数据的覆盖范围是相对有限的，而对于将业务运行作为表达对象的数据可视化技术而言，其边界则可以通过以下“三重关联”拓展到全局。

一是打破信息孤岛，实现系统与系统之间的关联。数据可视化的运用与探索，对于打破系统平台之间的壁垒，破除信息孤岛现象具有积极作用。比如集装箱码头的生产管理领域，一般而言，涉及集装箱码头生产管理的系统往往会根据不同岗位的实际需求来划分策划、生产、绩效等不同板块，并设置相应的分板块或者菜单。这种数据系统的管理模式又常常会出现不同要素之间相互独立、各自为政的现象。[②] 而数据可视化技术的运用，则可以打破系统之间的壁垒，为管理层快速、准确并全面地获取业务数据提供了有效支持。

二是借助人机交互，实现了数据与数据之间的关联。数据可视化系统可以实现对全局、大量数据的呈现，有利于进一步有效挖掘数据的价值。在数据可

① 张开智、万向、陈亚民：《关于数据大屏可视化的设计流程与发展趋势的分析研究》，《科技创新导报》2019 年第 27 期。

② 袁圆：《数据可视化技术在集装箱码头生产管理中的应用——以宁波北仑第三集装箱码头有限公司为例》，《集装箱化》2019 年第 10 期。

视化技术的支持下，通过丰富的人机交互方式，比如条件筛选、多维联动、图层叠加、对比分析、主题切换、数据下载等，可以方便用户快速检索定位到其所需要的内容，从而实现多个数据在不同维度指标下的交互联动，比对数据分布和趋势的动态差异变化，这有利于进一步发现数据背后的规律与特征。

三是通过信息共享，实现了用户与用户之间的关联。我们知道，数据可视化的受众是广大用户。通过全局化的数据信息共享，数据可视化技术的运用有利于不同岗位的用户逐渐摆脱本位主义思维的局限性，继而从整体、全局的数据视野来检视其本职工作，在数据整合中加强联动，在差异比较中寻找问题短板，在关联与分析中预判未来趋势，最终形成基于统一数据源的全新用户协同模式。

（四）从业务专精到技术融入的跨界平台

传统的统计分析质量主要依靠主创者的业务专精水平，其很大程度上受人的因素影响；而随着数据可视化的产生和发展，数据的运用与可视化分析则更离不开数据技术的融入。具言之，数据技术的融入主要包括三项内容。

一是数据库技术。该技术主要用于不同来源数据的集中存储和处理，可以按照数据量的大小作为区分依据，来选择运用不同的数据库技术。对于简单的、规模较小的数据，可以用 Excel 和 Access 等数据工具；对于常规数量的数据规模，可选择的数据库类型则包括 MySQL、PostgreSQL、Oracle、SQL Server、达梦和金仓等关系数据库；而对于超大规模的数据，则需要 Hadoop 等分布式计算支持，由此也衍生出数据仓库、大数据平台、数据中台以及数据湖等海量数据管理概念。

二是数据挖掘技术。对于数据挖掘（Data Mining）这一概念，学界也称之为数据库中的知识发现（KDD）。[①] 我们知道，从数据准备到结果分析的一个完整过程，通常有数据收集、数据集成、数据清理、数据转换、数据分析等环节，从其概念上分析，数据挖掘其实指的是发现大量数据中可供人

---

① 靳娜：《拥抱大数据时代的人力资源量化管理》，《科技经济市场》2017 年第 1 期。

们利用的内容，旨在从大量数据中挖掘先前未知的、有效的、可使用的内容，以更好地服务决策支持。

三是数据可视化技术。关于数据可视化技术，其实在前文已经有所提及，该技术就是将复杂的数据信息通过图形化的直观手段表现出来。该技术的实现又融合了诸多不同技术的应用，比如数学领域的专业人士常用 R 语言、python 语言的 matplotlib 和 seaborn 库等技术，该技术有丰富的算法模型支持；想快速入门和实施的，则可以利用成熟的数据可视化工具，比如 Tableau、PowerBI、永洪 BI、FineBI（帆软）、Microsoft Excel 等；而对于具有计算机编程基础的，则可以利用百度 ECharts 开源可视化图表库、bootstrap 前端开发框架等技术，进而根据不同的业务需求定制数据可视化应用。

二　基层检察机关数据可视化的实务应用需要数字检务的体系支撑

由前文可见，数据可视化已经运用到各个领域以及社会管理的各行各业。从信息化发展与检察实务的角度而言，数据可视化技术在检察机关中的应用也已相当普遍，特别是通过运用酷炫大屏幕来展示本单位相关业务开展的数据情况，其品牌宣传的效果明显。而且通过采取大数据、云计算等一系列技术手段，对所搜集以及积累的相关实务资料、司法数据实现智能整合、分析，继而将其运用并服务于司法办案、司法管理、司法便民、司法公开等各个环节、各个方面，有利于充分有效地提升司法机关维护社会公平正义的效能。[①] 但不可否认的是，对标数字化转型的时代新目标，数据可视化技术在推动检察工作模式现代化转变方面，尚存许多可供拓展的空间。而提升检察数据可视化效用又不仅仅只是技术层面的问题，其更需要进一步依靠数字检务的体系支撑。

① 李霞：《大数据背景下的智慧检务之建构——以“检立方 C-139”大数据辅助决策平台为例》，《渤海大学学报》（哲学社会科学版）2017 年第 4 期。

（一）同步发展的数字化转型理念支撑

数字化转型是经济社会飞速发展背景下对社会管理、模式转化等方面提出的新要求，旨在通过对一个单位日常运行、产品服务、行业趋势等一系列数据的收集与整合，形成日常运营管理的数据全景图，由此助益自身业务水平及管理模式的改进。从这一层面上来讲，探索数据可视化技术的应用与发展一定程度上是适应当前数字化转型的现实需要，体现在检察工作层面，则是依靠数字检务的体系与理念支撑。因此，笔者认为，检察工作要同步跟上大数据时代背景下数字化的转型与发展，在理念上要有以下三个方面的转变。

一是业务数据化。要在日常工作中形成数据意识，不断推动业务数据化，通过电子数据的网络化应用，打造覆盖检察机关全业务的数据管理方案。由此，一方面提高了检察业务工作的效率；另一方面也实现了对日常开展的各项工作数据的最大化收集，从而用于丰富网上检察工作全景图的创作素材。二是数据资源化。要将数据列为驱动检察工作高质量发展的战略资源，因此，有必要进一步对检察工作所涉及的各项业务数据的价值进行专门化的挖掘。三是数据运用常态化。要将数据运用真正融入日常的检察工作之中，通过数据可视化技术的实务探索加强对检察数据的运用，这将成为检察机关进一步探索检察业务能力提升的过程中发现问题和改进工作的主导方式。

（二）全面全程的一体化管理机制支撑

检察机关数据可视化的实务应用还有赖于全面全程的一体化管理机制支撑。正如前文所述，符合“艺术性”与审美规则是数据可视化的形式要件，但如果不注重数据的真实性，通过美观的“大屏”传播错误的数据，只会进一步扩大错误,[①] 因而内容丰富、规范和适用才是关键的实质要件。随着

① 刘堃：《势在必行，面向决策支持的数据可视化系统设计》，《产权导刊》2019 年第 9 期。

全国统一业务系统应用的深化，检察机关数据的准确性、及时性和完整性持续提升，覆盖四大检察、十大业务的数据全景图初步构建，以案件质量评价指标体系为标尺的业务数据研商机制，也充分发挥着运用数据来改进检察工作的实效。但是，对照现阶段数字化转型的标准，在数据源的管理机制上还存在诸多方面尚待加强。

第一，全局关联有待进一步加强。长期以来，检察机关在数字检务、智慧检察等方面的应用与探索较多偏重于业务办理领域，尚未形成覆盖检察机关业务以及业务外领域的全局关联。因此，有必要实现从聚焦业务到队伍管理、办公宣传和检务保障的全面延伸，从而推动检察数据的全局关联。第二，跨界共享有待进一步完善。为了加强检察业务数据在整合过程中的联动，有必要实现从单一检察数据到政法数据、社会数据的多源聚合与跨界共享。第三，集约管理有待进一步实现。目前，对于检察机关数据的运用与管理尚未完全实现一体化整合，而管理相对分散，因此，检察机关数据运用有必要实现相对专业的集约化管理，推动从基于信息系统边界的分散管理到一体化整合的转变。

（三）适配需求的规格化业务逻辑支撑

在实务应用中，最大化地收集、分析并整合相关数据是业务价值挖掘的基础。对于原始数据而言，其只是存储于计算机当中的记录，只有在适配业务需求并进行加工定制，形成符合数据可视化运用规格的逻辑算法，如突出显示的预警阀值、趋势对比的参数选项、要素分布的排列方式、评价指标的计算公式等的情况下，存储于计算机中的数据价值才得以充分发挥出来。因此，数据可视化的实务应用还需要适配需求的规格化业务逻辑的支撑。

当前，在业务逻辑规格化的过程中，需要破解以下三个难题：一是量化难题。检察工作往往是涉及人的工作，案件办理以及达成“案结事了人和”的目标，并非机械适用法律条文就能实现的，而是需要检察人员丰富的工作经验与业务能力的加持，这中间涉及在严格遵循合法性的基础上，为了实现比例原则或者合理性原则，基于办案经验形成的主观能动性的发挥。这种检察工作经验往往是非线性的，尚未形成统一的、可供参照的模板。而这种非线性的检察工作经验，一定程度上给数字化转型带来了难题。二是融合难题。其实，检察技术与检察业务涉及的是不同的知识领域与知识体系，数据可视化更多的是体现为技术层面的运用，是通过这一技术的融入与应用推动检察工作的高质量发展。因此，检察技术思维与检察业务逻辑是两个层面的概念，技术思维与业务逻辑的融合需要“痛苦”的磨合过程，就目前而言，既懂检察业务又懂检察技术的复合型人才并不多。三是应变难题。新时代背景下，人民群众对于安全、民主、法治等各个领域都有了新的期待，这使得检察工作也有必要在回应新期待的过程中不断作出调整与变化。但是，目前的难题就在于，以项目化方式推进完成的数据可视化应用在投入日常运行之后，有时候并不能快速回应检察业务规则的调整变化。

（四）自主可控的平台化数据技术支撑

当数据可视化成为检察业务全景展示窗口之时，其技术上离不开综合数据管理平台的支撑，以此与检察数字化转型相关照。在自主可控的平台化数据技术的支撑下，其可以在功能上满足大容量数据的集中存储、相关信息系统数据的定时抽取、多源数据的清洗整理、基于业务逻辑的分析加工以及可视化图形界面的组合定制等需求。基于此，技术平台可以根据检察机关的层级、数据的规模等，找寻具体情况下最佳的技术实现路径。

而在这其中，自主可控是常态运行的关键要素，主要体现在三个层面：一是技术主导。要实现数据技术的自主可控，检察机关就必须在检察数字化转型的过程中发挥技术主导的作用。因此，检察机关有必要主动掌握核心技术，尽可能摆脱对特定公司的技术依赖。二是业务同步。要实现对检察业务数据的动态跟踪与反馈，实时监测并保障数据收集、分析、运用的及时性、有效性，以避免数据质量和业务规则等相关实际情况发生偏离。三是机制联动。检察技术是保障并提升检察业务质效的重要把手，检察业务的高质量发展则是探索检察技术发展与应用的最终价值与归宿。因此，要实现机制联动，在探索包括数据可视化在内的检察技术应用与发展的过程中，应主动融入业务，建立检察技术与业务合作共赢的可持续升级模式。

三 检察机关数据可视化实务应用的创新探索

基于以上可知，检察机关数据可视化的实务应用与探索离不开当前检察数字化转型的重要支撑。而数据可视化技术的提出与运用，又可以令大规模且复杂的数据得以聚集呈现，由此使数据更具可塑性、可行性，以便于信息运用者能够在短时间内挖掘数据的关键点，满足人们的现实需求。① 据此，上海市黄浦区检察院自 2019 年底，便在上海市人民检察院的指导之下，启动了基层院检察数据治理试点工作，旨在创新数据管理模式，以数据治理中心为枢纽，将数据作为检察工作的基础性战略资源进行一门式集中管理，充分运用数据可视化方式，多方位服务办案、管理和决策。虽然目前黄浦区检察院在数据治理试点工作中开展的数据可视化探索，仅是研究型实践，在业务融合、快速应变、规范权威、技术强化等方面也还有许多短板，但如果持续创新深化，不断加强数据治理团队的运作与发展，专研于数据定制服务的探索、数据技术路径的演进升级以及数据基础平台的构建与完善，数据可视化技术在检察实务中的应用必将发挥巨大的价值。

（一）数据治理团队的运作与发展

数据治理涵盖了数据应用所涉及的一整套组织管理体系，其内容包括制度管理、程序应用、工具等方面，目标在于进一步提升数据的价值。从一定程度上而言，数据治理作用的发挥以及数据治理团队的成立与运作是实现检察数字化转型的基础，也是检察机关探索数据可视化实务应用的重要保障。因此，检察机关在探索数据可视化的实务应用并完善创新路径的过程中，数据治理团队的成立以及运作至关重要。

① 陈悦：《基于大数据的数据可视化技术研究》，《产业与科技论坛》2020 年第 10 期。

对此，上海市黄浦区检察院积极探索创新，适时出台《开展数据治理工作总体方案》等相关规定，以此为指引，成立了由检察业务人员和技术人员共同参与的数据治理中心，授权明确了全院所有信息系统数据的集中统一管理模式。具体而言，在组织保障层面，黄浦区检察院成立了由检察长担任组长、分管检察长和部门负责人全部参加的数据治理试点工作领导小组，将数据治理工作列为一把手领衔的全院重点工程。在管理流程方面，以检察数据的生产、采集、流转、加工、存储、交换全流程为管理对象，设立信息系统管理、数据质量管理、业务需求管理、技术平台管理、应用定制管理和服务反馈管理等职责分工，从而实现检察数据一站式整合、专业化处理、一体化共享和个性化服务，提升检察工作“精细管理、科学决策、智能辅助”的总体水平。在工具保障层面，则形成了数据可视化设计、数据库管理、编程开发、移动应用定制等系列工具包，由此为后续检察数据服务个性化定制提供支持。

总体而言，数据治理是一项长期的系统性工程，是实现检察机关数据可视化实务应用纵深发展的重要内容与基础。对此，有必要进一步推进数据治理试点工作，在探索形成相关基础数据库、业务主题库建设，持续挖掘数据资源的同时，不断加强管理、规范流程、升级技术，从而不断提升检察机关数据治理服务中心工作的能级。

（二）数据定制服务的探索与提倡

自数据治理中心成立以来，黄浦区检察院已经先后推出了全国统一业务系统填录信息校验辅助工具、案件前科和重复管辖自动提示、数据简报、数据专题研判分析、案件质量评价指标月度报告、移动应用快速定制等诸多数据定制服务。以黄浦区检察院关于危险驾驶案件的可视化分析项目为例，[①] 黄

① 由上海市黄浦区人民检察院数据治理团队参与研究的关于危险驾驶案件的可视化分析项目，荣获 2019 年上海市检察机关数据分析展示应用竞赛的一等奖；所撰写研究成果《大数据视角下醉驾案件的可视化分析》在 2020 年“第十届中国检察基础理论论坛”中荣获三等奖；2021 年 4 月，数据治理中心整合前期应用成果，基于检务微信平台研发的数据可视化项目（数据金服），获高检院第三届轻应用竞赛二等奖。

浦区检察院数据治理团队立足于司法实践中所发生的6532起醉驾公诉案件数据基础,[①] 通过自主研发技术工具、构建算法模型的尝试，发现数据异常波动的情况以及数据特点，通过放大异常点定位数据分析异常波动的原因。通过这种可视化的分析方式，进一步展示传统形式与载体难以形象表达的维度层次和关联关系,[②] 有利于为办案提供专业化、精细化的数据支持，由此值得深入提倡。

（三）数据技术路径的升级与演进

检察机关数据可视化实务应用的创新探索还依靠数据技术路径的升级与演进。

长期以来，基层检察机关创新探索数据可视化技术应用的过程面临数据规模小、技术力量薄弱以及资金投入少等现实问题。基于此，数据可视化的技术路径也经历了三个阶段的变迁：第一是工具使用阶段。该阶段主要使用市检察院统一部署的数据可视化产品工具（永洪BI），并结合本单位的现实需求，来制作数据可视化分析报告。在这一阶段，使用统一部署的数据可视化产品工具的优点在于，检察技术人员学习入门快，内置许多美观的可视化元件和常用的数据运用模板，通过鼠标拖拽和参数配置，可以快速地实现设计要求。但缺点则在于，限于产品功能的边界，往往难以满足特殊定制需求。第二是开发定制阶段。这一阶段，更注重个性化服务的开发与提供。由具备研发能力的检察技术人员根据特殊需求进行定制开发，其优点在于可适配灵活复杂的需求；缺点则是开发周期相对较长、技术规范性不高、界面友好度不够。第三是框架复用阶段。在该阶段，引入了数据可视化设计模板精美和丰富的bootstrap网页前端开源框架，结合简单、易于维护ASP编程语言，通过复用热门和简易的源代码，寻求平衡工具与定制优劣的技术解决方案。经过这三个阶段的发展，可以看出，数据技术路径其实在不断经历演进

① 本文所指公诉案件数据6532起，其时间跨度为2014年1月至2019年9月，特此说明。

② 黄浦区人民检察院专项数据治理团队：《大数据视角下醉驾案件的可视化分析》，《上海法学研究》2020年第20卷。

与升级，由此增强了技术规范性，推动了检察机关数据可视化应用个性化服务定制，从而为检察机关案件办理、创新参与社会治理提供专业化、针对性的数据支持。

（四）数据基础平台的构建与完善

数据基础平台的构建与完善也是检察机关数据可视化实务探索的重要内容。当前，黄浦区检察院所建立的检察数据可视化基础支撑平台基本可以划分为四个层次：一是来源层。其涵盖了两个层面的数据内容，一方面是市检察院限定开放的全国统一业务系统和统计管理系统的部分后台数据；另一方面则是全国、全市统一部署或自主开发的综合业务、队伍管理、检务保障等各类信息系统中可以导出的数据。二是数据层。根据预定规则，可以定时和定量地从不同来源处抽取应用定制所需的各类数据，进行一定加工处理后，汇聚在同一数据库集中存储。三是业务层。围绕基层检察院工作特征，初步设立了批捕起诉、刑事监督、民行检察、公益诉讼、综合业务、队伍管理和检务保障七大板块，以便于分类容纳不同业务数据可视化应用。四是表现层。以动态网页为技术载体，以数字和图形为基本元素，通过聚合首页概要描述全院工作的总体情况，通过分层分类的菜单进行业务导航，通过突出、比对、趋势、分类、列表等方式综合展示具体数据内容。

B.11
检察履职引领企业数据合规建设

曹晓烨　刘 东*

摘　要： 数字经济是一种新型经济形态，促进数字经济在规范中高质量发展是未来一个时期我国推动经济社会发展的一个重要方向。杨浦区检察院制定发布《企业数据合规指引》，配合第三方机制管委会组织数据犯罪合规考察，引导数字企业建立数据合规管理体系，帮助数字企业合法合规成长，为数字经济高质量发展提供了更加优质的法治保障。其中制定专项数据合规指引与标准、推动数字创业园区行业合规、争取地方党委支持、提升区域数字经济合规管理水平等经验具有较高的推广价值，各地检察机关可以借鉴这些经验并结合区域特点探索企业合规改革的新路径。

关键词： 数字经济　数据合规指引　合规管理体系　考察标准

企业合规是企业为实现依法依规经营、防控合规风险所建立的一种治理机制,[①] 这种机制在国际贸易与国内改革的推动下进入本土以后，形成了检察机关主导的鲜明特色。[②] 2021 年 3 月，杨浦区检察院主动申请成为上海市企业合规改革试点单位后，为了应对数字化犯罪治理背景下不断强化的企业数据和数字技术等方面的合规义务[③]，积极探索符合杨浦数字经济特点的改

---

* 曹晓烨，上海市杨浦区人民检察院党组成员、副检察长；刘东，上海市杨浦区人民检察院检察官助理。

① 陈瑞华：《论企业合规的性质》，《浙江工商大学学报》2021 年第 1 期。

② 董坤：《论企业合规检察主导的中国路径》，《政法论坛》2022 年第 1 期。

③ 裴炜：《刑事数字合规困境：类型化及成因探析》，《东方法学》2022 年第 2 期。

革方向，于近日联合上海市杨浦区工商业联合会、上海市信息服务业行业协会、上海数据合规与安全产业发展专家工作组制定发布了全市首创的《企业数据合规指引》，并组织举办了数字企业合规文化促进行动，制定企业数据安全类犯罪合规标准，成立企业数据合规服务工作站，倡导各类企业建立数据合规管理体系，为区域数字经济高质量发展提供了更加优质的法治保障。

一 数据合规建设的背景与价值

（一）企业合规改革的概况

2020 年 3 月，最高人民检察院主动融入经济社会发展大局，力求以高质量的法律监督工作服务经济发展，为国家治理体系和治理能力现代化提供法治保障，在上海、江苏等地的 6 家基层检察院开展企业合规改革试点。2021 年 3 月，最高人民检察院决定扩大试点范围，在上海等全国 10 个省份推进第二期试点工作，其中上海试点单位包括杨浦在内共有 16 家检察机关。[①] 根据高检院关于企业合规改革的工作方案，可以将企业合规改革的内涵总结为：检察机关对于符合适用条件的企业犯罪案件，设立一定的考察期限，督促企业积极履行合规承诺，建立健全合规管理体系，由监督考察主体作出考察评价后，经过公开听证程序，结合认罪认罚从宽制度，对涉嫌犯罪企业、犯罪嫌疑人依法作出不批准逮捕、不起诉决定或者根据认罪认罚从宽制度提出轻缓量刑建议等决定，促进企业合规守法经营，减少和预防企业犯罪。2021 年底，高检院在企业合规改革会议上提出，各地要加强专项合规探索，推动个案合规向行业合规发展。可以看出，检察机关期待发挥企业合规的示范效应，努力实现刑法的个别预防价值与一般预防价值的结合。[②]

① 陈瑞华：《企业合规不起诉改革的八大争议问题》，《中国法律评论》2021 年第 4 期。

② 奚玮：《论企业合规刑事化试点中的检察监督》，《政法论坛》2022 年第 1 期。

（二）开展数据合规建设的重要价值

数据合规属于企业专项合规的一个重要类型。从数据涉及的三个主体来看，数据主要来源于个人、应用于企业、作用于社会，对于这三个主体均具有重要意义。[①] 一是帮助企业防范法律风险，或者在发生法律风险时减轻、免除企业责任，从而实现企业的可持续发展。[②] 在大数据时代，数据本身就蕴含着巨大的价值，企业只有加强自身数据合规体系建设，堵塞制度漏洞，坚守数据合规底线，强化数据合规意识，才能帮助企业防范数据法律风险，增强数据资源核心竞争力，树立企业的品牌声誉，筑牢企业健康可持续发展的基石。二是避免个人信息等遭受不合理甚至违法泄露、滥用。数据泄露和滥用严重威胁个人权益、财产安全甚至生命健康。加强企业数据合规治理，保护个人数据安全，避免企业滥用用户信息，促进企业依法合理使用个人数据，对于保护个人隐私和保障消费者权益具有重要意义。[③] 三是规范数字经济发展轨道，推动数字经济蓬勃发展。随着数字经济向数据经济、算法经济等人工智能场景的高阶形态发展，数据安全与发展的动态平衡已成为数字经济领域各类新业态、新产业、新模式创新发展的关键。强化企业数据安全责任，维护好用户数据权益及隐私权，有助于提高数据共享意愿，最终推动数字经济走向繁荣。

（三）《企业数据合规指引》的起草背景

2021 年可以称为数据合规的元年。在立法层面，《数据安全法》《个人信息保护法》陆续颁布实施，与《网络安全法》共同构成了我国数据法规的基本体系。在执法层面，滴滴赴美上市案、阿里云个人信息泄露案、携程大数据杀熟案等案例均引起了社会公众的广泛关注，以个人信息滥用为主要

① 蒋安杰：《数据合规高端论坛在京举行》，《法治日报》2021 年 9 月 29 日。

② 刘霜：《意大利企业合规制度的全面解读及其启示》，《法制与社会发展》2022 年第 1 期。

③ 于冲：《数据安全犯罪的迭代异化与刑法规制路径——以刑事合规计划的引入为视角》，《西北大学学报》（哲学社会科学版）2020 年第 5 期。

诟病的数据风险事件屡禁不止也引发了舆论对于数据合规的热烈讨论。[①] 在监管层面，习近平总书记在《不断做强做优做大我国数字经济》中指出，推动数字经济健康发展，要坚持促进发展和监管规范两手抓、两手都要硬，在发展中规范、在规范中发展。数据合规对于企业经营管理越来越重要，数据产业也必须围绕合规的框架发展完善。在此背景下，杨浦区检察院以数据法规为依据，以企业合规基本理论和 ISO 37301：2021《合规管理体系 要求及使用指南》为指导，结合城市数字化转型的背景起草了《企业数据合规指引》的初稿，然后联合上海市杨浦区工商业联合会、上海市信息服务业行业协会、上海数据合规与安全产业发展专家工作组先后召开了企业代表座谈会和专家学者座谈会，听取企业代表和专家学者的意见，对指引进行了针对性的修改，使其更加符合数据合规逻辑和经验的要求。

二 《企业数据合规指引》的框架与机制

（一）企业数据合规管理体系的组织架构

《企业数据合规指引》认为，企业的最高管理者是数据合规的第一责任人。最高管理者应当承担以下职责：分配足够和适当的资源来建立、发展、实施、评估、维护和改进数据合规管理体系；确保建立举报数据违规的有效机制；确保战略和运营目标与履行数据合规义务之间的一致性；确保将数据合规落实情况和效果纳入企业内部人员绩效考核体系。

具体负责数据合规工作的是数据合规部。一般由董事会直接设立企业合规部门，下设数据合规管理部门等各类专业合规部门。数据合规管理部门直接负责监督管理企业在生产经营活动中进行的数据处理活动。鼓励各类企业设置专门的数据合规管理部门，或者将数据合规管理职能融入现有的企业合规管理体系。并且应当向数据合规管理部门负责人提供足够的授权、人力、

---

① 唐林垚：《数据合规科技的风险规制及法理构建》，《东方法学》2022 年第 1 期。

财力来支持数据合规管理体系的运行。[①] 数据合规部门负责人应结合企业自身的经营范围、行业特征、监管政策、风险识别等因素制定并不断完善数据合规计划，并且应积极与数据监管部门建立沟通渠道，了解数据监管部门期望的数据合规体系，并制定符合其要求的数据合规制度。

（二）企业数据合规管理体系的运行机制

企业建立数据合规管理架构以后，可以按照指引提出的咨询、发现、举报、激励和纪律、培训与承诺以及合规文化培育等内容来运行数据合规管理体系。[②] 咨询的内涵是管理层和各部门员工在工作中可以向数据合规管理部门咨询数据合规问题。数据合规管理部门应当不断学习、提升合规管理水平，也可以同外部机构开展数据合规咨询合作。发现的内涵是数据合规管理部门通过日常监测和定期评估发现数据不合规行为的机制，可以通过设置日常的流程监控、内部审核、重点核查以及定期评估等方式发现企业及员工的违规行为，并及时按照合规计划采取相应的处置措施。举报的内涵是员工根据合规计划举报企业内部违规行为的机制，应当允许员工实名或者匿名通过内部举报系统举报数据违规行为，并严格保护实名举报者和匿名举报者不受打击和报复，尤其是保护匿名举报者的个人信息安全。激励和纪律的内涵是企业应当建立数据合规考核机制，数据合规考核结果作为企业绩效考核的重要依据，与员工的评优评先、职务任免、职务晋升以及薪酬待遇等挂钩，对于不严格执行甚至违反合规计划的管理层和员工，采取适当的纪律措施进行惩戒，并根据违规程度采取不同的风险处置措施。培训与承诺的内涵是数据合规管理部门应当建立培训机制，定期为管理层、员工培训数据合规，使其充分了解数据法规、数据合规计划、岗位角色与职责等。鼓励企业管理层和其他员工作出并履行明确、公开的数据合规承诺，内容主要是知悉、愿意遵守数据合规计划，愿意承担违反数据合规承诺的后果。合规文化培育的内涵

---

① 涂龙科、刘东：《美国企业合规计划的要素与启示》，《中国检察官》2021 年第 16 期。

② See Compliance Management Systems-Requirements with Guidance for Use.

是鼓励企业将数据合规文化作为企业文化建设的重要内容，践行合规经营的价值观，不断增强员工的数据合规意识。鼓励行业协会在本行业内积极倡导数据合规文化，强化行业的数据合规意识。[①]

（三）企业数据风险的识别与评估处置

1. 准确识别数据风险

《企业数据合规指引》指出，企业在制订合规计划的时候应当全面识别所面临的数据风险，根据这些风险来制定和完善合规计划。数据风险无处不在，例如：数据处理者在采用网络爬虫[②]等自动化工具访问、收集数据时，应当评估对网络服务的性能、功能产生的影响，不得干扰网络服务的正常功能；数据处理者处理个人信息，应当依据《个人信息保护法》的规定遵守八项规则，并在特定情况下删除个人信息或者进行匿名化处理；企业在应用程序开发和运营过程中使用第三方软件开发工具包时，应当通过合同等形式明确第三方的数据安全责任义务，并督促第三方加强数据安全管理，采取必要的数据安全保护措施。企业可以使用经相关部门审核合规的开源软件开发工具包进行程序开发活动，不得使用风险不可控的开源软件开发工具包等工具。[③] 此外，指引还特别对数据刑事风险进行了提示。[④] 数据处理者在数据处理活动中可能因为非法获取公民个人信息、非法获取计算机信息系统数据、侵犯商业秘密等被追究刑事责任。

2. 充分评估与合理处置数据风险

企业在识别数据风险内容的基础上，可根据自身经营规模、组织体系、业务内容以及市场环境，分析和评估数据风险的来源、发生的可能性、后果的严重性等，并对数据风险进行分级。数据合规部门负责人应当根据风险评

---

① 李勇：《企业合规需要重塑治理模式》，《检察日报》2021 年 10 月 14 日。

② 孙禹：《论网络爬虫的刑事合规》，《法学杂志》2022 年第 1 期。

③ 梅傲、侯之帅：《互联网企业跨境数据合规的困境及中国应对》，《中国行政管理》2021 年第 6 期。

④ 梁雅丽：《企业经营中的数据安全合规与刑事风险提示》，《中国律师》2021 年第 10 期。

估结果对不同职级、不同工作范围的管理层与员工进行风险提示，降低管理层和员工的违法犯罪风险。企业应当定期测试数据风险识别与评估的有效性，重点关注企业特定业务范围内最有可能发生的数据安全事件，并根据识别与评估结果及时修订数据合规计划。一旦发生个人信息等数据泄露、篡改、丢失等事件的，企业应当立即采取补救措施，并通知所在地区的数据监管部门。安全事件涉嫌犯罪的，应当及时向公安机关报案。

三　制定数据合规标准并应用于合规考察

（一）制定企业数据安全类犯罪合规标准

《企业数据合规指引》发布后，被人民网、《检察日报》、《解放日报》、上海电视台、广东电视台等多家媒体宣传报道，取得了良好的法治效果和社会效应。与此同时，数字企业也呼吁检察机关出台更加明确的合规考察标准，使第三方专家在调查、评估、监督和考察涉案企业合规整改情况时能够参照专业考察标准，对涉案企业作出客观、公正的评价。有观点认为，企业规模、企业领域、发展阶段等因素是判断刑事合规是否有效需要重视的方面。[①] 杨浦区检察院吸收了这一观点，并根据《网络安全法》《数据安全法》《个人信息保护法》《刑法》，以及九部门《关于建立涉案企业合规第三方监督评估机制的指导意见（试行）》《涉案企业合规管理体系有效性评估和审查标准》（检察理论研究所研究意见稿）的相关规定，结合数据安全类犯罪办案实践，制定了《数据安全类犯罪专项合规计划的有效性评估和审查标准》，从合规管理体系设计的有效性、执行的有效性、效果的有效性三个方面设置了一整套评分体系。其中设计的有效性占比为40%，包括责任人和管理架构、规范和制度、风险识别评估与处置、培训和沟通机制、举报和调查机制、第三方关系管理六个评价维度；执行的有效性占比为30%，包括合规承

① 李玉华：《有效刑事合规的基本标准》，《中国刑事法杂志》2021年第1期。

诺、授权和资源、激励和纪律三个评价维度；效果的有效性占比为30%，包括合规文化①、持续改进、违规事件三个评价维度。这三个层次12个评价维度既为涉案企业提供了整改方向，也给第三方专家提供了科学评价依据。

（二）接受异地委托开展企业合规考察

杨浦区第三方机制管委会成立后，成都高新区检察院发函至杨浦区管委会，反映该院办理了一起某某信息科技有限公司涉嫌非法获取计算机信息系统数据的案件，经过成都市检察院企业合规试点工作领导小组同意，对该公司和直接负责的主管人员和其他直接责任人员开展企业合规工作。因涉案公司的经营地点在杨浦区，且三名犯罪嫌疑人的常住地均在上海，所以委托杨浦区管委会对该公司和三名人员落实企业合规整改计划和合规建设计划的情况进行监督考察。区管委会选任了三位专家，于上年12月13日成立了对该公司开展涉案企业合规考察的第三方监督评估组织，并先后四次进行了突击实地考察。在考察过程中，专家审查了该公司的合规整改和建设计划，并提出建立合规管理体系架构、制定信息安全合规的标准、推进数字企业的行业治理等建议。企业听取了专家的意见，及时组建了以法定代表人为第一责任人的合规管理架构；免费发布网站安全检测插件，帮助中小微企业避免网络安全风险；为创业园区近30家互联网企业举办信息安全合规指引讲座。在合规整改期间，涉案企业保持正常经营，取得营收增长超20%和应纳税额增长4倍以上的成果。

（三）公开听证确保合规验收客观公正

考察期满，区检察院将公开听证与合规验收相结合，邀请人民监督员、人大代表前往涉案企业参与实地考察验收工作。专家们听取了企业的合规工作报告，对涉案人员进行提问调查，并随机抽取了企业员工进行访谈，然后对企业实际经营情况进行调查核实。第三方专家以企业数据安全类犯罪合规

① 李勇：《涉罪企业合规有效性标准研究——以A公司串通投标案为例》，《政法论坛》2022年第1期。

标准为依据，认为评估工作主要是考量合规计划的设计是否充分，能否最大限度地防止和发现员工的不当行为，以及公司管理层是否在执行合规计划，能否预防与制止员工从事不当行为，尤其是针对造成犯罪发生的漏洞、隐患和缺陷是否进行有针对性的制度纠错和管理修复，切断犯罪发生的因果链条。[①] 此次评估检查了合规程序的全面性，确保合规职责、培训、激励和纪律有一个完整的体系，从而使得合规计划能够得到公司和员工的切实执行。

第三方专家组一致认为，自该公司启动合规程序以来，吸取了前期经验，狠抓合规整改工作，从人员、制度、机制入手，通过积极营造企业合规氛围、构筑企业合规制度防线、加大内部自查自纠和违规惩处力度等措施，明显遏制了企业合规风险，企业合规经营制度明显优化且能力明显提升。总体来看，该公司的企业合规整改成效显著，该公司承诺未来必将持续重视合规工作，做到合法经营，努力实现可持续发展。随后，在听取涉案企业代表、受害企业代表、人大代表、人民监督员、区检察院以及办案检察院意见的基础上，第三方专家认为涉案企业的合规整改有效且充分，最终作出了合格的评价结果。

四 提升数据合规治理水平的进一步探索

（一）联合举办数字企业合规文化促进行动

为促进区内数字企业“在发展中规范、在规范中发展”，杨浦区检察院会同区工商联、总商会举办数字企业合规文化促进行动，邀请30余家数字企业参加会议。杨浦区检察院在会议上宣读致企业的一封信，从检察视角解读数据合规，呼吁广大企业参照《企业数据合规指引》建立健全数据合规管理体系，培育数据合规文化，深入参与引领数据合规建设。并推动杨浦区工商联、总商会积极发挥党和政府与企业之间的桥梁和纽带作用，联通企业需求、产业动态、部门资源和社会力量，促进数字经济健康发展。

---

① 陈瑞华：《企业有效合规整改的基本思路》，《政法论坛》2022年第1期。

（二）联名签署企业数据合规倡议书

在杨浦区检察院的倡议下，美团、哔哩哔哩、优刻得等 10 家杨浦头部企业纷纷响应号召，代表参会企业在各方领导见证下联名签署《企业数据合规倡议书》。倡议书鼓励企业从以下几个方面建立合规管理体系，比如：建立以最高管理者为第一责任人的数据合规管理体系；发挥个人或者一个专门的数据合规管理部门的作用，具体监督企业各个经营阶段、周期的数据处理活动；数据合规专员或数据合规管理部门应结合企业自身的经营范围、行业特征、监管政策、风险识别等因素制订并不断完善数据合规计划；将数据合规作为企业文化建设的重要内容，不断增强各级管理者和一线员工的数据合规意识，培育企业数据合规文化。并呼吁平台企业加强数据安全保障，确保海量的用户数据不被泄露和滥用。①

（三）揭牌成立数据合规服务工作站

为引导企业提升数据合规意识，加强数据合规管理，提高企业的抗风险能力，杨浦区检察院向区委建议成立了“企业数据合规服务工作站”，并且聘请了 10 余名数据合规专家，专门向企业提供数据合规咨询服务，受到了数字企业的广泛欢迎。相关专家认为，“在经营活动中，企业不能仅关注自身利益，无视在利用数据追求利润的过程中对外部产生的不良影响，否则将无法实现提升市场竞争力与可持续发展的目标，甚至有可能给企业和管理者带来巨大损失”。还有专家指出，“企业只有主动承担起保护数据安全的法定义务和社会责任，并建立起有效的数据合规管理体系，才能获得广大用户的支持和欢迎，才能在激烈的市场竞争中脱颖而出”。

（四）探索建立企业数据合规自评估体系

杨浦区检察院和上海数据合规与安全产业发展专家工作组合作，探索建立

① 张凌寒：《数据生产论下的平台数据安全保障义务》，《法学论坛》2021 年第 2 期。

企业数据合规自评估体系。该体系的功能在于协助企业检验自身数据合规建设是否有效，并帮助企业提升数据合规管理的质量和效果。目前，企业合规自评估体系已经囊括个人信息保护类评价模板、跨境信息提供类模板、互联网信息安全类模板。企业可以对照自评估体系的合规模板，在识别数据全生命周期风险的基础上，对隐私政策、数据安全和风险管理措施等数据治理体系进行盘点，根据完成度对每一项要求评估得分，然后根据评分结果有针对性地修改完善数据合规制度，解决隐藏的数据合规风险，提升数据合规管理水平。

（五）争取地方党委支持企业数据合规工作

根据高检院关于企业合规改革的工作要求，杨浦区检察院积极向区党委、政府、政法委等单位汇报数据合规工作，争取组织支持。杨浦区区委书记、区长、政法委书记均对区检察院的工作作出了高度肯定。其中区委书记认为区检察院立足区域发展大局，探索服务杨浦数字经济发展的检察路径站位高、思路新、措施实，护航杨浦数字企业合法合规成长，并鼓励区检察院再接再厉，为完善区域数字经济治理体系贡献更多的检察智慧和力量。政法委书记认为区检察院主动担当作为，立足杨浦发展实际，在全市首创《企业数据合规指引》，望进一步为杨浦打造优质法治化营商环境多作贡献！

一切伟大成就都是接续奋斗的结果，在企业数据合规深入发展的道路上，杨浦区检察院将与区工商联加强合作，持续派遣检察官深入企业园区培训数据合规，引导企业加强数据合规管理，提高企业的抗风险能力，并与本区数字行业监管部门开展对接合作，明确数字经济的行业规范、发展规划、违法责任等具体制度规则，兼顾企业数据权利与用户数据保障，更好地促进和保障数字经济“在发展中规范、在规范中发展”。①

---

① 马宇飞：《企业数据权利与用户信息权利的冲突与协调——以数据安全保护为背景》，《法学杂志》2021 年第 7 期。

评估篇

Evaluation Reports

B.12

《上海市生活垃圾管理条例》立法和监督后评估报告

《上海市生活垃圾管理条例》立法和监督后评估课题组*

摘　要： 总体而言，《条例》的制定合乎时宜；符合生态文明建设法治化导向；将先进治理理念和制度规定融为一体；适当借鉴国内外经验，但又具有自身特色。《条例》的制定符合立法权限、主体及程序方面的要求，与上位法保持了一致性。但以《条例》为中心的规范群缺少协调性，部分规范存在滞后性。《条例》从立法目的到具体规定都具有适当性，但可以考虑将个体工商户与自然人加以区分，同时对法律责任作一些补充。《条例》适应性强，但在落实湿垃圾就地处理要求等方面可作出修改。《条例》的名称规范、形式结构完整、语言表达准确，但在违法行为的构成要件与法律责任的明确性上可作进一步完善。《条例》实施状况良

* 课题组顾问：上海社会科学院院长王德忠。课题组组长：上海社会科学院法学研究所所长姚建龙。课题组成员：上海社会科学院法学研究所研究人员姚魏、何卫东、邓少岭；上海社会科学院博士研究生朱奕颖，硕士研究生茹熠哲、高歌、潘孝舜等。

好，但为了提高可操作性，可在推进生活垃圾“三化”等方面再下功夫。《条例》的法律效果、生态效果和社会效果实现统一，但可以在法规名称等方面进行完善。社会公众对《条例》予以高度认同，但在行动上却存有较大提升空间，今后应不断提升宣传教育质量。对监督实施情况的评估在立法后评估活动中尚属首次。《条例》的监督工作有若干特点与亮点，各监督主体都取得了显著的监督成效，也积累了不少监督经验，形成了完善的监督机制，但亦应作出诸方面改进。

关键词： 《上海市生活垃圾管理条例》　立法与监督后评估　法治　上海

一　评估总体情况

（一）评估背景

生态文明建设自党的十八大以来更加受到重视，作为环境保护和生态建设的一个方面，生活垃圾分类法治化越来越为各方所关注。长期以来，上海市在生活垃圾方面面临的压力可以说居全国各城市之冠，对此，上海市一直采取积极的对应态度，举各方之力，用多种方式对生活垃圾进行治理，同时，生活垃圾法治化治理也受到重视并不断发展。近年来，生活垃圾治理的综合化和全周期管理理念需要立法予以确认和进一步提高，垃圾分类新时尚也需要位阶更高的法规予以指引，在此背景下，《上海市生活垃圾管理条例》（以下简称《条例》）于2019年1月31日由上海市第十五届人民代表大会第二次会议高票通过，并于2019年7月1日起施行。

对于生活垃圾分类领域这一地方性法规的制定和实施，上海市委、市人大、市政府及其主要领导高度重视。现在，这部在全国省级单位率先出台的《条例》已施行两年，中间还经历了新冠肺炎疫情的考验；此时，该条例实施情况如何，效果怎样，成为各界关注的焦点；为此，有必要通过主动的综合性评估对各方关切予以回应。特别是，我们注意到，《条例》的率先出台本身、其立法思想和制度设计各方面都受到国内外瞩目，实施效果之好超过预期也成为关注焦点。这要求我们通过一定的方法回头反观，寻找成因，总结经验，以利今后的实践；要求我们通过对法规施行各方面情况的考察，分析法规的实际效果，并判断法规是否对垃圾分类新时尚起到了明显的推动作用，是否明显促进了垃圾减量化、无害化、资源化，进而思考法规的立法理念、制度设计、文本结构等方面有什么特点和优点，同时又有哪些问题和短板。这是值得认真开展并会对今后的立法和垃圾治理起到促进作用的重要工作。作为上海生态文明建设和法治建设的重要组成部分，《条例》制定、实施和监督工作值得回看，值得总结，值得反思。

上述任务和工作其实就是立法后评估，即在法律法规实施后一段时间针对法律实施状况和成效、法律文本质量、存在问题和原因运用一定方法和标准进行调查、分析和评价并提出意见和建议的活动过程。结合立法过程，联系实施状况，回头分析法规文本，可进一步判断《条例》的立法理念是否先进，制度设计是否科学合理，与上位法是否不抵触，与其他法规是否协调等。这些考察和判断，是从一个侧面对上海生活垃圾治理法治化经验进行的总结，在总结经验的基础上，可以为判断是否需要修改《条例》提供必要基础，并为如何进行修改提供参考意见，而且可对《条例》执行和普及宣传提出进一步的对策性建议。不仅如此，后评估分析还可以总结和提炼立法经验，为地方立法和中央立法中遇到的相似问题提供启示和借鉴。

（二）评估目的

立法后评估可以有不同层次不同维度的多重目的，一般而言，就是提高立法质量，促进法律实施。《上海市规章立法后评估办法》第八条所说的评估情形则可看作实践中对立法后评估目的的具体列举。该条规定：“规章有下列情形之一的，实施部门应当进行立法后评估：（一）拟上升为地方性法规的；（二）拟进行重大修改的；（三）拟废止但有较大争议的；（四）与经济社会发展或者公众利益密切相关，且实施满5年以上的；（五）人大代表、政协委员或者社会各界意见、建议较为集中的；（六）市政府法制机构认为需要评估的其他规章。"[①] 针对市人大制定的地方性法规进行立法后评估，也可以参考该办法操作。

当然，立法后评估因为评估主体、背景、所面对的环境不同，其目的不仅仅在于上述所列情形。就本次评估的目的而论，其特殊性在于，城市生活垃圾治理是攻坚战，也是持久战，《条例》具有一定程度的开创性，又具有相当的综合性，涉及主体多，社会动员广泛，各方极为关注，因此需要在法规实施一段时间后，通过调查和研究，掌握法规实施效果，分析制度设计和社会发展水平、治理体制机制的协调程度，估量法规文本质量，提出改进意见，促进其更好地实施。同时，估量立法在规范人们的行为、引领低碳新时尚、形成新的行为习惯、提高社会文明程度等方面的成绩、经验和问题，也在生活垃圾治理和生态文明建设法治方面梳理机制，总结规律，为进一步促进治理提供启示和借鉴。

与以往立法后评估活动不同的是，本次评估还包括对监督条例实施情况的评估考察。监督后评估主要是针对法规实施情况的动态性评估，是考察各监督主体对法规运行的监察督促行为是否合法、合理与有效，尽管某些监督措施如执法检查也需要对法规提出修改完善建议，但其核心功能在于提出执法中存在的问题并改进执法工作，而监督后评估的结论主要用于改进监督手段和提高监督实效，最终促成法规内容真正落实到社会生活中去。

（三）评估原则、方法与标准

课题组进行评估时，注意虚实结合的基本原则，避免形式性机械地看待具体的制度和条文。评注和分析评估一部法律法规，首先要注意到该法的基本理念和精神，注意其基本的立法原则，注意该法的基本性质和基本

① 《上海市规章立法后评估办法》第八条。

定位。课题组在评析具体条文、制度和法律实施中，时时联系立法精神，不忘立法理念。课题组实施评估时，坚持全面评估和重点评估相结合的原则。在尽可能进行全面评估的同时，注意重点制度和关键条款的分析。课题组实施评估时，坚持立法和法律实施相结合、相连接的原则，把立法和执法检查、各类监督结合起来，注意字面的法条分析，也努力寻找法规得以实施的现实推动力量及其发挥作用的方式；不忽视纸面的制度规定，也重视深刻社会背景中法的现实运动。在方法上，课题组主要使用了文本解析和调查研究相结合的方法。课题组重视立法过程的分析，既加深对法规的理解，也通过访谈座谈了解法规落地的原因和动力，理解其实施中的阻碍、困难和原因。

后评估依赖于评估标准的确立和指标体系的设定，评估标准和指标的选取和设定是评估得以进行的前提性问题，更是关系到评估结论正确性和可靠性的关键所在。实践中，评估标准因为目的的不同而具有不同选择，侧重点也往往随时随地而异，但其根据都是法之基本道理，在这一点上就同多于异了。法之为良法，一是需要自身具备合理结构，且与其他法律和谐而处于一整体体系中。二是需要合理价值根据。三是需要适应于社会条件。评估标准无不围绕这三个方面而展开。自身之合理结构，包括法律要素的搭配、法律规范结构的完整、法律文本的安排和表达，这些一般被称为立法技术。任何一部法律都不是孤立存在的，而是处于法律体系之整体中，因此就要求法必须尊重法的体系性，合于上位法的要求，合于立法体制的规范，这就是合法性；人们有时也从中提取出合宪性单独作为标准。良法要合乎一定的价值标准，也就是正义和正当；也要适应于社会发展的规律和一定的现实社会条件，这个要求总体上可称为合理性。法律要在社会中运行，其目的也正是在社会中运行，所以人们会关心可操作性。从评估尤其是后评估角度讲，人们往往会从法律的实施效果来加以判定，所以其实效和效果更加受到重视。同时，法律遵守，往往依赖于人们对法律的认知和接受状况，所以认同度分析历来也被关注。

综上所述，大体可以得到合法性、合宪性、正当性、合理性、可操作性、立法技术（形式标准或规范性）、（对社会的）适应性、实效和效果、认同度等一系列标准，这些标准来自法及其运行的本质要求，又共同服务于良法善治的目的，来源和目的的统一使它们各自之间形成了体系，可称为评估的标准体系。如果对这些标准进行量化处理，则又被称为指标，当然，当其被称为指标时，往往又被进一步细化和分层，从而有一级、二级、三级的不同。

课题组设定的标准有合法性、合理性、实效性、立法技术、可操作性、适应性和认知度等，在这些标准之下又设定不同的具体指标，课题组针对各项指标联系法律文本和实施状况进行了分析评估。

今次评估，我们有一特殊之处就是加上了监督后评估。由此，课题组基本上设定八项指标：①合法性，②合理性，③适应性，④立法技术，⑤可操作性，⑥实效和效果，⑦认同度，⑧监督后评估。

课题组认真学习习近平生态文明思想和法治思想，贯彻理论联系实际原则，进行了深度的文本解读、法规分析和一系列调查研究。

（四）评估基本结论

上海市把生态文明建设和法治建设相结合，依靠制度进行生活垃圾治理，生活垃圾治理充分依靠法治；《条例》既把握上海市生活垃圾治理所面临的具体情况和阶段性特点，又着眼共性问题、共同规律和长期发展趋势；适应特大城市治理实际，以先进理念引领制度设计，法规思路明确，结构完整，可行性强。在各方面因素综合影响下，《条例》实效高，效果好，促进垃圾治理无害化、减量化和资源化水平明显提升，生态文明观念、知识进一步扩散，垃圾分类新时尚初步形成。《条例》是一部立意高、效果好、有特色的高质量地方立法。

课题组认为，《条例》立法及监督的基本经验包括以下几方面：一是《条例》制定和出台时机合宜有利；二是《条例》符合生态文明建设法治化导向；三是《条例》把先进治理理念和制度条文融为一体；四是《条例》着眼于转换行为，培养习惯，助成垃圾分类新风尚；五是《条例》把调整事项的阶段性特征和长远发展方向相结合；六是实事求是，借鉴域外经验但保持自身特色。

课题组认为，针对《条例》及其实施也有一些值得关注和思考的宏观问题。主要包括：垃圾减量化、资源化在技术方面尚不具备决定性的解决之道；法规运行所需要的行政、社会、市场等各方面力量需要更好的结合；人们相应行为习惯的巩固和提升仍将是一个长期过程，这些都需要法治建设不断适时作出调整。

二　针对各指标的具体评估结论

（一）合法性评估

合法性评估主要考察地方性法规的制定是否超越立法权限、是否符合法定程序、整体或部分条款与上位法是否存在抵触。合法性审查可以区分为法的违反与法的抵触两种情形。法的违反考量的是下位法规定的有效性问题，其要害之点在于低阶法规定不符合作为其依据的高阶法规定；法的抵触考量的则是法的内容兼容性问题，其关键之点在于相竞合的法规定不相兼容。

首先，对《条例》是否违反高阶规范进行评估，可得出以下结论。一是《条例》的制定符合立法权限，市人大有权通过制定法规来取代规范相同事项的市政府规章。二是由于《条例》牵涉本市千家万户的生活利益，人大代表对其有更多的发言权，选择它作为人大而非常委会的立法项目既合法也合理。三是《条例》在全国各地的相关立法中具有创新性，立法程序上充分体现了依法、民主、科学的原则。

其次，对《条例》是否抵触上位法进行评估，可得出以下结论。一是《条例》具有超前性，较早认识到“三化”衔接配合的重要性，与多部上位法保持了立法目的上的一致。二是虽然《条例》和《固废法》所规定的主管部门不一致，但《固废法》的调整范围远比《条例》广，故基于规范对象的特殊性所导致的主管部门变更，并不构成“抵触”。三是针对定时定点分类投放制度的合法性异议，我们认为，即使地方立法增加了公民义务种类，但在同一种类的义务中，地方立法在上位法所确定的标准范围内作立法裁量，就不属于实质“抵触”。四是针对采取信用惩戒措施所提出的批评，我们认为，《条例》中规定需要归入公共信用信息平台的两种信息都是故意违法且情节严重的情形，因而无论从哪个角度讲都属于失信行为，将行为人作为失信主体进行惩戒具有合法性与合理性。

最后，对以《条例》为中心的规范群进行合法性评估，可得出以下结论。一是《条例》与《上海市市容环境卫生管理条例》有不一致的地方，尤其在违法行为的处罚力度上存在明显差别。二是在生活垃圾管理领域，上海市现行有效的规范主要是“一条例一规章”，前者已经在内容和效力上全面覆盖后者，但市政府尚未主动废止该规章，由此形成一定的制度重合。三是对《上海市生活垃圾转运、处置设施运营监管办法》《关于规范本市大件垃圾管理的若干意见》《上海市生活垃圾分类违法行为查处规定》三部规范性文件进行评估，尚未发现合法性问题。

针对评估结果，课题组提出以下建议。一是当《条例》与先前同位阶法规不一致时，可按照“新的规定优于旧的规定”原则处理，但这种规范冲突现象不应持续，旧法规应当尽快作出修订。二是由于“一条例一规章”内容重复，建议由市人大常委会工作机构与市司法局进行沟通，督促司法局向市政府提出废止的动议。三是鉴于《上海市生活垃圾转运、处置设施运营监管办法》的规定已臻完备，建议将市政府规章《上海市城市生活垃圾收运处置管理办法》予以适应性修改。

（二）合理性评估

本次对《条例》合理性的评估主要从两个方面进行考察：一是立法目的是否科学合理，即考虑立法机关在立法以及制度设计时，是否出于合理的动机。二是法律规则合理性，即主要考察规定的宽严是否设计合理，处罚种类与幅度设定是否合理，是否能够实现过罚相当，自由裁量权是否适当。

本次合理性评估结论是：《条例》从立法目的到具体规定都具有相当的合理性。一方面，《条例》立法目的正当合理。生活垃圾量大面广、相关处置处理压力越来越大的现实局面决定了在上海特大型城市对生活垃圾加强监督管理立法的必要性和正当性。《条例》不仅贯彻落实了党中央、国务院关于垃圾分类的工作部署，也是加强上海城市精细化管理和“向国际水平看齐”的必然要求，同时还符合上海生活垃圾管理的客观现实需要。另一方面，法律规定也具有相当合理性。第一，《条例》主要采取正面倡导性的立法规定，对相对人权益限制性较少，在《条例》涉及行政相对人权利义务（包括企业和个人）的条款中，近1/3的条款规定属于指导性措施，其余大多数条款也都采用“应当”的正面表达方式，基本未采用禁止性表述方式，对公众的侵害性较小；第二，立法中的强制性条款能够合理考虑到义务主体的行为能力和后果；第三，从平等对待性看，《条例》关于行政机关职责和相对人义务的篇幅相当，且对双方的违法行为都设置有一定梯度的法律责任，从而实现实质平等对待；第四，从宽严相济性上看，《条例》针对不同违法行为的后果和性质，进行了有区别的规定，既有设置整改作为行政处罚的前置条件，反映教育为主兼以处罚“宽”的一面，又有对部分违法行为直接予以处罚、处分，纳入征信档案等执法必“严”的一面；第五，从过罚相当性看，《条例》所设定的行政处罚包括罚款和吊销许可证，基本能满足当前执法需要。

为了进一步提升《条例》的合理性，建议对立法个别地方进行修改。例如，可以考虑将个体工商户与一般居民个人加以区分，对个体工商户违法行为从严整治。建议第五十七条中增加针对个体工商户的专门处罚规定，当然可将其与修法增加的行政处罚种类相关联，如此既可以解决《条例》文字中未对个体工商户定位予以明确的问题，又可以将其与个人违法行为的责任拉开梯度。另外，《条例》第九章对违反强制性义务所应承担法律责任的规定也可作一定扩充。建议对照《条例》的各项强制性规定，在第九章中对相应法律责任加以细化，增加对企业未履行源头减量义务以及垃圾收运处置单位未履行信息公开义务的法律责任规定。

（三）适应性评估

法律不是一成不变的，立法后评估应当考察其与国家现行政策精神、经济社会形势及行业发展现状是否相适应。

对《条例》适应性评估的结论是：《条例》符合国家政策精神和上位法规定，与经济社会发展水平和生活垃圾管理现实需要也是相适应的，因而具有较好的适应性。首先，《条例》的生活垃圾分类管理规定与国家相关文件政策导向和上位法规定保持了一致。《条例》是以党和国家大力推进形成以法治为基础、政府推动、全民参与、城乡统筹、因地制宜的垃圾分类制度为政策背景进行立法的。《条例》的诸多立法规定与国家新近出台相关政策文件中所提出的"推动源头减量""加强分类处理产品资源化利用""努力推动习惯养成"等要求是一致的。《条例》与《固废法》等国家上位法的最新立法精神也保持了良好的适应性。如《条例》的立法目的能够完全包含于新《固废法》立法宗旨之中，《条例》规定的生活垃圾"三化"目标也是新《固废法》综合管理措施要求实现的目标，《条例》的许多规定是对《固废法》相关要求的具体化、深入化。其次，其他城市相继出台的生活垃圾管理规范性文件也有许多与《条例》中的一些规定是一致的或相似的，表明《条例》中的一些制度规范具有较好的可复制性和可推广性。最后，《条例》与上海当下的经济社会发展水平和生活垃圾处置现实具有良好的适应性。这主要表现在立法是立足于本市生活垃圾逐年不断增量的现实情况和市民对改善人居环境的需求，专门对生活垃圾从源头减量到资源化利用的管理全过程进行了相应的制度安排。

对《条例》适应性方面的改进建议主要集中于落实湿垃圾就地处理设备、有效规制外地企业和适当增加强制性措施等方面。第一，鉴于《条例》对于湿垃圾就地处理设备的规定，特别是菜场的湿垃圾处置设备要求在运营成本、环保达标方面难以满足相关立法需求的现实情况，建议适当灵活调整湿垃圾就地处理设备要求。第二，为解决《条例》无法规制上海以外企业所导致的本地企业客观上遭受不公平营商环境问题，建议立法完善生产者责任延伸等制度供给。第三，随着上海生活垃圾分类管理实践的深入，生活垃圾管理更有必要由倡导激励导向向强制约束方向转变，因此建议未来修改《条例》时增加具有强制约束的刚性规定以凸显立法威慑性。

（四）立法技术评估

立法技术包括名称规范性、文本形式与逻辑结构完整性、立法语言表达准确性三个方面。

《条例》在立法技术方面的评估结论是：名称规范、形式结构完整、语言表达准确。

首先，名称规范。按照我国立法理论与实践，地方性法规的名称一般包括条例、（若干）规定、办法。法规名称主要取决于法规规制的对象和具体内容。就“条例”而言，它多用于对地方性事务中的某些事项进行比较全面、系统的立法规制。适用于本市范围内生活垃圾管理的《条例》，是上海市最高权力机关——上海市人民代表大会依照国家法律、行政法规，并结合本市实际情况制定并发布的地方性法规。它全面系统地对生活垃圾从分类投放、运输、中转到最终处置等所有环节管理工作事项进行了规范。因此其称为“条例”是非常恰当的。

其次，形式结构完整。从文本表述内容上看，《条例》涵盖生活垃圾分类收集、运输和处置的全过程，并包括四种生活垃圾的不同运输管理措施和回收制度、处置设施的不同要求，涉及政府主管部门、企业，以及个人等全部社会主体。《条例》对生活垃圾管理的规划建设、源头减量、分类投放、分类收集、运输、处置，以及资源化利用等各个环节均进行了建章立制，基本构建了本市生活垃圾全程管理的法治体系。从逻辑结构看，《条例》将适用条件、行为模式和法律后果合理地融于一体。《条例》在总则部分明确了立法目的、适用范围、分类标准、责任承担主体等总领性内容；在第二章规划与建设中规定了与垃圾分类立法目的相匹配的生活垃圾管理规划与建设；

第三章到第六章则对生活垃圾管理具体流程中的源头减量、分类投放、收集、运输和处置、资源化利用等进行了规制，这与生活垃圾的具体管理流程不仅一致，而且涵盖了相关环节的各方主体；第七章到第九章依照立法范式要求将贯穿于垃圾分类管理各流程的社会参与、监督管理和法律责任独立成章，体现了对垃圾分类全程治理、全民参与的思路；附则对特殊生活垃圾的特别规定和说明，使《条例》在逻辑结构上保持了足够的完整性。

最后，语言表达准确。通过对《条例》用语的分析发现，立法语言总体上准确规范，在语言逻辑和内部结构方面不存在相互矛盾和冲突的问题。如在表述数值时，准确使用了“以上”“以下”等限定性术语。

对完善《条例》立法技术方面的建议有二：一是义务性条款似乎存在法律后果缺失现象，建议修法时在法律责任部分增加对应内容；二是建议对法律责任部分诸如“造成严重不良影响”“造成严重后果”“情节严重”等抽象性措辞，在修法时或在后续及时出台的配套性标准或工作指引中予以释明。

（五）可操作性评估

可操作性评估或称可行性评估主要考察法规各项制度措施是否能够切实执行。

《条例》的可行性评估结论是：立法结合本市发展的实际状况，又比较好地学习借鉴了其他地方行之有效的经验，因而可行性评价情况良好。在具体执行中，由于生活垃圾管理涉及面广、现实基础弱，也存在部分条款规定的实施效果尚需要通过修法等方式予以进一步提升。

《条例》有效保障了本市生活垃圾分类投放管理工作的依法推进。在本市乃至我国生活垃圾分类管理的初期阶段，《条例》科学合理地采取了以正面倡导为主、惩罚否定为辅的立法思路，设置有相当比例的倡导性和鼓励奖励性规范。考虑到现实客观情况，《条例》并未对生活垃圾分类投放、运输和处置的规范采取简单的“一刀切”要求，而是采取先开步迈小步方式，这不仅符合生态文明建设和生活垃圾管理循序渐进原则，而且在现实中更加易于遵行，有效促使了各方主体对生活垃圾分类投放、运输、处置的认可、接受。同时，《条例》采取奖惩结合方式，对公众生活垃圾分类投放行为予以表彰奖励，规定社会参与鼓励措施。在我国推进生活垃圾分类投放工作初期阶段，这种循序渐进与奖惩结合的行为模式立法对增强生活垃圾分类投放宣传教育引导性和公众参与积极性效果非常明显。自 2019 年 7 月 1 日施行以来，本市生活垃圾“三增一减”成绩显著，市民普遍认同度高，初步形成了垃圾分类新时尚。

为进一步提升《条例》实践的可操作性，提出以下建议：第一，通过提高处罚力度加强对一次性用品、快递物品和商品包装物等生活垃圾源头减量工作的管控，或者落实生产者责任延伸制度，要求生产企业对其产品的包装进行回收再利用；第二，及时出台资源化利用方面的细化规范，督促相关政策和规定尽快落实，以保障低价值可回收物出路畅通，逐步解决菜场配备湿垃圾就地处置设施落地难问题；第三，生活垃圾无害化的规定宜进一步丰富，有效厘清相关部门的职能权限；第四，正视物业服务企业履行生活垃圾管理责任人制度中的现实困难，既通过加强监管改变物业服务企业履职缺位现象，又从制度安排上对居民小区物业服务企业履责中的实际障碍提供政策支持和经济保障；第五，简化对个人违法处罚的执法程序，妥善克服因处罚前置程序限制引起的执法效率低下问题。

（六）实效和效果评估

评估法的实效尤其是效果，必须联系法的目的。《条例》力图达到的目的是对人们的行为进行直接指引，以形成垃圾分类新时尚。而《条例》通过对人们行为的指引和改变，可达到使社会风尚和风俗得到改变和改善，提升社会文明程度的效果。本文在对法的实效作出评估的同时注重法的效果，在法的实效和效果的紧密联系中反观和分析《条例》的质量。在调研过程中，对于实效和效果的评估主要通过守法和执法两方面的情况。

《条例》实施以来，法律实效良好，效果明显，生活垃圾分类成为社会共识，分类行为初步成为习惯，法律效果、生态效果和社会效果的良性循环初见端倪。《条例》的直接目的，即生活垃圾的“三化一减”得到了较好的实现；上海市生活垃圾全程分类体系基本建成，为生活垃圾全过程治理提供了重要物质前提；《条例》对垃圾治理的体制进行了顶层设计和固化；《条例》明确了社会各方的权利义务和行为遵循，以制度和规则之力推动行为习惯的养成和新风尚的形成。

在守法方面，自《条例》实施后，群众参与的积极性与主动性远超预期，市民垃圾分类投放的参与率虽然在新冠肺炎疫情期间有所波动，但之后稳步上升，体现出《条例》所涉及的守法主体自觉守法意识优良；在执法方面，《条例》行政执法法律依据明确清晰，执法主体权利义务平衡，体现了教育与处罚相结合原则，处罚种类和方式适合于《条例》性质和所针对的主体及其行为类型，处罚幅度呈梯度特征，安排合理。《条例》与信息化、智能化执法方式亦相适应。

《条例》的法律实效和效果较好，所设定的制度和规则落实情况总体上令人满意。但《条例》中也存在一些影响法的实效和效果的问题，值得进一步思考和讨论：一是《条例》名称的问题，建议将“生活垃圾管理条例”修改为“生活垃圾治理条例”；二是垃圾生产者责任问题，垃圾生产者责任涉及垃圾治理全领域和全过程，为突出其重要性，应在总则部分有所规定并在分则中加以具体化；三是《条例》第五十七条未明确“混投”的标准，根据调研发现目前执法部门还未统一“混投”的标准，给执法带来一定困难；四是个体工商户法律地位特殊性引发的处罚幅度问题，因为个体工商户法律地位不是企业法人，执法部门对个体工商户无法按单位的处罚规定处罚，因此导致对个体工商户处罚畸轻，也导致相对人因处罚的不同而认同感不足；五是执行处罚时程序烦琐和取证难问题，对此要遵循循序渐进的原则，更加注重管理、教育、经济、科技等手段的综合运用；六是全方位全流程治理格局中志愿者定位不明确，真正具有专业技能的志愿者及其队伍参与不明显。

（七）认同度评估

法的认同度，即各类社会群体对某一或某些法在有所认知的基础上，对相关法律法规的态度、感情倾向及程度。作为法律落地实施的前提和基础，分析和评估各类社会主体对法律的认同，对法律政策的实施具有重要意义。对《条例》的认同度评估，基于各类社会群体对《条例》出台、实施的态度倾向及其程度的分析。经评估，课题组获得如下结论。

首先，对于《条例》的出台背景、总体制度设计，社会各界予以高度认同。在生活垃圾暴增带来的生态环境问题日趋严重的情况下，《条例》的高票通过彰显了上海市人大代表对《条例》的高度认可，也反映了市民对《条例》的高度认同。

其次，《条例》出台后实施效果显著，彰显其高度的社会认可。《条例》出台后，在社会各界的努力下，2020 年上海市四分类垃圾实现“三增一减”目标，达到了显著的效果。这反映了市民对过去垃圾混投的不良行为的改善，体现了全市居民对《条例》规定的高度认可。

再次，市民对《条例》本身内含的法律宣传教育内容高度认同。《条例》中对垃圾分类宣传教育制度作了详细规定，最大限度地提高社会对垃圾分类的认知和认同。同时，上海社会科学院法学研究所就市民对《条例》的抽样调查显示，市民对《条例》本身的强制性规定也表示较高的赞同。

最后，垃圾分类成为市民日常聊天的经常性话题，也彰显《条例》得到市民的高度认同。《条例》出台后，垃圾分类迅速成为网络热词，街头巷尾对“垃圾分类”这一词语的调侃及讨论也以正向居多，表明市民对垃圾分类的高度参与和认同。

总体而言，社会公众对《条例》肯定、接受、认同的积极心态占主流地位，公众不仅能够遵守相关规定，也对《条例》的监督实施起到了积极的推动作用。

与此同时，在调查中发现，部分市民对《条例》在精神上高度认同，但行动上却存在较大的提升空间。调查显示，偷、乱倒垃圾，未遵守“定时定点”投放规定等不规范现象仍然存在。公共场所干湿垃圾混杂投放的现象依旧较为突出。部分物业公司认识不到位，分类投放管理的责任未有效落实。部分在校大学生投放积极性和正确率有待提高。对此，未来应更加积极地对《条例》开展宣传教育工作。随着时间的推移，《条例》宣传教育工作的声势和力度都与通过之初无法相比。未来，应在既有宣传教育工作的基础上，更多地考虑受众的多样化需求，不断丰富教育形式，拓展教育的深度，扩大宣传教育的覆盖面，进一步提高《条例》的认同度，推动《条例》的有效实施和垃圾分类工作的有序进行。

（八）监督后评估

监督后评估主要是针对法规实施情况的动态性评估，是考察各监督主体对法规运行的监察督促行为是否合法、合理与有效，尽管某些监督措施如执法检查也需要对法规提出修改完善建议，但其核心功能在于提出执法中存在的问题并改进执法工作，监督后评估的结论主要用于改进监督手段和提高监督实效，最终促成法规内容真正落实到社会生活中去。

第一，监督的特点与亮点。一是形成二元监督体制，实现社会共治。一方面，本市居民必须在法规的指引下进行自我监督和自治管理；另一方面，公民受到相关行政机关的监督管理，它与社会自治形成了互补关系。二是以人大监督为中心，形成监督的闭环。所有的公权机关都要受到权力机关的监督，且所有的监督活动都必须在人大的主导下进行，人大处于整个监督链的最顶端，具有最高权威性。三是抓住监督重点对象和内容，进行常态长效监督。监督的议题由浅入深、由易到难，尽管有的监督议题被反复提起，但体现了人大对监督抓铁有痕的劲头和善作善成的信念。

第二，监督的经验与成效。一是行政监督的表现：①建立生活垃圾全程监管检查制度；②建立生活垃圾全程管理信息系统；③根据实际需要调整垃圾分类违法行为的处罚基准；④强化生活垃圾管理综合考核制度；⑤探索信用惩戒机制。二是人大监督的表现：①在上海市人大的历史上，从来没有哪一部法规像《条例》那样，充分展示出人大对立法与监督的主导性，并反映出具有中国特色的支持型监督的优势；②市人大及其常委会始终站在监督工作的第一线，让立法的引领推动作用发挥至极致；③市人大及其常委会通过《监督法》所规定的多种监督方式，对《条例》的执行进行了持续性监督；④市人大及其常委会在监督过程中，充分发挥市区人大联动的优势和代表主体作用。三是其他监督形式的表现。值得关注的是司法监督，法院和检察院对配套行政规范性文件的制定提出意见和建议，发挥了司法机关所具有的专业性、针对性和社会回应性优势；某区检察院通过“检助力平台”，对区职能部门制发检察建议书，合法拓展其检察职能。

第三，监督的不足与可改进之处。一是监督的内容应当延伸和拓展。政府自身监督的视野具有局限性，往往集中于垃圾分类的执法监督，其对下级部门的考评也专注于生活垃圾的分类实效，并未完整考虑“三化”与“两网融合”的同步推进。二是人大的监督可以更具刚性。尽管我国人大实行的是支持型监督体制，但是在必要时，也可以对政府部门的不当行为给予决断性监督。三是市人大常委会在行使备案审查职权时，应当督促市政府及时清理与《条例》相抵触的有关规章和规范性文件。四是需要进一步保障公民的监督权，使之与人大的监督权力相衔接，力争将人大监督、公众监督、公民监督有机结合起来。五是应当科学合理地探索检察监督的边界。

B.13

上海行政检察“穿透式”监督的新实践

——以上海市三分检2021年度工作为展开

殷勇磊 张永胜 蒋 骅 任修枝*

摘 要： 通过对2021年度上海市人民检察院第三分院办理的行政检察监督工作的分析梳理，可以呈现新时期行政检察穿透式监督的精要。案件的基本情况显示，申请监督的案件类型覆盖面广，行政履职类和城建类行政强制领域增长迅速；行政主体分布广泛，以区级行政机关为被告的案件增长较快；监督案件中实质性争议源于动拆迁的案件居于首位；申请监督的案件中法院判决确认行政机关程序违法的案件增多等特点。“五违四必”整治和“动拆迁纠纷”是两类区域性重点类型案件。同时发现，行政执法和审判所凸显的行政行为的程序规范有待优化，行政机关履职主动性有待进一步强化，行政机关对证据的收集和固定能力有待加强，行政机关实质性化解争议的主动性有待提高等应当引起重视和改进的相关问题。行政检察穿透式监督的主要做法与成效有：建立案件实质性原因台账，建立繁简分流机制，发挥一体化机制作用，提高行政类案裁判释法的统一性。下一阶段，加强行政争议实质性解决，推进依法行政及审判的新路径在于：坚持程序和实体并重提升行政行为的规范化水平，建议法院进一步提升类案释法说理的统一性，建立多元行政争议化解平台，聚焦合力促进行政争议实质性化解。

* 殷勇磊，上海市人民检察院第三分院副院长；张永胜，上海市人民检察院第三分院第四部主任；蒋骅，上海市人民检察院第三分院第四部检察官；任修枝，上海市人民检察院第三分院第四部检察官助理。

关键词： 行政检察 穿透式监督 程序空转 行政争议实质性化解

2021 年 8 月 2 日，中共中央发布《关于加强新时代检察机关法律监督工作的意见》（以下简称《意见》），在其中的“全面深化行政检察监督”部分，明确要求检察机关“在履行法律监督职责中开展行政争议实质性化解工作，促进案结事了”，对行政检察工作提出了更高的要求。上海市人民检察院第三分院（以下简称“三分院”）坚持以习近平法治思想为指引，认真贯彻《意见》精神，依法履行对行政诉讼活动的法律监督职能，促进审判机关依法审判，推进行政机关依法履职，维护行政相对人合法权益，努力做实新时代行政检察工作。通过对 2021 年度三分院办理的行政检察监督工作的分析梳理，呈现行政检察穿透式监督的精要，努力为促进依法行政、公正司法、实质性化解行政争议、维护社会公平正义、促进上海经济社会高质量发展提供检察助力。

一 年度行政检察监督案件的基本情况和特点

2021 年三分院受理不服上海市第三中级人民法院（以下简称“三中院”）行政裁判的申请监督案件 205 件。提出行政监督案件检察建议 1 件，被监督的行政机关回函采纳检察建议并作相应整改，检察建议采纳率 100%。实质性化解行政争议案件 3 件，作出不支持监督申请决定 185 件。1 件案例获评“全国行政检察优秀案例”，2 件案例获评“全国行政争议实质性化解优秀案例”，1 件案例获评“上海市检察机关 2020 年度优秀社会治理检察建议”。从监督办案的总体情况分析，主要有以下几个特点。

（一）申请监督的案件数量持续快速增长

三分院成立以来，当事人申请监督的行政案件受案量呈现增长态势，2015~2018 年受案量呈现爆发式增长后，2019 ~ 2020 年受案量有所回落，

2021年又大幅度增长，增幅高达56%以上（见图1）。总体上反映出人民群众对检察机关开展行政执法、行政审判监督的高度关注和期待。分析原因：一是2015~2018年，新修改的《行政诉讼法》实施后，上海法院畅通行政案件受理渠道，一段时间内上海行政诉讼案件大幅上升。行政检察办案数也同步爆发式增长。二是2019~2020年，社会公众对行政诉讼的受案范围熟悉度上升，不符合法定起诉条件的案件减少。并且2019年《政府信息公开条例》修订，扩大了主动公开的范围和深度，同时对不当行使申请权的行为予以规制，一定程度上减少了政府信息公开案件涉诉以及滥诉的现象。三是随着上海市坚持法治上海、法治政府、法治社会一体建设，社会公众对行政机关依法行政有了更高的要求，2021年要求履行法定职责类案件大幅度上升。

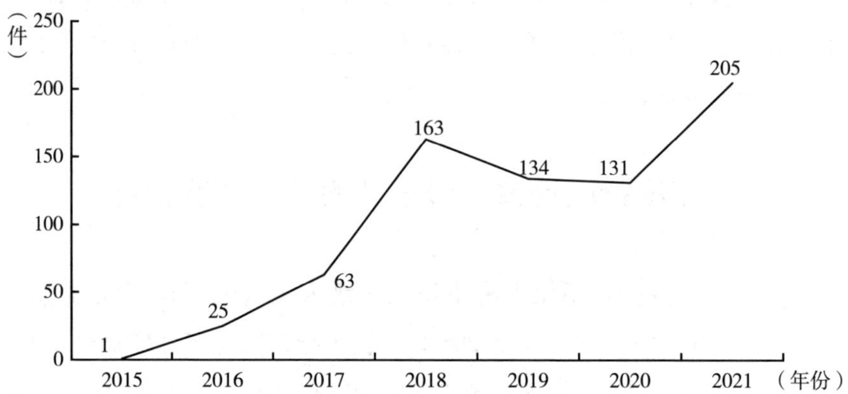

图1 2015~2021年行政检察监督案件受理数量

（二）申请监督的案件类型覆盖面广，行政履职类和城建类行政强制领域增长迅速

2021年三分院受理申请监督的案件涉及行政管理的范围广、类型多，主要集中于要求行政机关履行各类法定职责、政府信息公开、拆除违章建筑、劳动和社会保障、行政处罚等行为类型和管理领域。其中，要求履行法

定职责类案件激增为 52 件，占比 25.37%；政府信息公开类案件 41 件，占比 20%；拆除违章建筑类案件 28 件，占比 13.66%；行政复议不予受理或驳回类案件 27 件，占比 13.17%；劳动和社会保障类案件 20 件，占比 9.76%；不服行政处罚类案件 14 件，占比 6.83%；不动产登记和房屋征收及拆迁安置合同纠纷类案件分别为 12 件和 10 件，占比分别为 5.85% 和 4.88%，行政赔偿类案件 1 件，占比 0.49%（见图 2）。

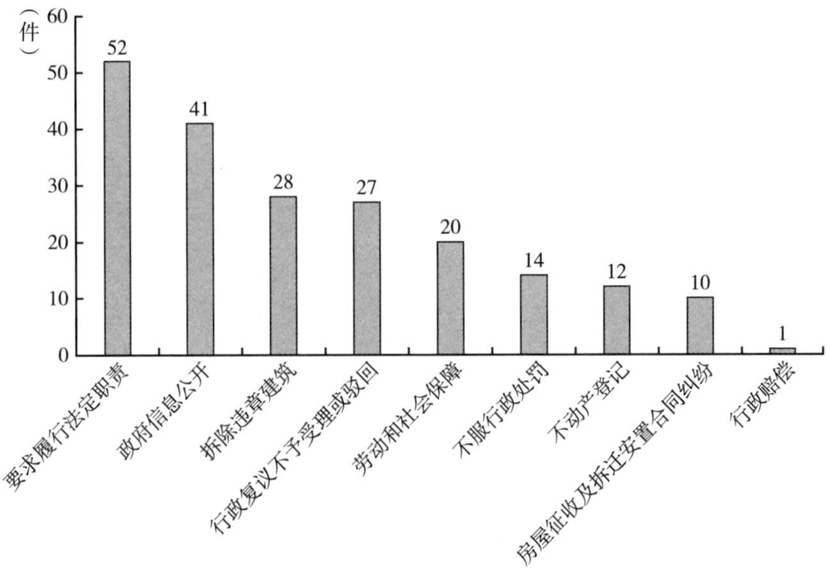

图 2　受理行政监督案件案由分布

2021 年申请监督的行政案件中，要求被告行政机关履行法定职责类案件同比增长 126.09%，首次居于受案量的首位；拆除违章建筑类案件同比增长 600%（见图 3）。要求履行法定职责类案件增长迅速，主要原因：一是上海市法治上海、法治政府、法治社会一体建设的推进，不断推动高质量发展、创造高品质生活、实现高效能治理，社会公众对于法治的需求不断提升，对政府治理方式和治理能力提出了更高的要求；二是在拆迁和拆违案件中，所涉争议涉及行政机关多，各个行政机关对拆除违法建筑的职责分工存在交叉，行政相对人对行政行为不满要求履职的关联诉讼随之增长；三是此类案件激增一定程度上也反映出部分行政机关主动作为意识不够强。行政强制类案件增多，主要是因为近几年上海城市更新步伐加快，历史遗留的违章建筑大批量集中拆除，引发的诉讼案件激增。

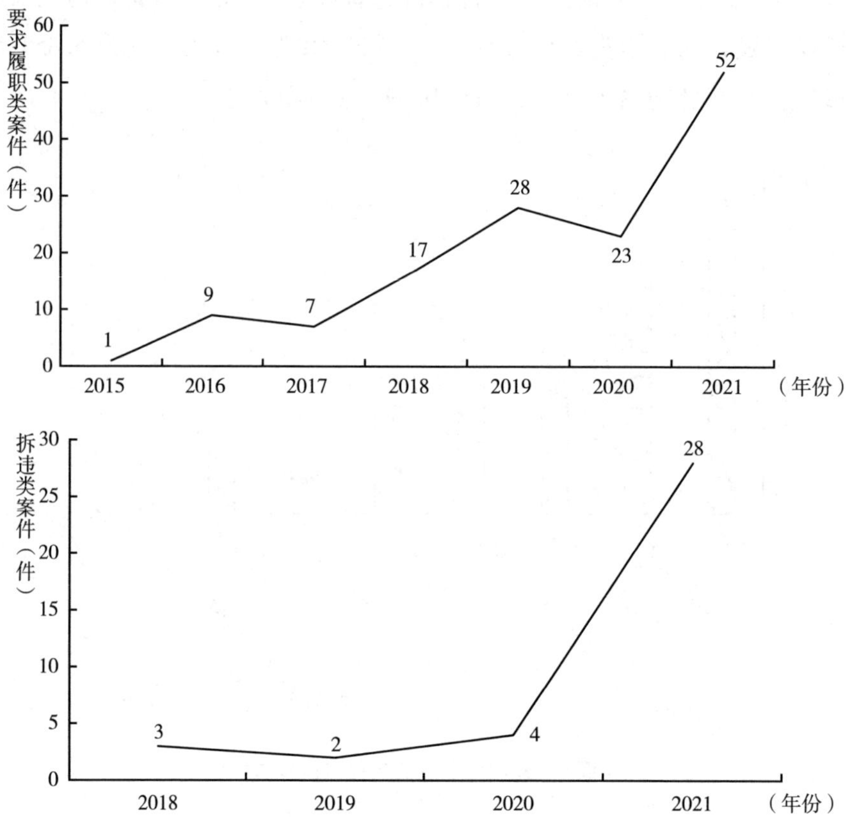

图 3　要求履职类和拆违类案件受理情况

（三）行政主体分布广泛，以区级行政机关为被告的案件增长较快

2021 年受理的案件中，市级单位为被告的共 95 件，占全部案件的 46.34%（见图 4），其中涉及的行政机关以资规局、社保部门、公安局为主，共 40 件，占市级单位案件的 42.11%；区级单位为被告的案件明显增加，2021 年共 110 件，同比增加 59.42%，其中涉及城管局的案件居首位，

共43件，占39.1%。由上海铁路运输法院集中管辖的虹口、长宁、普陀、静安四个区中，以虹口区级机关作被告的案件数最多，共34件。主要原因：上海市各区正在不断推进“城市更新”“美丽家园”建设，对基层城市管理执法工作提出了更高的要求，各区之间尚存相同领域执法不平衡的情况，相关城建类行政执法案件增多。

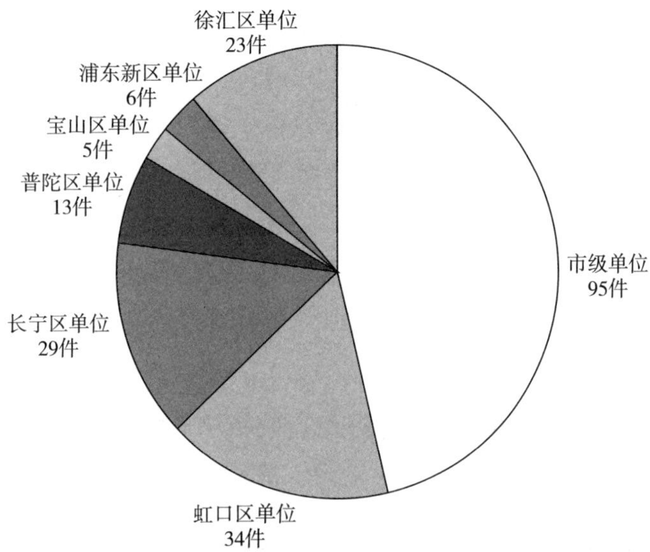

图4　2021年受理行政案件地域分布情况

（四）监督案件中实质性争议源于动拆迁的案件居于首位

2021年受理的申请监督案件中纠纷实质性原因为动拆迁纠纷的为81件，占比约40%（见图5）。动拆迁纠纷案件类型较多，包括行政赔偿、行政强制、政府信息公开、要求行政机关履行法定职责等。此类案件中，当事人双方对动拆迁利益分歧较大，申请人的财产利益得不到满足，希望通过行政诉讼，要求公安局、房管局、不动产登记局等行政机关履行法定职责，申请公开相关的动拆迁文件，改变基础的行政行为，达到其寻求更多拆迁利益的目的，申请人缠诉倾向较高，且裁判结果牵扯众多第三人利益，实质性化解难度较大。

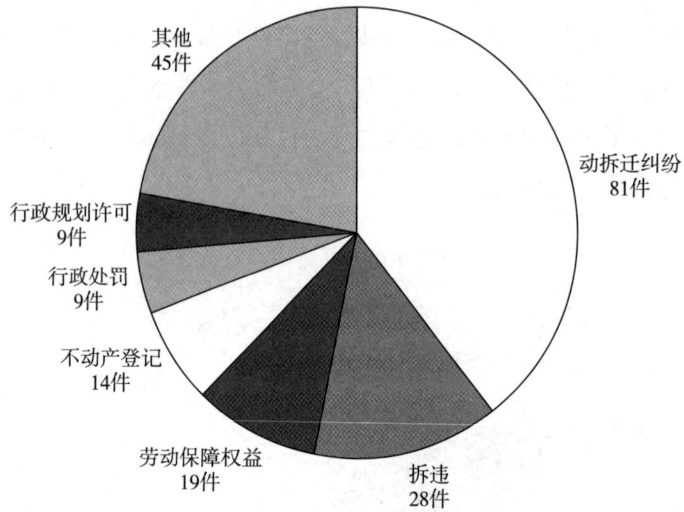

图5　行政监督案件的实质性原因分布

（五）申请监督的案件中法院判决确认行政机关程序违法的案件增多

2021年受理的监督案件中，原生效裁判已就被告行政机关在拆违前未依法听取涉案房屋权利人的陈述申辩、未履行催告等法定义务，即径行实施整治行为作出确认行政行为程序违法，此类案件共有19件，占拆违类案件（共28件）的68%。这一方面表明司法对于行政权规范行使的监督力度不断加大，程序性要求不断提升；另一方面反映出个别行政机关和工作人员在执法过程中存在“重实体、轻程序”的倾向，依法行政的理念还不坚定。

二　区域性重点类型案件的解析

基于上述监督案件的总体情况分布，现以“五违四必”整治及“动拆迁纠纷”两类矛盾突出案件为例，取样于两类纠纷较集中的重点区域，进一步分析行政争议的实质性原因，以期找到纠纷化解的实践进路。

（一）“五违四必”整治类案件特点

1. 矛盾集中于“居改非”问题，具有历史性因素

20 世纪 90 年代至 2000 年前上海贯彻国家宏观政策、强力抑制通货膨胀、大力推动经济体制改革等部署要求，国有企业百万职工下岗，为解决下岗职工再就业的重大社会问题，允许一部分老旧小区底层住宅破墙开店，进行“居改非”。但历史上“居改非”审批无规范程序，审批主体、审批程序、法律后果等皆不明确，导致“五违四必”整治期间当事人与行政机关就相关“居改非”许可证审批手续的合法性问题产生争议。

2. 个案情况不同，需综合考量各项因素

按照区房管局向区各街道（镇）出具的答复，区房管局是唯一有权对沿街居住房屋批准“居改非”的审批机关，唯有区房管局批准的方为合法有效，历史上物业企业（含房管所）未经上报房管局批准的，一律无效。凡是历史上经房管局批准但有规定使用期限的“居改非”，期满后一律恢复居住性质，破墙开店的一律封闭，恢复房屋状态。涉案案件中主要呈现三种情形，一是“居改非”审批无经营期限规定，但审批主体不适格，主要为物业企业或房管所批准，未经区房管局审批。二是“居改非”经区房管局审批，但审批附有效期限，期满前 2 个月，申请人若需继续改变居住物业使用性质的，必须重新提出申请，逾期不提出申请或超过有效期限的，许可证作废。三是经营房屋由商户出资与区房管所联建，“居改非”取得区房管所和区绿化局同意，但未有区房管局的审批。

3. 程序性问题较为突出

部分案件反映出行政机关存在执法程序不规范的问题。行政机关执法过程中仅以联合告知书替代行政文书，没有列明违法行为人和房屋地址，无具体违法事实的认定，也未告知相应的法律依据；同时亦无证据证明在实施被诉行政行为前依法听取原告的陈述申辩，又未履行催告等法定义务，在此情形下径行实施整治行为；在整改完毕后，未告知行政复议和行政诉讼等救济权利。

（二）“动拆迁纠纷”类案件特点

1. 行政争议内容复杂、各类矛盾交织

动拆迁纠纷类案件中，不仅涉及公共利益与个人利益的冲突，也关乎家庭内部成员之间的利益分配。一方面，行政争议的对象不仅仅聚焦于房屋征收补偿决定，还涉及征收补偿的各个环节；另一方面，家庭成员对拆迁安置利益“蛋糕”内部如何分配存在较大分歧，继承、房屋所有权确认等民事纠纷与原有的行政纠纷相互交织，法律关系复杂，往往呈现行政纠纷与起诉民事纠纷相互交织的特点，加之历史政策变更等诸多因素，案涉主体多、处理难度大。

2. 衍生诉讼较多，履职类案件增多

因始终达不成协议，经征收补偿决定后司法强拆的案件，当事人在诉征收补偿决定外，对征收部门的调查处理和面积认定、公安机关的投诉举报、规划部门的规划许可、不动产登记机构的确权登记等多方面提出履职申请，并附带多类型的政府信息公开。

3. 当事人对利益的期待值过高，息诉难度很大

一些当事人历经多年诉讼，诉讼成本亦不断累积，对利益的期望值与征收补偿政策之间存在巨大差距，难以得到满足。在案件经司法审查终结后，仍需作为各类信访案件予以处理，息诉难度较大。

三　行政监督中发现的行政执法和审判应当引起重视和改进的相关问题

2021 年，上海市各级行政机关自觉践行“人民城市人民建，人民城市为人民”的重要理念，执法能力和执法水平总体向好。行政审判围绕“努力让人民群众在每一个司法案件中感受到公平正义”的目标，为法治政府建设提供了较好的司法服务。但是从相关申请监督案件中进一步分析和思考，现阶段行政执法和审判仍存在值得注意和完善的地方。

（一）行政行为的程序规范有待优化

2021年受理的行政监督案中，一些行政机关和个别执法人员执法规范意识不强，尤其是基层行政执法人员的程序规范方面，导致行政行为被确认违法和相关利害关系人的合法权益受到相应的影响。如有些区在实施“五违四必”、综合整治等急难任务中，片面追求行政效率和成果，忽视行政程序规范，在实施整治行为前未依法履行催告、听取申辩等必经程序，多次被法院确认程序违法，影响法治政府的形象；有的行政机关改变行政惯例的做法，制定新的行政规范后，未将新的行政规范及时公开，造成行政相对人仍按原来的行政惯例申请行政许可，使相对人信赖利益受到损害。

（二）行政机关履职主动性有待进一步强化

2021年受理的申请监督案件中要求履行法定职责类案件同比增长126.09%，首次居于受案量的首位。此类案件从2015年至今呈现爆发式增长的趋势，一定程度上也反映出部分行政机关履职作为意识不够强，存在履职不全面、不积极的现象。如赵某不服某局履行法定职责申请监督一案，行政相对人要求行政机关履行法定职责查处破坏绿化的行为，该局立案后虽作了初步调查但未作处理结论，也未告知赵某。经诉讼后法院判决其尽快在合理期限内作出结论性处理，该局仍未作出相应的处理导致赵某向三分院申请监督。经三分院制发检察建议后，该局主动作出处理结论并向当事人予以告知。

（三）行政机关对证据的收集和固定能力有待加强

证据的收集和固定对于准确认定事实具有至关重要的作用。但是在行政执法中存在因证据收集和固定不到位，导致行政相对人对行政行为的合法性产生怀疑。如钱某不服不予行政处罚决定纠纷一案，因公安机关未及时保存固定涉案地点的监控视频，导致诉讼时监控视频存在断档模糊的情形，为此诉讼中钱某对于公安机关的处理依据不认可。

（四）行政机关实质性化解争议的主动性有待提高

行政争议实质性化解对于维护社会秩序，定分止争，维护人民群众的合法权益具有重要意义。但是有的行政机关对行政争议实质性化解的认识不够深入，对于涉及行政补偿和行政赔偿的案件，提出的部分协调方案难以落实。如许某诉某区房管局等行政机关房屋整治行为一案中，许某开店经营多年的涉案房屋，系历史原因造成“居改非”手续不规范，整治后应当保障其经营谋生的权利，许某也同意调换经营场所，但因相关行政执法主体整治完毕后不主动协调解决后续问题，重新安置的房屋一直未定，该纠纷数年得不到解决。

四　行政检察穿透式监督的主要做法与成效

2021 年，三分院深入贯彻“穿透式”监督理念，在办理行政诉讼监督案件中，既监督法院依法行使裁判权，又促进行政机关依法行使职权，常态化开展行政争议实质性化解工作，以“案结、事了、政和”为目标，综合运用公开听证、领导包案、释法说理等方式，切实解决人民群众急难愁盼问题。

（一）建立案件实质性原因台账

三分院以“案结、事了、政和”为目标，注重梳理案件纠纷背后的实质性原因，在查明事实、分清是非的基础上，从纠纷的实质出发，积极开展实质性化解，综合运用公开听证、调查核实、释法说理、领导包案等方式，推动纠纷实质性化解。如一起当事人不服治安处罚案，当事人罗某因行政处罚对其家庭和工作造成重大影响，为了挽回家庭，其对原先的行为和供述一概否认，申诉要求撤销行政处罚。为了有效化解该案，三分院由分管检察长包案办理。分管检察长在对行政处罚的证据和认定事实的逻辑进行全面分析解释后，又将检察机关实地调查核实情况反馈给罗某，充分证明原审判决和公安机关的事实认定都没有问题。最后，从情理上对罗某的诉求表示理解，并鼓励他放下包袱重新振作起来，罗某对检察机关的理解表示感谢，并表示服判息诉。又如，某公司对行政机关核发的建设工程规划许可证不服提出的监督申请一案，承办检察官经审查发现该公司并非涉案建设工程许可证的申请人，发证行政行为程序实体上也无不当，但是该许可建设工程离该公司较近产生一定的影响，该公司的意见和建议未被行政审批机关采纳而因此涉诉。为了促进行政争议实质性化解，承办人组织了公开听证。听证会上行政机关对其行政行为进行了充分释明，并听取了某公司的意见和建议，解答了某公司的疑惑，某公司表示对规划许可的内容不存争议，该案最终得到化解。

（二）建立繁简分流机制

为了适应行政监督案件大幅增长、监督质量要求不断提升、监督内容不断扩展的实际需求，2021 年三分院制定办理行政监督案件繁简分流规定，对于事实清楚、法律关系简单的案件，规定在两个月内办结，提高监督时效。对于疑难复杂案件，加强精细化审查，准确理解法律的立法精神、目的和政策原意，对案件发生的根源进行全面梳理，因案制宜，对于类案问题及时提出检察建议促进社会综合治理，对于个案问题采用抗诉、和解等方式切实践行精准监督。

（三）发挥一体化机制作用

根据《人民检察院行政诉讼监督规则》第十条第三款的规定，上级检察院可以统一调用辖区的检察人员办理行政监督案件。三分院在办理疑难复杂案件中，涉及区级行政机关的案件，会充分发挥行政检察一体化的优势，与区级检察院、法院、行政机关充分协调沟通促进争议实质性化解。如赵某案中，对于行政机关在履行法定职责中，并未在法定期限内作出调查处理，三分院与该区检察院凝聚合力，经充分调查核实，与行政机关充分沟通，制发检察建议，行政机关接受建议，研究后作出处理决定充分保障申请人的权益。

（四）提高行政类案裁判释法的统一性

三分院在办案过程中注意到，裁判文书的释法说理可以有效提高裁判的可接受性，实现法律效果和社会效果的有机统一。类案裁判释法说理的统一性对于提升裁判公正度、透明度，增强司法公信力和司法权威具有重要意义。实践中房屋征收、违章建筑拆除类案件往往具有区域性和相似性，当事人会对裁判文书予以对照比较，对于类案裁判释法的统一性提出了更高的要求。

五　加强行政争议实质性解决，推进依法行政及审判的新路径

创新路径充分发挥行政审判、行政执法、行政检察的合力，共同推进上海法治化建设，可为进一步加快法治上海、法治政府、法治社会一体建设助力。

（一）坚持程序和实体并重提升行政行为的规范化水平

建议行政机关加强行政行为的规范化，重视行政诉讼和行政检察中发现的行政行为存在的程序和实体性问题，在行政过程中，建立完善相关工作机制。在关注行政相对人实体权利的同时，也要注重保证行政相对人的程序性权利。切实加强落实行政执法公示制度、执法全过程记录制度、重大执法决定法制审核制度，避免因程序瑕疵和证据保存等问题导致行政行为的公信力受损。

（二）建议法院进一步提升类案释法说理的统一性

为努力让人民群众在每一个司法案件中感受到公平正义，充分发挥裁判的价值引领和定分止争作用，建议法院进一步提升类案释法说理的统一性。一是结合各方举证及法庭调查核实证据的情况，围绕证据的关联性、合法性

和真实性进行全面、客观、公正的审查判断，阐明证据采纳和采信的理由；二是围绕诉讼主张和争议焦点，结合庭审情况进行说理，体现层次分明、逻辑清晰的推理过程，增强释法说理效果；三是对于同类情形，统一裁判所依据的法律法规以及适用法律法规的理由，提升法律适用的统一性。减少当事人对于司法裁判的不服，提供更好的司法服务。

（三）建立多元行政争议化解平台，聚焦合力促进行政争议实质性化解

在预防和解决行政争议过程中，司法与行政承担着共同的社会责任。要继续坚持以人民为中心的发展思想，建议建立检察院、法院、行政机关多元化解平台，从人民群众的实际需求出发，借助多元化解平台，联动化解，做到既有分工又有协作，确保行政争议在执法、审判、监督阶段都能有效流转，高效解决。

案例篇

Cases

B.14

社会主义核心价值观融入民事裁判文书的问题研究

——以上海高院发布10件弘扬社会主义核心价值观典型案例为视角

孙大伟*

摘　要： 上海高院发布的典型案例展示了上海法院充分发挥司法裁判在培育和践行社会主义核心价值观方面的规范、引领和保障作用。但也暴露出运用社会主义核心价值观在民事裁判文书中释法说理还普遍存在性质认识不清、适用方法不当等问题。在宪法明确规定社会主义核心价值观后，逐渐有更多的法律将其列为立法目的。其在个案中的法源性质还需视具体核心价值观在规范性法律文件中的转化情况而定，其适用规则也应在此基础上构建。总体上，社会主义核心价值观与法律原则地位近似。可从确立原则、划分案件类型、明确规范地位、细分裁判情形、规范裁判修辞五个方

* 孙大伟，上海社会科学院法学研究所副研究员。上海社会科学院法学研究所2021级硕士研究生甘鹏鑫、段冉冉也对本文撰写作出贡献。

面完善社会主义核心价值观融入司法判决的方法和路径。

关键词： 社会主义核心价值观　法律原则　裁判依据　裁判理由　适用规则

社会主义核心价值观的培育和践行，从宏观上讲，有助于在全社会范围内形成广泛的价值认同和文化认同，有助于促进人的全面发展以及社会的全面进步；而在微观方面，其对于中国法治事业的建设和繁荣也有着不可替代的指导作用。特别是在与人民生活关系最为密切的民事诉讼领域，经得起社会主义核心价值观检验的民事裁判才真正符合人民利益的需要。①

在立法实践方面，《中华人民共和国民法典》（以下简称《民法典》）第 1 条继承《民法总则》的规定，将“弘扬社会主义核心价值观”作为与民事主体调整民事关系、维护社会和经济秩序以及适应中国特色社会主义发展要求并列的一项立法目的。在司法实践方面，承接《民法典》的精神，最高人民法院和各地高院陆续发布弘扬社会主义核心价值观的典型案例，旨在持续纯化社会风气。在上海地区，各级法院在司法审判工作中为加强培育和践行社会主义核心价值观做出了诸多卓有成效的努力。

然而，并不能因此就简单地将司法判决与社会主义核心价值观的关系归结为通过司法判决弘扬社会主义核心价值观，而应明确社会主义核心价值观的法源属性从而分情形阐述两者关系。社会主义核心价值观是在现代中国社会发展过程中提炼而成的“价值公约数”，部分核心价值观已经被确立为法律规则，可以作为裁判依据对案件的司法裁判产生直接影响；而尚未被转化为法律规则的价值观也可作为裁判理由，辅助裁判结果的证成。

鉴于此，本文以社会主义核心价值观融入民事司法裁判文书的角度对上

① 最高人民法院民法典贯彻实施工作领导小组：《中华人民共和国民法典总则编理解与适用（上）》，人民法院出版社，2020，第 18 页。

海法院发布的10件弘扬核心价值观的典型案例（以下简称“典型案例”）进行具体分析，以这10份裁判文书为研究范围，总结核心价值观在民事裁判文书中的适用特征，探究其法源属性与适用逻辑，进而在最高法发布的指导意见的基础上构建适用规则，提升社会主义核心价值观在民事裁判文书中的适用水平。

一 社会主义核心价值观在10件典型案例中的适用特征

民事审判工作是培育和践行社会主义核心价值观的重要阵地，在发挥司法裁判教育、评价、指引、规范功能方面具有独特优势。2021年1月10日，上海市高级人民法院聚焦民事审判领域，在2020年以来审理并生效的案件中，分别从公平正义、邻里和睦、诚实守信、公序良俗等不同方面出发，选取能够弘扬社会主义核心价值观目标导向和行为准则的10件典型案例。本文以这10件案例的民事裁判文书为素材，聚焦于研究社会主义核心价值观在民事裁判中实际发挥的作用（见表1）。

表1 10件典型案例

案例	案例领域	审理法院	审理程序	审级	合议制/独任制	社会主义核心价值观的明确使用
男子为父奔丧遭辞退案[①]	劳动合同纠纷	二中院	普通程序	二审	合议制	未使用
消防通道停车劝阻猝死案[②]	生命权侵权纠纷	奉贤区人民法院	简易程序	一审	独任制	未使用
校内篮球赛碰撞致伤案[③]	生命权、身体权、健康权纠纷	一中院	普通程序	二审	合议制	未使用
可视门铃侵犯隐私判令拆除案[④]	隐私权侵权纠纷	青浦区人民法院	简易程序	一审	独任制	未使用
房屋堆放垃圾成山案[⑤]	相邻关系纠纷	静安区人民法院	简易程序	一审	独任制	平等、友善

续表

案例	案例领域	审理法院	审理程序	审级	合议制/独任制	社会主义核心价值观的明确使用
“颜值检测”软件窃取个人信息案	侵犯公民个人信息罪	判决未公开				
19.9 元写真升级至2.6 万元合同纠纷案⑥	承揽合同纠纷	虹口区人民法院	简易程序	一审	独任制	自由、诚信、和谐
共同饮酒后车祸身亡案⑦	生命权纠纷	奉贤区人民法院	简易程序	一审	独任制	未使用
卷心菜挡路案⑧	财产损害赔偿纠纷	一中院	普通程序	二审	合议制	未使用
遗产分割案⑨	继承纠纷	徐汇区人民法院	简易程序	一审	独任制	未使用

①陆云生诉上海某物业公司劳动合同纠纷案，上海市第二中级人民法院（2020）沪 02 民终 10692 号民事判决书。

②蒲某等 6 原告诉袁雪华生命权侵权纠纷案，上海市奉贤区人民法院（2021）沪 0120 民初 8068 号民事判决书。

③韦星丞诉张博珺生命权、身体权、健康权纠纷案，上海市第一中级人民法院（2021）沪 01 民终 732 号民事判决书。

④黄鑫诉邵军隐私权侵权纠纷案，上海市青浦区人民法院（2020）沪 0118 民初 15600 号民事判决书。

⑤单雯、王烨、李文君诉侯连军、陈爱素相邻关系纠纷案，上海市静安区人民法院（2020）沪 0106 民初 4306 号民事判决书。

⑥李川、景达诉上海艳域摄影有限公司承揽合同纠纷案，上海市虹口区人民法院（2021）沪 0109 民初 1957 号民事判决书。

⑦许少堂、汪林、许明辉、许明新、李景英诉廖克朋、刘加好、刘厚勤、乔家红生命权纠纷案，上海市奉贤区人民法院（2021）沪 0109 民初 1957 号民事判决书。

⑧夏洪明、张红芳诉徐林华财产损害赔偿纠纷案，上海市第一中级人民法院（2020）沪 01 民终 11819 号民事判决书。

⑨苏某某诉李某 1、李某 2 代位继承纠纷案，上海市徐汇区人民法院（2021）沪 0104 民初 8393 号民事判决书。

（一）典型案例的特征

1. 凸显密切人际关系的民事纠纷

上海高院选取的 10 件典型案例，包括基层法院适用简易程序审理的简单纠纷，该类案件当事人之间具有邻里、亲戚、朋友等密切关系。虽然这些案件案情简单，依据已有的法律规则就可以作出正确的裁判，但是涉及人际关系，自古以来都是提倡“以和为贵”“家庭和睦”等和谐理念，因而早在社会主义核心价值观成型之前就有用中华传统美德指引案件判决的先例；也包括不少复杂纠纷，当事人不服一审判决进行上诉后，需要二审判决对案件事实的定性和裁判依据的选择进行充分论述。

有学者认为在适用独任制的案件中，法官能够更好地展现其个人的行文风格，表述其内心价值判断，因此能将社会主义核心价值观更加灵活地适用到裁判说理中。① 但实际上，社会主义核心价值观是普遍适用、共通的价值理念，评价标准是针对内容的实质性标准，而非针对诉讼程序的形式化标准。合议制也能体现甚至因充分的讨论和论证而能更为充分地体现核心价值观。且本次的10件典型案例中，男子为父奔丧遭辞退案、校内篮球赛碰撞致伤案、卷心菜挡路案进入二审程序，采取合议制进行裁决。由此可见，无论是独任制还是合议制作出的法院判决，均可有社会主义核心价值观的适用。

2. 体现出法律原则对法律规则适用的引导

校内篮球赛碰撞致伤案的判决文书很好地揭示了自甘风险规则的适用，使公众可以更好地规范自身行为，充分认识到对自甘风险行为需自行担责。在该案例中，一审法院和二审法院作出了截然相反的判决。韦某某与张某某在学校进行篮球比赛过程中，双方发生身体碰撞从而造成张某某的身体伤害，一审法院认为行为人因过错侵害他人民事权益，应当承担侵权责任，确定韦某某对张某某的损伤承担50%的赔偿责任。二审法院认为张某某尽管在篮球比赛中是因韦某某的防守行为而摔倒受伤，但根据《民法典》第1176条第1款②规定，韦某某不应当承担侵权责任。该案件中关于

① 周尚君、邵珠同：《社会主义核心价值观的司法适用实证研究——以276份民事裁判文书为分析样本》，《浙江社会科学》2019年第3期。

② 《民法典》第1176条第1款：自愿参加具有一定风险的文体活动，因其他参加者的行为受到损害的，受害人不得请求其他参加者承担侵权责任。

论证体育活动中自甘风险规则适用的判决，在此后的案件中受到引用，起到了良好的指导和引领作用。[①]

而 19.9 元写真升级至 2.6 万元合同纠纷案除了在一般意义上使用核心价值观的表述之外，法官还结合具体核心价值观展开了有针对性地细致分析，并对诉讼当事人援引具体核心价值观说理予以回应，尊重当事人以及社会公众的诉求并作出反馈。而针对被告背离核心价值观的做法与观点，法官也在回应中给予否定评价，通过纠偏的方式维护核心价值观的指引作用。

本次典型案例还有的一大亮点是克服了在司法裁判过程中存在的一些简单机械的结果主义倾向，“死（伤）者为大”“谁闹谁有理”“谁弱谁有理”就是典型代表。在一些案件中，这种倾向在法律规则非常明确的情况下也影响了规则的公正适用。社会主义核心价值观作为先进的主流价值观念，对于影响或者干扰依法裁判的陈旧观念，能够起到明确的纠偏作用，其本质是法律原则对适用法律规则的有效引导。“消防通道停车劝阻猝死案”裁判摒弃“有损害，就有赔偿”“死者为大”的固有思维模式，不仅是对侵权责任成立与否进行准确认定，更是对普通民众实施正义行为的鼓励。而“校内篮球赛碰撞致伤案”则打破了“有损必有赔”的思维模式，避免脱离事实情况和法律原意的“过度”平衡。

（二）典型案例显示的问题

这 10 件典型案例在弘扬社会主义核价值观方面起到了显著作用，但从将核心价值观融入司法裁判的角度、方法和效果来审视和考察，还是可以发现一些不周延和需要改进之处。

1. 援引内容、适用方式简略

除房屋堆放垃圾成山案、19.9 元写真升级至 2.6 万元合同纠纷案外，其余 8 篇裁判文书不仅未直接阐述具体的核心价值观，也未引述整体的社

① 王紫诉盛疆生命权、身体权、健康权纠纷案，上海市第二中级人民法院（2021）沪 02 民终 9029 号民事判决书。

会主义核心价值观概念，当然也未对社会主义核心价值观的适用进行论述。仅使用其他道德价值观念而不使用核心价值观对裁决结果和说理内容进行补强，未充分展示核心价值观的丰富内涵，更显露出法官对于运用核心价值观在裁判文书中释法说理存在诸多问题，如不知社会主义核心价值观的性质如何，是整体引用还是具体引用，如何将社会主义核心价值观与法律规则、法律原则联系到一起，如何运用社会主义核心价值观加强说理，等等。

2. 功能单一：统归于教育宣扬功能

上海高院在评析本次发布的典型案例时多次表述到“弘扬……的社会主义核心价值观具有积极意义”。然而不论裁判弘扬了某种具体的核心价值观还是整体的社会主义核心价值观，从社会主义核心价值观在司法裁判文书中的适用功能角度来说，都统归于教育宣扬功能。仅少数案件运用社会主义核心价值观为裁判结果和说理证成进行补强，未充分显示社会主义核心价值观对于司法裁判的其他功能。实际上，社会主义核心价值观除了可以在占据多数的普通案件中起到教育宣扬的功能外，还能为法律事实定性进行强化论证说理。对此，具体将在本文的第二部分展开论述。

二　社会主义核心价值观的司法适用观察

在当前司法实践中，社会主义核心价值观的适用方式较为多样，在作为裁判依据时，有法官或将其与其他法源复合适用，或转化为法律规则适用，或直接适用；在作为裁判理由时，有法官认为社会主义核心价值观是法律规则的精神内涵，但也有法官仅将其与中华传统美德、善良风俗等并列使用，认为其仅是高尚道德价值观念中的一种。造成这种局面的原因，是对社会主义核心价值观的性质尚未形成统一的认识，进而造成社会主义核心价值观在司法裁判中的适用差异。

（一）社会主义核心价值观的体系定位

对于社会主义核心价值观的正确适用方法，有学者认为是仅将其作为裁判理由适用。[①] 这种一刀切的做法是有失偏颇的，仅将社会主义核心价值观作为一个整体概念使用，就忽视了部分具体的核心价值观在有的规范性法律文件中已被吸收并确立为法律规则的现状。

因此有学者进而主张将社会主义核心价值观作为一个价值体系整体进行适用，由于部分核心价值观尚未在相应的规范性法律文件中予以确立，采用“就低不就高”的理念，仅能将其作为非正式法源，与“公平正义”“以和为贵”“诚实守信”“孝老爱亲”“与邻为善”等道德观念并列使用，而在司法判决中能够具体适用时应选择具体的核心价值观进行适用。若该具体核心价值观已经转化为具体的法律规则，其性质为正式法源，可作为裁判依据。否则其性质即为非正式法源，只能作为裁判理由。[②]

也有观点认为，社会主义核心价值观具有正式法源的性质，这是我国法源体系继续丰富和扩展趋势的表现之一，提倡其他带有中国司法本土色彩的多种法律渊源也应逐渐受到法学研究和司法实务的重视，并认为这种丰富和扩展的趋势能够促使更多法源或者法源性质的裁判依据进入审判过程，从而减少由过于依赖制定法导致的机械与僵化。[③] 这种观点具有一定的合理性，但问题也随之产生：没有边界的法源开放体系会导致法官自由裁量权的不可控和司法的不稳定，进而也会导致社会公众对司法公正的认识偏差。除了发现依据制定法司法裁判的不足之外，还应审慎判断该不足的产生原因以及与开放法源体系之间的价值衡量比较。

需要进一步揭示的问题是社会主义核心价值观整体概念与具体核心价值

① 杨福忠：《论司法培育和弘扬社会主义核心价值观的机理与技术路径》，《法学论坛》2020年第2期。

② 于洋：《论社会主义核心价值观的司法适用》，《法学》2019年第5期。

③ 孙光宁：《社会主义核心价值观的法源地位及其作用提升》，《中国法学》2022年第2期。

观之间的关系。有学者从各个部门法既有的法律原则与社会主义核心价值观的发展历程出发，认为社会主义核心价值观是宏观性质的概念集合或者说是价值体系，在其整体入宪入法之前已经有部分核心价值观的内容为规范性法律文件所规定。这些规定为社会主义核心价值观全面入宪入法做了充分的探索和准备。通用于各个部门法的共性价值观念不断凝练和汇集，推动了社会主义核心价值观作为整体观念的成型。如果说部门法原则表述的是价值观念、价值目标，那么，社会主义核心价值观所表述的则是更加一般的、普遍的价值观念和目标。[①] 但是该观点并未阐明二者在司法裁判中的适用关系，到底是具体适用还是整体适用。笔者认为还是应具体适用，社会主义核心价值观作为一个价值体系，若因其整体已入宪入法，而罔顾其早已被确立为法律规则的具体核心价值观的地位，不仅会严重削弱其原有的指引和提升可接受度的作用，还会使司法裁判偏离公正，失去权威。因此在具体案件的司法裁判过程中，社会主义核心价值观价值体系可作为法官主持审判活动，诉讼参与人参与诉讼活动的行为指引和约束。而在当事人起诉抗辩、裁判文书的释法说理中所援引的应是具体的核心价值观，且须阐明该具体核心价值观与本案的联系。

显而易见，社会主义核心价值观是一个内容丰富的价值体系。然而，司法裁决的逻辑规则有其特定的要求和属性。该价值体系尚未建立完善的价值衡量方法论，因此不能将其完全照搬进司法裁判中，需要将其转化为司法裁判中能直接适用的“逻辑”和“语言”。首先的问题是在司法裁判中适用社会主义核心价值观是否仅限于 12 个具体核心价值观？若是仅限于 12 个具体核心价值观，那这 12 个具体核心价值观是否可以跨维度适用？当这 12 个具体核心价值观之间发生价值冲突时该如何进行价值衡量？

虽然社会主义核心价值观内容庞杂丰富，但是也不应认为所有积极正面的价值观念都可以包容在社会主义核心价值观的范围中，至少在司法裁判的

① 孙光宁：《社会主义核心价值观的法源地位及其作用提升》，《中国法学》2022 年第 2 期。

领域，为维持司法判决的权威性、可预测性和稳定性，也应将其限定为党的十八大报告中明文规定的12个具体核心价值观。这12个具体核心价值观各自也是极其抽象的概念，在普通大众的理解中它们往往相互交织，每个人对其都有不一样的理解和运用。然而在司法实践中却不能任凭个案法官的主观判断任用，应根据党的十八大报告中的内容阐述每个具体的核心价值观的特定内涵，并严格遵循适用维度。面对这12个具体核心价值观之间如何进行价值衡量的问题，应明确在中国的司法裁判领域，“法治”无疑是第一位阶的核心价值观。这意味着，在司法裁判中首先应保障“法治”的顺利实现，并在实现“法治”的过程中保障其他价值的实现，这本身就是规范性法律文件的基本立场及要求。对于提倡“依法治国”，进行法治建设的中国而言，“法治”本身既是目的，又是推进其他核心价值观的重要方式。① 因为“法治”并不是孤立存在的，不论是在实体法还是程序法的法律规定中都已经蕴含了其他核心价值观的理念，“法治”实现的过程同时也是其他核心价值观实现的过程，一般不能以其他核心价值观为由否决或阻碍“法治”的实现。因此从具体操作来说，社会主义核心价值观在被列为立法目的的规范性法律文件中，可直接作为法律原则适用。在未被列为立法目的的规范性法律文件中，虽然社会主义核心价值观整体是被宪法吸纳规定的根本性原则，但并不能直接适用，还需要阐述从宪法到部门法、从根本原则到本案的关系。

在社会主义核心价值观整体入宪的背景下，应当将其定位为超越部门法的一般法律原则，即社会主义核心价值观的地位应为基础的、核心的公理性法律原则。从宪法规定来看，在宪法文本中，社会主义核心价值观也具有一般性、综合性原则的地位。在具体的部门法层面，部分部门法也贯彻落实宪法，从规定条款的位置来看，相关规范性法律文件大多是将社会主义核心价值观的表述置于前端。这些直接表述社会主义核心价值观的条款及其在整部规范性法律文件中的位置说明，社会主义核心价值观已经逐渐成为各部门法

---

① 孙光宁：《社会主义核心价值观的法源地位及其作用提升》，《中国法学》2022年第2期。

共同遵循的基本原则。因此，社会主义核心价值观在现有的法律体系中应具有类似于法律原则的地位。

（二）社会主义核心价值观适用于民事裁判文书的规则考察

在明确社会主义核心价值观被纳入宪法规定后对于司法裁判文书至少具有与法律原则相似的地位后，就可以在一般法律原则的司法适用方法上构建社会主义核心价值观适用于裁判文书的规则。

1.适用于裁判依据

在司法审判活动中应遵循法律规则优先适用原则。一是对于有明确的法律规则可以依据的案件，应当优先适用法律规则，不得以社会主义核心价值观取代法律规则作为裁判依据。二是对于已经转化为法律规则的具体核心价值观，应当优先适用转化后的法律规则，可以运用文义解释的方法在裁判文书中揭示该法律规则中蕴含的具体核心价值观，但不能直接以该具体核心价值观取代法律规则作为裁判依据。

若想适用转化为法律原则的社会主义核心价值观作为裁判依据则需要符合特殊的适用条件和程序。转化为法律原则的社会主义核心价值观有两种类型：一是将社会主义核心价值观整体转化为法律原则；二是将某一具体核心价值观转化为法律原则。其可适用的情形包括两种：一是现行的法律规则均不可适用；二是个案法官认为原本应援引作为裁判依据的法律规则若在本案中适用会造成与实质正义的严重相悖或显露出法律体系的严重漏洞，而援引法律原则进行裁判方可维护公平正义，保障法律的正确适用。但司法裁判是法官正确运用规范性法律文件为当事人之间的纠纷作出权威裁判结果的活动，裁判依据作为裁判结果作出的重要依据，法官个人对裁判依据正当与否的判断并不能作为裁判依据的主要选择原因。法律规则在经由立法机关制定施行之日起即具有权威性和正当性，因此在裁判文书中无须过多阐述理由即可适用法律规则作为裁判依据。与此相对应的是，若要选择其他依据如转化为法律原则的社会主义核心价值观而非法律规则作为裁判依据，就需要充分且能让当事人信服的合理理由。具体来说，首先，需要对法律规则之间的相互冲突或规范性法律文件存在法律漏洞等前提情况进行判断及阐明；其次，运用法律解释方法释明转化为法律原则的社会主义核心价值观与本案的联系；最后，依据该法律原则作出裁判结果，并且对于当事人在起诉抗辩中所援用的法律规则，法官也需要作出回应。

2. 适用于裁判理由

正确运用社会主义核心价值观作为裁判理由可以有效保障司法裁判的合理性和权威性，使当事人和社会公众更加信服司法权威，提高司法公信力。

第一，在占据多数的有明确的法律规则可为案件基本定性的普通案件中，可以援引社会主义核心价值观进行强化论证说理。社会主义核心价值观已经充分融入中国特色社会主义法律体系，转化至大多数规范性法律文件之中。特别是转化为指导性案例的社会主义核心价值观，法官不仅可以引述指导性案例中的裁判要点，还可以参考指导性案例中裁判理由部分与社会主义核心价值观相关的论述强化裁判结论的论证。

第二，在少数存在法律漏洞或价值冲突的疑难案件中，可以运用社会主义核心价值观进行漏洞填补或价值衡量。法官在援引社会主义核心价值观用于漏洞填补时，不能仅将社会主义核心价值观整体引用进行说理，还必须遵循价值维度具体适用，理由需明确具体。即先阐述现有的法律规则对该案的适用存在哪些漏洞或价值冲突，然后经由该案事实中蕴含的具体的核心价值观指引，比照类案、参照适用最接近的法律规则或适用习惯才作出的裁决结果，对于其间的每个过程都需要详尽的说理论证，才能使个案的当事人真正尊重并接受法院的权威裁判。①

3. 例外情况

早在尚未提倡社会主义核心价值观融入司法裁判之前，社会主义核心价值观作为被纳入宪法的根本性法律原则一直在法律体系中发挥着“潜流”的作用，即其自身并没有直接出现在裁判文书之中，但是能够从法律规则的

① 孙光宁：《社会主义核心价值观的法源地位及其作用提升》，《中国法学》2022年第2期。

适用中分析或者窥见其作用。因为法律规则的制定和选择本身就蕴含了法律原则或者价值的实现。法律规则的创制包含法律原则的指引和选择，法律规则的使用更离不开法律原则的融入。[①]

当个案中出现社会主义核心价值观之间需要进行价值衡量时，也需依法律规则、法律原则的适用方法进行比较，即首先确定该案理应适用的规范性法律文件，优先适用被确立为法律规则的具体核心价值观；其次，适用被确立为该规范性法律文件的法律原则的具体社会主义核心价值观；最后，适用未被确立为该规范性法律文件的具体法律规则和法律原则的其他核心价值观，不能以社会主义核心价值观为由违背法律的适用规则。

三　社会主义核心价值观融入民事司法判决的具体路径

通过司法裁判把社会主义核心价值观融入法治建设和社会治理是人民法院审判职能的内在要求，最高法先后发布多部司法规范性文件。因此，本部分在最高法发布的多部司法规范性文件的基础上，结合社会主义核心价值观的性质及适用规则，梳理出社会主义核心价值观融入民事司法判决的具体路径。

（一）明确目标，确立原则

《关于在人民法院工作中培育和践行社会主义核心价值观的若干意见》（法发〔2015〕14号）共11条，内容十分丰富，涵盖了在人民法院工作中培育和践行社会主义核心价值观的指导思想、基本原则和目标任务等方面的内容。

以法发〔2015〕14号为指导重新观察这10件典型案例可以发现，在多

① 陈金钊：《“社会主义核心价值观融入法治建设”的方法论诠释》，《当代世界与社会主义》2017年第4期。

数民事案件的判决中还是普遍反映出捍卫公平正义、维护公序良俗的理念，并且体现出不同的案件类型与不同社会主义核心价值观的契合偏重，如侵权案件中就更体现尊重保障人权，而合同案件中则体现鼓励诚实守信以及尊重意思自治等合同法自有的原则（见表2）。

表2　10件典型案例的价值理念

典型案例	维护价值	典型案例	意见响应
男子为父奔丧遭辞退案	维护公序良俗	“颜值检测”软件窃取个人信息案	尊重保障人权
消防通道停车劝阻猝死案	捍卫公平正义	19.9元写真升级至2.6万元合同纠纷案	鼓励诚实守信 尊重意思自治
校内篮球赛碰撞致伤案	捍卫公平正义	共同饮酒后车祸身亡案	捍卫公平正义
可视门铃侵犯隐私判令拆除案	尊重保障人权 维护公序良俗	卷心菜挡路案	维护公序良俗
房屋堆放垃圾成山案	维护公序良俗	遗产分割案	维护公序良俗

（二）划分运用社会主义核心价值观释法说理的案件类型

民事案件中可以普遍运用社会主义核心价值观释法说理。民事案件根据案情的难易程度，可将案件分为普通案件和疑难复杂案件；按审理程序可分为普通程序、简易程序、小额诉讼程序、特别程序、督促程序及公示催告程序的案件；按诉讼的进程又可分为一审、二审或再审案件。合理划分运用社会主义核心价值观释法说理的案件类型，加强运用社会主义核心价值观对疑难复杂案件以及争议较大部分的释法说理，对简易程序、案情简单的部分予以简化，可以有效减轻法官释法说理的工作压力。

《关于深入推进社会主义核心价值观融入裁判文书释法说理的指导意

见》（法〔2021〕21号）第四条[①]选取了六类社会关注度高、影响较大的案件，规定应当强化运用社会主义核心价值观释法说理。纳入该类规定的案件共同点是易引起社会广泛关注、引发社会道德评价，体现出积极回应社会关注的司法为民的理念。对这些案件运用社会主义核心价值观释法说理是充分尊重社会公众的共识性观点的做法，可为司法裁判提供更加全面和权威的裁判理由。而该条第五项规定的涉及新情况、新问题，需要对法律规定、司法政策等进行深入阐释的案件更是展现了社会主义核心价值观对于引领社会风尚、树立价值导向的重要作用。运用社会主义核心价值观在这六类案件中释法说理，可以在法理之外兼顾情理、公理，更加有利于在司法个案中实现法律效果与社会效果的有机统一。

观察表3可发现，本次发布的10件典型案例为充分发挥示范引领作用，体现"一起小案能彰显大道理"的理念，其案件类型也多集中在涉及公序良俗，诉讼各方存在较大争议且可能引发社会广泛关注这一类型上。

表3　10件典型案例的类型划分

典型案例	案件类型	典型案例	案件类型
男子为父奔丧遭辞退案	类型四	"颜值检测"软件窃取个人信息案	类型一
消防通道停车劝阻猝死案	类型四	19.9元写真升级至2.6万元合同纠纷案	类型四
校内篮球赛碰撞致伤案	类型五	共同饮酒后车祸身亡案	类型四
可视门铃侵犯隐私判令拆除案	类型四、五	卷心菜挡路案	类型四
房屋堆放垃圾成山案	类型四	遗产分割案	类型五

① 《关于深入推进社会主义核心价值观融入裁判文书释法说理的指导意见》第四条："四、下列案件的裁判文书，应当强化运用社会主义核心价值观释法说理：（一）涉及国家利益、重大公共利益，社会广泛关注的案件；（二）涉及疫情防控、抢险救灾、英烈保护、见义勇为、正当防卫、紧急避险、助人为乐等，可能引发社会道德评价的案件；（三）涉及老年人、妇女、儿童、残疾人等弱势群体以及特殊群体保护，诉讼各方存在较大争议且可能引发社会广泛关注的案件；（四）涉及公序良俗、风俗习惯、权利平等、民族宗教等，诉讼各方存在较大争议且可能引发社会广泛关注的案件；（五）涉及新情况、新问题，需要对法律规定、司法政策等进行深入阐释，引领社会风尚、树立价值导向的案件；（六）其他应当强化运用社会主义核心价值观释法说理的案件。"

（三）明确具体案件对应的社会主义核心价值观的规范地位

《关于加强和规范裁判文书释法说理的指导意见》（法发〔2018〕10号）第十三条[①]规定了可以用来论证裁判理由的论据，具体包括七类。可发现最高法对于论证裁判理由的论据来源持开放态度，但仍以制定法为框架，运用的论据不应与法律、司法解释等规范性法律文件相冲突，这也是本文第二部分提到的面对我国法源体系继续丰富和扩展趋势的基本立场和方法。

社会主义核心价值观因为进入宪法总纲而具有法律原则的地位，但是这种形式上的法源地位并不能直接保障其积极作用的现实发挥。除了在个案的审理过程中需要分层、具体适用外，还需要视具体的核心价值观在不同的规范性法律文件中的表现形式从而依据相应的法律规则、法律原则适用方法进行适用。因此，在审理具体案件中运用社会主义核心价值观，需要先确定该案理应适用的法律规则，若该法律规则蕴含具体核心价值观的深刻内涵，就通过法律解释方法予以充分释明，从而完成具体核心价值观转化为法律规则作为裁判依据适用于司法审判的任务。反之，若该案对应的具体核心价值观尚未转化至规范性法律文件中，法官应根据该规范性法律文件的法律规则、法律原则、立法精神和立法目的等作出司法裁判，具体的核心价值观只能作为裁判理由运用于充分阐述裁判依据。

（四）细分运用社会主义核心价值观释法说理的情形

对于有明确的法律规则为纠纷基本定性的案件并不是说就没有社会主义

① 《关于加强和规范裁判文书释法说理的指导意见》第十三条："十三、除依据法律法规、司法解释的规定外，法官可以运用下列论据论证裁判理由，以提高裁判结论的正当性和可接受性：最高人民法院发布的指导性案例；最高人民法院发布的非司法解释类审判业务规范性文件；公理、情理、经验法则、交易惯例、民间规约、职业伦理；立法说明等立法材料；采取历史、体系、比较等法律解释方法时使用的材料；法理及通行学术观点；与法律、司法解释等规范性法律文件不相冲突的其他论据。"

核心价值观适用的空间，法〔2021〕21号第五条[①]规定可运用社会主义核心价值观围绕裁判依据阐释裁判理由。

法〔2021〕21号第六条[②]对民商事案件无规范性法律文件作为裁判直接依据的情形作出规定，该条与法发〔2018〕10号第七条[③]中关于没有明确的法律规定作为裁判直接依据的规定内在逻辑基本一致。不同的是其在强调社会主义核心价值观的指引作用之外，更进一步地明确裁判依据的选择顺序：规范性法律文件—习惯、最相类似的法律规定—立法精神、立法目的和法律原则。

法〔2021〕21号第七条[④]则规定对于涉及多种价值取向的，法官应如何判断个案的价值取向。该条中“立法精神、法律原则、法律规定以及社会主义核心价值观”的表述，表明该条规定有一定的适用次序，由于案件领域的不同，不同部门法之间的侧重并不一致。在民商事法律规则中，《民法典》将社会主义核心价值观列入第一条作为立法精神，所以若是在《民法典》体系内涉及多种

① 《关于深入推进社会主义核心价值观融入裁判文书释法说理的指导意见》第五条：“五、有规范性法律文件作为裁判依据的，法官应当结合案情，先行释明规范性法律文件的相关规定，再结合法律原意，运用社会主义核心价值观进一步明晰法律内涵、阐明立法目的、论述裁判理由。”

② 《关于深入推进社会主义核心价值观融入裁判文书释法说理的指导意见》第六条：“六、民商事案件无规范性法律文件作为裁判直接依据的，除了可以适用习惯以外，法官还应当以社会主义核心价值观为指引，以最相类似的法律规定作为裁判依据；如无最相类似的法律规定，法官应当根据立法精神、立法目的和法律原则等作出司法裁判，并在裁判文书中充分运用社会主义核心价值观阐述裁判依据和裁判理由。”

③ 《关于加强和规范裁判文书释法说理的指导意见》第七条：“七、诉讼各方对案件法律适用无争议且法律含义不需要阐明的，裁判文书应当集中围绕裁判内容和尺度进行释法说理。诉讼各方对案件法律适用存有争议或者法律含义需要阐明的，法官应当逐项回应法律争议焦点并说明理由。法律适用存在法律规则竞合或者冲突的，裁判文书应当说明选择的理由。民事案件没有明确的法律规定作为裁判直接依据的，法官应当首先寻找最相类似的法律规定作出裁判；如果没有最相类似的法律规定，法官可以依据习惯、法律原则、立法目的等作出裁判，并合理运用法律方法对裁判依据进行充分论证和说理。法官行使自由裁量权处理案件时，应当坚持合法、合理、公正和审慎的原则，充分论证运用自由裁量权的依据，并阐明自由裁量所考虑的相关因素。”

④ 《关于深入推进社会主义核心价值观融入裁判文书释法说理的指导意见》第七条：“七、案件涉及多种价值取向的，法官应当依据立法精神、法律原则、法律规定以及社会主义核心价值观进行判断、权衡和选择，确定适用于个案的价值取向，并在裁判文书中详细阐明依据及其理由。”

价值取向的适用时，其顺序应为法律规定—法律原则—立法精神（包括社会主义核心价值观）。而在其他未将社会主义核心价值观列入第一条作为立法精神的部门法律中，适用顺序则为法律规定—法律原则—立法精神—社会主义核心价值观。此处涉及的问题：对于涉及社会主义核心价值观内部多种价值取向时该如何解决？在上文已进行过详细的论述，简而言之，即应以法治为基，且视不同规范性法律文件的领域和立法目的为指引。

本次研究的10件典型案例的判决说理均符合情形一的规定（见表4），即有规范性法律文件的法律规定作为裁判依据，未能体现出社会主义核心价值观对于法律漏洞的填补功能。主要是由于我国法律制度体系日益健全，逐渐完善了法律规则中的漏洞和价值冲突的不和谐之处。

表4　10件典型案例的说理情形

典型案例	说理情形	典型案例	说理情形
男子为父奔丧遭辞退案	情形一	“颜值检测”软件窃取个人信息案	—
消防通道停车劝阻猝死案	情形一	19.9元写真升级至2.6万元合同纠纷案	情形一
校内篮球赛碰撞致伤案	情形一	共同饮酒后车祸身亡案	情形一
可视门铃侵犯隐私判令拆除案	情形一	卷心菜挡路案	情形一
房屋堆放垃圾成山案	情形一	遗产分割案	情形一

（五）规范运用社会主义核心价值观释法说理的修辞功能

法〔2021〕21号第九条①规定了的四种解释方法（文义解释、体系解

① 《关于深入推进社会主义核心价值观融入裁判文书释法说理的指导意见》第九条：“九、深入推进社会主义核心价值观融入裁判文书释法说理应当正确运用解释方法：（一）运用文义解释的方法，准确解读法律规定所蕴含的社会主义核心价值观的精神内涵，充分说明社会主义核心价值观在个案中的内在要求和具体语境。（二）运用体系解释的方法，将法律规定与中国特色社会主义法律体系、社会主义核心价值体系联系起来，全面系统分析法律规定的内涵，正确理解和适用法律。（三）运用目的解释的方法，以社会发展方向及立法目的为出发点，发挥目的解释的价值作用，使释法说理与立法目的、法律精神保持一致。（四）运用历史解释的方法，结合现阶段社会发展水平，合理判断、有效平衡司法裁判的政治效果、法律效果和社会效果，推动社会稳定、可持续发展。”

释、目的解释和历史解释），推进社会主义核心价值观融入裁判文书释法说理的正确运用。具体包括以下四步：一是建立社会主义核心价值观与个案之间的联系，即在确定个案理应适用的法律规则后，运用文义解释的方法释明法律规定所蕴含的社会主义核心价值观的精神内涵，进而展现社会主义核心价值观在该案中的内在要求和具体语境，以此建构起个案与社会主义核心价值观的关联。二是建立社会主义核心价值观与法律体系之间的联系，即运用体系解释的方法全面系统地分析法律规定的内涵，建构起法律规则与法律体系、社会主义核心价值观之间的关联。三是建立社会主义核心价值观与立法目的之间的联系，即借助目的解释的方法阐释社会发展方向和立法目的，发挥立法目的的价值作用，需注意不能一味地将社会主义核心价值观直接视为立法目的，只有在把社会主义核心价值观列入立法目的（一般规定在第一条）的规范性法律文件中可以如此操作，从而建构起立法目的与社会主义核心价值观的关联。四是以社会主义核心价值观为检验司法裁判的工具，即运用历史解释的方法揭示现阶段社会发展水平，以社会主义核心价值观为指引，达到司法裁判政治效果、法律效果和社会效果的平衡和统一。①

强化运用法律修辞对案件进行充分说理。司法裁判在性质上是一种法律推理或论证的过程，其目标在于追求依法裁判与个案正义的统一，进而提高裁判结论的可接受性。所谓推理与论证，就是“举出规范性理由和事实性理由来支持最终得出的具体判决”。② 在案件审理的过程中，法官应当始终将规范性法律文件作为法律修辞运用的前提，围绕个案的争议焦点，注重社会主义核心价值观与法律解释及法律推理等法律适用方法的协调与融合。恪守对法律规则的客观描述，通过法律规则的框架限制法官过度的主观判断，禁止借社会主义核心价值观之名而忽略法律规则的意义及过度地引入法外因素，抵制裁判文书出现过多的政治色彩从而维护司法裁判的公正权威。

---

① 孙光宁：《社会主义核心价值观的法源地位及其作用提升》，《中国法学》2022 年第 2 期。

② 雷磊：《从“看得见的正义”到“说得出的正义”——基于最高人民法院〈关于加强和规范裁判文书释法说理的指导意见〉的解读与反思》，《法学》2019 年第 1 期。

四　结语

上海高院发布的典型案例展示了上海法院充分发挥司法裁判在培育和践行社会主义核心价值观方面的规范、引领和保障作用，同时也显示出运用社会主义核心价值观在裁判文书中释法说理还普遍存在性质认识不清、适用方法不当等问题。首先，对于社会主义核心价值观的性质，如果认为是正式法源，可以作为裁判依据直接为法官使用；如果认为是法律原则，一般倾向于不能直接适用，应避免向原则逃逸。在社会主义核心价值观被宪法整体予以规定，部分规范性法律文件已将其列为立法目的，并且有更多的规范性法律文件在进行修改时同样将其列为立法目的的现状下，本文倾向于认为其具有与法律原则相似的地位。对于有明确的法律规则可以直接适用的案件，应当优先适用法律规则。对于不能直接适用的案件，可以运用社会主义核心价值观对案件进行强化论证说理。通过建立核心价值观与具体案件、其他法源、法律体系之间的联系，规范社会主义核心价值观释法说理的修辞，使判决结果更具可接受性，彰显司法的公正权威。除了从确立原则、划分案件类型、明确规范地位、细分裁判情形、规范裁判修辞五个方面提高社会主义核心价值观融入司法判决的具体适用水平外，还应该持续发展案例指导制度，指导性案例生动灵活，具有及时性，从而可以有效反映社会主义核心价值观的最新实践，准确突出社会主义核心价值观的具体内容。

B.15

上海推进街镇综合执法体制改革有关问题和对策研究*

——以闵行区为例

余 嫱　彭 辉**

摘　要： 本文系统总结了上海市推进街镇综合执法体制改革过程中取得的一系列可复制、可推广的治理经验，对综合执法体制改革中存在的问题进行了梳理，最后从完善各“条块”各部门权力和责任清单，加强条线部门对下沉执法力量的指导、培训和监督，建立执法人员编制动态调整机制，完善“条块联动、管执联动”机制等层面提出了对策建议，这对优化街镇综合执法体制改革有一定的借鉴意义。

关键词： 综合执法体制　事权下沉　闵行区

2021年6月、7月，上海市委办公厅、市政府办公厅先后印发《关于进一步提升社区治理规范化精细化水平的若干意见》（以下简称《若干意见》）和《关于完善街道乡镇管理体制整合街道乡镇管理服务资源的实施意见》（以下简称《实施意见》）。综合执法体制改革必然牵涉到如何准确把握街道乡镇综合行政执法工作的新要求，如何确保综合行政执法工作更好地服务街道乡镇经济社会发展大局，如何统筹抓好部门责任分工和检查执法

* 本文为上海社会科学院2022年院重大系列课题“法治护航共同富裕：理论、实践及路径”的阶段性研究成果。

** 余嫱，上海市闵行区城市管理行政执法局副局长；彭辉，上海社会科学院法学研究所研究员。

协作，如何坚持闭环管理增强制度牵引的务实性、穿透性、开放性，将是街镇综合执法体制改革无法绕开的新课题。

一　闵行街镇综合执法体制改革的代表性做法

（一）改革方向：努力将事权下沉紧密融入原有的管理体系，创新基层治理方式

1. 在党和政府的领导下，以党建引领基层治理为抓手，夯实基层治理的战斗堡垒

一个党员就是一面旗帜，一个支部就是一座“堡垒”。街镇综合执法体制改革要牢牢坚守“加强基层党的建设，巩固党的执政基础是贯彻基层治理和基层建设的一条红线”的核心要求，始终坚持党建引领，通过捋清综合执法条与块之间的权力架构关系，将资源、职能和权力下沉，在法治化建设的基础上对行政综合执法人员的工作职责功能划分和流程内容进行重新设计，初步建构以职责界限明晰、权限合理划分、责任落实到位、条块联动高效管控为标准的综合执法系统。综合执法以网格化管理为依托，将基层党组织和党员与“网格化”管理机制相结合，建立“网格化”管理的党建模式，并以党员为“动力主轴”，强化党员责任，引导党员在基层治理中当先锋、作表率，牵住基层治理的“龙头”，牢牢筑起社区战斗的铜墙铁壁，形成网格管理与党建工作大联动的工作格局，将红色触角通过城市管理延伸到基层的每一个社区中，建立服务民生、纠纷调解、安全隐患排查等工作的常态化机制，着力提升服务效率和质量、提高群众认可度。

2. 层层递进，精细精准，推动街镇管理体制实施方案落实落地

一是抓好各街镇方案的组织实施。制定印发《关于进一步加强街道乡镇综合行政执法工作的实施意见》等配套文件，积极推进街镇综合执法规范化建设。目前，各街镇均已完成党政内设机构优化调整、事业单位整合组建、人员编制充实配强、综合执法队伍组建等工作。二是理顺街镇机构运行

机制。各街镇结合区域实际，细化党政内设机构和事业单位的职责任务，进一步理顺条块关系，以及街镇各部门之间职责关系，各街镇均已组建街镇综合行政执法队（城市管理行政执法中队），研究制定街镇首批行政执法事项目录清单，将街镇层面已实际承担的423项行政执法事项赋予街镇综合执法队行使，实现街镇“一支队伍管执法”。三是全面充实街镇管理服务力量。因地制宜充实街镇工作力量，积极推进编制资源下沉基层一线，根据街镇承担执法事项，以及面积、人口、管理难度等情况，各街镇在原有编制总量内科学配置各街镇综合行政执法队人员编制，确保85%的执法编制落实到基层一线，全面增强基层管理服务力量。

3.聚焦重心下移，强化五大机制建设

一是执法工作外部衔接机制。为保证市区级与街镇的综合执法工作能够实现高度配合和衔接，需要不断完善互相告知、案件移送、业务指导、争议协调处理和信息共享交换等工作制度。二是执法工作内部工作流程优化和再造机制。为确保执法的规范性和严肃性，自综合行政执法队成立以来，先后制定完善了多个执法相关制度，如执法流程制度、集体研判制度、重大行政决定法制审核制度、法律文书管理制度等。三是条件保障机制，主要包括“人”“财”“物”“编”四个方面，为增强综合执法力量提供必要的条件保障。[①] 四是行政执法与刑事司法对接机制，健全行政执法与公安、检察、审判机关的信息共享、案情通报、案件移送等制度，[②] 并对妨碍公务、暴力抗争等违法行为，加大查处力度。五是考核评议机制，对综合执法工作进行评估，并将评估结果作为基层整体考核和绩效考核评价的重要参考。

（二）精细治理：构建智慧型城市社会治理平台，提高基层治理效能

1.构建实时监管、研判和及时处置体系

借助物联网传输网格、传感器等手段，实现大部分案件自动采集，汇总

① 曹海军：《人员下沉、事权下移、就近管理——以天津市城市管理执法体制改革为例》，《行政论坛》2016年第5期。

② 《中共成都市委关于贯彻落实党的十八届四中全会和省委十届五次全会精神全面深入推进依法治市的决定》，《先锋》2015年第1期。

报送至城运中心平台，平台自动将“案情”分配至相关职能部门，基本形成了公共空间全方位实时监管、研判和及时处置体系。积极探索综合执法平台与市场监管、警务管理等运行机制模式相衔接，并充分利用各部门的数据资源，以期逐渐形成一体化、一站式管理体系。

2. 构建非现场执法管理系统

在智慧化、数字化城市治理的大背景下，利用先进的信息技术手段，如远程视频监控等技术，确定违法事实并作为查处的依据，通过“非现场执法”与现场执法双管齐下的执法方式，不仅能有效减少相对人与执法人员之间的面对面冲突，还能有效缓和执法力量不足的矛盾，提高执法效能，重点在非法营运客车专项执法、工程渣土车辆专项执法、水务保持专项执法等领域有效运用“非现场执法”，告别“固守式”“人海式”传统执法方式，提升执法效能和水平。①

（三）高效联动：优化网格化管理模式，努力打通基层治理“最后一公里”

1. 建构“智能化城市综合运行管理+片区分中心+网格化管理”模式

综合执法队根据基层治理需要，充分结合“一网统管”的基本工作要求，主动推出智能化指挥系统并合理配备执法管理和服务力量下沉片区，打造“1+N+X”的新型模式。“1”即综合执法管理中心，意味着执法队伍将在充分启用综合执法管理中心智能化平台的基础上，把城管、综治、应急以及网格等各项工作纳入平台进行流转发现和督办处置，初步形成一体化城市管理的工作格局。“N”即片区分中心，通过划分 N 个片区分中心，分中心设负责人 1 名，进驻行政执法队员若干名，将市容、市政、环卫、绿化、违法停车、垃圾处理等管理力量细化，并且每日到分中心报到，协助执法队伍做实前端发现。“X”即整合街面、居村网格和楼宇网格化工作站，意味着

① 赵刚：《“非接触性执法”助推城市管理提档升级——浙江省宁波市鄞州区城市管理综合行政执法局开启执法新模式》，《城市管理与科技》2018 年第 5 期。

每个街面网格应委派 1 名执法队员来担任网格长，将养护力量和各类管理任务委派给网格内的各个巡查员。在此基础上，居村网格长由居村委书记担任，网格巡查员由居村干部、物业公司或志愿者担任，同时公安和城管将会安排固定联系人负责。需要明确的是，楼宇网格化工作站中不仅设有楼宇相关负责人，还将通过物业公司、楼宇共建员和志愿者等社会力量协助日常巡查，有效提升前端发现能力。

2. 将服务与执法力量进一步延伸

借助行政执法事权下沉、基层治理力量得到充实的机遇，将服务与执法力量进一步延伸，打通了社会治理“最后一公里”，得到了辖区百姓的衷心拥护。执法力量下沉后，将执法力量和相关协助管理力量落实至中网格，充分利用现有力量，始终将管理与服务力量作为基层治理的最前端，逐步加快和完善“零距离家园理事会”“法律顾问”“公益律师”① 等机制建设，为基层提供多元化、精细化、程序化和常态化的公共法律服务体系，实现社区治理法治化，居民法律服务需求得到满足，确保案件能够及时处置，保障基层服务。

3. 注重管理和服务，将大量疑难问题在前端及时化解

为了推动基层治理和行政执法共同发挥作用，综合执法队通过建立居村民自我监督和管理的联合执勤机制，吸收公众参与到城市治理和执法的发现、监督、评价等环节，并组建一支由居村委会干部、小区物业、志愿者等力量参与的队伍，其对社区或村庄进行巡逻巡查，发现问题时可依据居民公约或村规民约第一时间劝告和阻止，并利用先进的信息技术手段将其上报综合行政执法大队，网格化综合管理中心及时派单处置，将大量疑难问题解决在前端，老百姓的满意度和幸福感得到明显提升。

4. 进一步推动治理要素及资源的整合发掘和融合，在此基础上为基层治理法治化的形成奠定内生性的自治共治基础

基层治理法治化不仅需要政府推动、执法部门力量和职能下沉，更需要

① 蓝亦辉：《深圳市宝安区法治社区建设研究》，湖南大学硕士学位论文，2019。

构建法治化的基层治理结构。当然，仅仅依靠外部的压力强制和力量下沉是远远不够的，必须将基层治理中的法治需求和内生性的法律结合起来。从这个角度而言，构建综合行政执法队还需要同基层治理内部结构中的自治相衔接，将第三方市场和社会力量一并衔接，进而挖掘治理所需资源，整合治理必然要素，最终形成一个社区自治、政府管理和社会共治三者有效互动联合的法治化基层治理结构。自综合行政执法队成立以来，通过创设各种有效的运作平台和服务通道，扩大参与共治的主体，引进市场要素和社会力量，为增加群众认可度、提高社会凝聚力、培养基层治理的内生性要素方面做出了积极的铺垫和引导，并以强化基层执法队伍和机构建设为基础，建立以重心下移、力量下沉为基准的执法机制①，对下辖各个基层社区中的法治建设发挥不可磨灭的关键作用。

二　闵行街镇综合执法体制改革的主要成绩

（一）纵向维度：有利于充实基层执法力量提升城市治理质效

1. 精准开展社会管理，基层治理效率明显提升

在市、区两级直接领导的支持下，综合执法改革有针对性地主动对接属地重点工作，参与基层社会治理，强有力地保障了基层社会的发展。执法队伍成立以来，坚持遵循属地化管理原则，通过网格、社区站、大联动及智慧社区等平台及时关切群众并发现问题，由此不断推行执法统一化、系统化、程序化和透明化等规范管理，较好地解决了重复执法、多头执法、推诿扯皮、职责不清以及执法效果差等历史问题，极大地提高了基层执法效率。

2. 规范执法行为，化解矛盾能力显著加强

综合执法改革之后，大量的执法人员进入基层网格综合管理中心或工作

---

① 张娜：《巴彦淖尔市国土资源系统的职能结构及其优化路径研究》，内蒙古大学硕士学位论文，2018。

站，长期驻扎一线工作，能够充分了解基层一线纠纷信息及矛盾内容，切实发挥执法人员属地管理的优势作用，通过网格、社区站和智慧社区等相关平台及时发现问题并关切群众。通过一段时间的适应，执法队员对于常见的各种矛盾和纠纷的把握及解决能力得到了普遍增强，在面对多种多样的矛盾和纠纷时总能在第一时间予以解决和处理，重点对背街小巷、商业街这些投诉热点区域的无序设摊、占道堆物、乱设信息牌等市容乱象加大巡查力度。除此之外，执法队也组织专项整治，加强整治户外广告、加油点位、渣土运输、房产中介、综合环境、文明施工、生活垃圾分类、食品安全、危化使用单位专项检查等领域的违法行为。

3. 克服一线治理顽疾，基层面貌大为改观

尚未开始综合执法改革前，类似高空抛物、工地施工、乱扔垃圾、乱停车辆、违章建筑、群租房等常见城市顽疾，囿于执法力量和执法权限的双重限制，尽管屡次收到群众的投诉反映，执法部门通常难以对其进行全面且长效的管理。现实的情况往往是这边治理，那边又起，前脚治理，后脚又起，使得执法人员和受到影响的市民疲于应对、难以招架。这在综合执法改革后得到很大改善，执法部门采取将执法人员纳入网格中心和居村驻点的方式充分集中人员优势，同时利用现代科技为基层一线治理赋能，使得上述城市顽疾得到有效治理，执法监管的“盲点”被扫清，监管职能得到落实，执法效能和执法力度进一步提高，案发量急剧减少，基层面貌由此焕然一新、大为改观。

（二）横向维度：有利于创新基层治理，节约执法成本

1. 打造源头治理模式，将矛盾纠纷化解在发生之时

综合执法改革后，执法部门在街镇统筹下与社会治理网格单元建立了密切联系，实现了前端管理与后端治理相结合的科学治理模式。前端管理的主要功能是预防和劝阻，处于前端的执法人员会第一时间将所面临的问题上报给后端；后端执法人员随后通过综合执法的方式将解决方案反馈给前端。这种模式下，大部分矛盾能够在前端得以化解，在前后端间合理分担了治理压

力，进而使得街镇有关将城市管理顽疾“发现在早、预防在先、解决在小”的要求得到有效落实。

2. 减少重复建设，节约执法成本

建立综合执法队能够整合不同部门和层级的执法力量与执法资源。机构优化、职能融合、管理联动促使形成扁平化的综合执法模式。这使得传统的执法方式——职能部门层级式的条块管理模式不得不相应作出改变。执法环节被缩减，执法效率自然也就提高，这些都是整理性治理对组织整合与部门联动内在要求的实在体现。

（三）立体维度：有利于打造共建共治共享的基层治理格局

1. 提高基层法治水平，夯实社区自治能力

党的十九大报告明确提出：“打造共建共治共享的社会治理格局。”① 综合执法队通过与公司企业、居村委员会、志愿者、社区民众展开联合共同执法、综合执法等各类活动，提高社会治理社会化、法治化、智能化、专业化水平。② 这不仅使得执法队伍今后的执法阻力得到有效降低，还将不断强化企业、居民的法律意识和居村委员会的自治思维。随着基层治理的法治化程度逐步加深，基层法治水平和基层自治能力也将在潜移默化中稳步提升。

2. 克服管理与执法间的衔接困难，进一步理顺执法脉络

长期以来，政府的很多管理权限在市、区一级，“条块”之间权与责的界限始终不够清晰。可随着事权下沉、相关配套文件、权力清单制度的落实等，管理责任与执法权限之间“衔接难”的现象得到大幅改善，很大程度上克服了“条块”间、部门间的相互推诿现象，社会投诉率大幅降低。

3. 大幅提高社会公众满意度，充分贯彻“以人民为中心”的发展理念

服务人民是党和政府一切工作的目的和重心，事权下沉承接和综合执法

---

① 胡湛：《共建共治共享 强化老龄工作保障》，《中国社会报》2021 年 12 月 9 日。

② 周汉华：《网络法治的强度、灰度与维度》，《法制与社会发展》2019 年第 6 期。

改革也是如此，其出发点和落脚点皆是出于及时解决矛盾纠纷和回应群众关切的考虑。综合执法改革紧紧围绕市民满意度开展服务和执法工作，加大了公共服务力度；改革以来，企业和市民投诉率低位运行，背后反映出社会幸福感大大增强，市民不断提升的收获感也令执法工作的配合度和执法治理的参与度相应增加。这无疑是对综合执法改革成效的最好肯定，更是对“以人民为中心”发展理念内涵的具体诠释。

三 街镇综合执法体制改革的主要问题分析

（一）目标构建：下沉队伍的人、财、物配置等支撑保障力量不足

1. 编制人员不足，人少事多矛盾日益凸显

随着基层经济社会迅速发展且进程越来越快，基层社会结构也呈现日益复杂化的特征，由此产生的城市问题也不再偏安一隅，而是蔓延到老百姓生活的方方面面。同时，社会各领域之间的复杂关系也对执法部门的综合能力提出更高的要求，城市管理领域间不平衡不充分的发展引发出越发尖锐的矛盾。综合执法队涉及的执法范围包括安全生产、文化管理、交通管理、水务管理、生态环境等大类。综合执法改革以来，编制不足，经费难以保障，使得执法队伍的规模和设置相对固化，人少任务重的问题普遍存在。甚至部分执法队伍还存在“在编不在岗”、编制外借的怪象。

2. 权责脱节，执法力量分配不符合现实需求

在执法队伍众多、分工细、力量分散的同时，也存在执法力量分布不均、执法力量与执法任务不平衡的问题。从纵向的执法体制来看，一线执法人员数量较少。“一机构多功能”“一干部多职务”是综合执法队的常态，执法任务多且重与执法力量少而缺之间的矛盾十分明显。此外，人员编制和数量的配置不是按照实际所有的人口比例，而是按照当地的户籍人口比例；管理资源配置对新兴发展街道、矛盾突出区域的倾斜力度显著不足。这些都

极易在“看得见、管不着”的问题之外，滋生出许多“看不见、管不着”的隐疾。

3. 执法队伍建设尚需加强，专业知识缺乏

其一，执法力量下沉之后，执法队伍权责界限不够清晰，下沉的执法人员普遍反映在工作中，完成权责之内的工作之余，处理许多权责以外的事情也是家常便饭。行政执法队伍建设往往陷入“说起来重要，做起来次要，忙起来不要”的困境之中。其二，长此以往，执法人员的专业素质呈现不同程度的下降趋势，导致管理事项与执法人员能力的结构性不匹配，为矛盾和纠纷的爆发埋下隐患。

（二）责任承担：部门之间的职责界限需要进一步界定厘清

1. 部分条线部门存在不作为现象

综合执法改革之后，很多上级执法部门以事权下放的托词来回扯皮，下沉的执法队伍无法得到及时指导，处置案件的能力较弱，导致下沉变成了托底。相关考核也落到了综合执法队，而大队对一些执法事项缺乏强制手段。在日常工作中如果发现违法情况，大队只能对违法情形进行劝阻；如果违法者不听劝阻，只能向有执法权的职能部门进行反馈并请求处理。长此以往，执法的权威性、严肃性势必大打折扣。这种权与责、条与块、期望与现实之间的不匹配，最终导致综合执法队在“条块结合，以块为主”的格局中演变为“由块负责，由块托底”的窘境。

2. “条与条”“块与块”“条与块”之间的互动性减弱，沟通减少

执法事权下放到街镇之后，相同条线部门之间沟通交流的积极性变得薄弱，执法联动性也大为减弱。当发生重点、难点等疑难问题甚至是严重的突发性事件时，协调处置方面可能不够顺畅，致使业务沟通协调的通畅性不足，双向告知、案件移送的过程中普遍存在的信息滞后严重等问题即在此列。这些弊病往往造成基层倾向于有选择的执法，有时候还会发生随意使用执法权的现象，执法规范形同虚设，执法的公平正义很难得到保

障，降低了执法权威，破坏执法队伍的形象，导致执法部门与民众产生矛盾。

（三）协同整合：职责明晰协同联动的下沉优势没有完全释放出来

1. 执法力量下沉实际效果亟须进一步释放

事权下放后，综合执法队的管理权限、执法范围和承担的责任大大增加，其相应的管理权限如经济管理权等，按照常理，相比于以前的权限应当有所扩大，但目前与执法力量下沉相呼应的政策和保障仍没有完善，部门之间的连接和配合不完全通畅，部分存在执法力量下沉指标化倾向，综合执法队实际需要的执法权限没有得到完全的下沉，下放范围较小，这些掣肘给基层政府综合执法时带来较大的困扰，使之不能完全放开“手脚”，直接导致事权下沉的效能未得到充分释放，造成在一定地区、一定行业的每日常规监督管理没有落实，不合规范的行为无法在第一时间被发现和处理，小问题积累成大问题、复杂问题，最终不得已采用集中整治、联合执法、专项治理的方式，既消耗大量的行政成本，又难以达到预期的治理效果。

2. 下沉改革不彻底，管理服务执法之间关系协调有待进一步优化

这里所说的不彻底主要表现为三个层面：一是管理权下沉，但执法权保留。如有的事项尽管将管理权下沉，但与此相关的执法权并未同步下沉，这通常会导致确定违法的事实依据丢失、查处迟滞等问题。二是管理权和执法权都没有下沉。有的事项的相关管理和执法皆未下沉，可这方面的问题却是综合执法队在执行任务时常见的，受制于执法权限，大队对这类违法违规现象毫无办法，只能将信息报送上级，造成基层综合治理始终无法取得较大的进步。三是职权转移，但人员、编制的划转尚未完全对接。事权下沉之后，随之下沉的执法人员、编制等却并未完全转移到综合执法机构，继而使得对部分专业违法行为的鉴定能力与职权间存在“转移差”，执法任务与执法力量之间不契合现象越发突出。

四　针对闵行街镇综合执法体制改革存在问题的对策思路和优化建议

（一）总体思路

街镇综合执法体制改革应当以进一步提升基层治理效能为目标，坚持“横向综合，纵向下沉，做实基层”的原则方向，以做实城市治理基本单元（片区）为核心，以推动力量整合和运用为基础，以“一网统管”为依托，建立“统筹指挥在街镇、力量整合在片区、人员落地在网格”的工作机制，形成职责明晰、协同联动、实战管用的基层执法（管理）模式。

（二）工作原则

1. 有利于力量整合，形成合力

遵循“横向综合，纵向下沉，做实基层”的工作目标，分阶段将各类执法（管理）和服务力量凝聚在基层，通过赋予基层组织协调权的方式，着力克服部门各自为政、执法管理衔接不畅的顽疾。

2. 有利于机制完善，及时响应

通过建立一套运转高效的城市运行执法（管理）机制，着力打破各部门间的工作壁垒，进一步解决流程多、手续繁、时效差等现有执法力量联勤联动中存在的不足。

3. 有利于快速处置，提高效能

遵循“小事不出网格，难事不出片区，大事不出街镇”的工作要求，明确以问题为导向的原则，着力提升综合执法队的问题意识，增强发现和解决问题的能力，切实推动执法、管理、服务全覆盖，改善现有问题无法按时办结和不能实际解决的现象。

（三）对策建议

1. 建机制：主动作为大胆探索，完善各“条块”部门权力和责任清单制度

（1）完善责任清单，厘清职责权限

通过细化、完善市区条线部门和街镇执法部门的权责和权力清单，明确市区政府及其执法机关职责划分，保障职责履行，避免机构和职能虚化。具体可从两方面着手推进：一是横向上，以权责清单为基础，厘清市区政府及其执法机关职责权限，明确和规范两级政府行政执法机关事权和职能，梳理出行政执法权的数量有多少？弄清楚每个执法权的行使主体是谁？相对人是谁？执行的根据是什么？包含哪些内容？执行的方法是什么？适用于哪些情况？案件处置的频率和次数是多少？摸清各个层级执法机构设置、编制配置和运行情况，尤其是哪些执法机构的执法内容、方式相似相同，哪些执法机构部门边界不清、执法交叉。二是纵向上，对事权下沉之后综合执法队进行重新定位，明确市级职能单位的监督考核和指导职能，这既是市级职能部门的法定权限，也是法定义务，坚决消除部分区职能部门执法力量下沉后即可甩手脱责的心理，预防和避免各职能部门、执法队伍相互推诿或乱作为的现象。比较直观、单一的容易行使的执法事项能够下沉到街镇综合执法队，而一些比较复杂且需要专业执法队伍执行的技术性高的执法事项，在基层执法队伍尚未拥有处理这类问题的能力时，不能通通下沉到基层，应由市区级执法部门承担。

（2）加大执法队伍统筹整合力度，推进重点领域综合执法

充分利用已经下沉的执法力量，借助网格化管理中心、社区工作站等平台，聚焦重点领域，推进综合执法，即相对集中行政执法权。对于尚未下沉而综合执法大队又急需的执法力量，如派出所、司法所、卫监所、市监所等，可结合街镇实际，加强与这些部门的沟通联系和工作配合，条件允许的可创造一些“抓手”，有利于更好地协调推进综合执法队伍整合。

（3）全面落实“街属街管街用”和“镇属镇管镇用”责任制度，明确规定责任主体

一方面，街镇根据属地原则，对基层执法队伍具体情况具体分析，建立

健全考核评价机制，通过制定规范性文件的形式，明确执法队伍的具体工作程序，以及执法时效和案件处理时限，将执法队伍的权限和职责进一步细致分工，严格要求相关执法机构和部门按照规定时间高效完成工作任务。另一方面，进一步明确组织实施工作的细则，加大对其的领导力度，强化责任落实，持续推进执法事项梳理工作，并依此制作清单，将网格、社区工作站与居村纳入执法下沉工作的范围，整合协调执法力量，统筹各方面的资源配置，加大机构设置工作力度，并对其工作进展进行监督和督促，有力保障综合执法队伍有效完成任务。

2. 打基础：抓住重点精准发力，加强市区条线职能部门指导、培训和监督

事权下沉以后，原所属职能部门的权限被缩减，其职能由直接管理变为指导和监督，但其承担的责任尚未缩减。事项下沉导致综合执法队所遇到的问题，具有较高的相同性和专业性，因此仅靠目前综合执法队所拥有的执法资源和单一的执法方式，不能实现预期效果，同时行政资源也无法发挥应有的作用。也就是说，事权下沉的同时，综合执法队伍上级部门的专业指导和培训及监督工作也要随之加强，将保障工作进一步落实，为综合执法队伍构筑坚强后盾。具体包括下列几个方面。

（1）加强对一线执法人员的业务培训

培训时应当着重讲授与之有关的法律法规、相关政策，以及工作的性质和特点等；关于遇到的专业性问题，可以借助第三方力量，如聘请专家或第三方机构，并通过建立评估机制，对培训的实效进行评估，并依据评估结果对执法人员的法律适用能力和知识更新运用能力进行针对性的改善和提高。① 更重要的是，理念宣传工作必不可少，严格执法、文明执法、规范执法的理念要深入执法人员的内心，确保执法工作既要依法而行，也要体现该有的温度。从执法实际工作的现状来看，综合执法队接近80%的案件都采用比较灵活且柔和的方式进行处理，例如劝说、教育、调解等方式，这样做的

① 彭辉、周莹青：《推进行政执法（管理）力量下沉的对策研究——以上海市闵行区为例》，《中共桂林市委党校学报》2019年第4期。

好处就是执法与民众之间的矛盾不再像以前激烈，距离感被降低。

（2）建立执法问题收集处理和反馈机制

随着城市社会的快速发展和对执法要求的提高，综合执法队不免遇到一些新的执法难题，加上长期存在一些城市治理顽疾，很多具有共性并涉及专业知识，这就需要上级职能部门针对本条线上的一些新生难题和需要极高专业知识才能解决的问题进行统一收集，然后协调各方力量集中攻坚解决并将相关方式方法反馈给综合执法队，以利于他们在以后遇到类似问题时能够第一时间予以解决。对于破解重大难题和突发情况所需要的专业人员或者其他资源，可由街镇申请，市区相关职能部门及时跟进解决。

3. 聚合力：条块联动管执联动，完善事权下放的基本标准和配套机制

（1）完善事权下放的基本标准和配套机制

目前，上海市行政执法的管理和职权配置还存在混乱的情况，例如市级、区级和街镇这三个层面行使的职权和管理的事项包括哪些，还没有较为清晰的标准。由此就导致执法力量下沉的过程中存在不根据实际情况就下沉的随意性，下沉遇到阻力，产生矛盾冲突。因此，我们认为，关于哪些事项应当下沉至综合执法队，应当符合以下几个标准：一是管理水平和执法效率能够得到提高。例如，可以将管理或执法事项下放至网格管理领域，实现在网格发现违法行为，并在网格领域对其进行管理或者执法，使得违法行为在同一层级得到妥善处置。二是以社区平台为基础进行多方联合治理。比如，文明施工、生活垃圾分类、群租问题，重点针对背街小巷、商业街这些投诉热点区域的无序设摊、占道堆物、乱设信息牌等，下沉后可以通过与自治和共治相衔接，寻求分散化的公共治理。

在完善事权下放标准之后，更为重要的是在执法力量下沉的同时完善相关配套措施，始终“以基层为中心，以基层为理念”，将执法、管理和服务切实落实到基层。一是坚决把好事务准入关，对于各个部门不按规定超越界限将工作下发到基层的情况，要及时发现并制止，贯彻落实约请制度；二是坚持事权放手、责任不离肩，事权下放后，相关职能部门要加强对综合执法队伍进行业务培训和指导，建立配套的管理措施，所下沉的执法力量，要有明确的相关授权，赋予明确职能，完善有关争议解决的培训机制；三是各区对下放事项准入进行评价，并在规定的期限内向市委、市政府汇报工作，赋予街镇对下沉力量的招录、考核与管理方面更多的话语权。

（2）加强街镇与区相关职能部门之间的“条块联动”

“条管业务、块管人”，即仍由原属上级政府职能部门负责执法队伍的业务指导，但人事和日常管理权则严格按照属地管辖原则，由街镇统筹，但二者并非完全割裂的，更不能抱着事不关己、高高挂起的消极心态，二者应加强沟通和配合，积极探索建立常态化的互动交流机制，条块结合、各司其职、相互配合，才能有效提高处理突击任务和重大突发事件的能力。上级政府相关职能部门在对综合执法队实施管理时，应当履行的职责主要包括：一是加强对综合执法队的培训和业务指导；二是持续关注综合执法队的执法动态；三是依据实际情况，灵活安排其他执法力量参与综合执法活动。另外，在明确综合执法队与上级各职能部门之间的权责关系时，还应当加强上级相关职能部门对综合执法队的指挥权、监督权和考核权，以此加强街镇与区相关职能部门之间的条块联动。

（3）以难点问题为中心，强化基层治理中管理和执法联合的手段

由于各执法部门在执法过程中难免会遇到一些仅靠单个部门无法解决的复杂事务，这就需要其他部门的联动执法。在街道层面推进综合执法的基础上，还可以通过大量的调研工作，建立“管执联动”机制：一是综合执法队与街镇相关职能机构需要定期对管理和执法工作中遇到的热点问题、难点问题进行研究，将管理寓于执法之中，以管理带动执法，以执法推动管理，联合对管理措施或者执法方案进行探讨和制定，明晰各方的职能与责任，分工明确，相互配合；二是关于未下沉执法事项，综合执法队可以通过建立问题发现机制，第一时间上报区属执法部门，并配合其执法；三是区属部门在执法过程中，可以要求综合执法队提供相应的管理配套措施，综合执法队应当根据要求及时予以研究后落实。

4. 强一线：建立执法人员编制动态调整机制，必要时可将市区编制向下转移

（1）适当调整编制，让“人随编走，编随事走”得到落实

由于社会转型和经济的飞速发展，街镇辖区内的人口和社区发生变化，

执法任务的数量和复杂程度也随之发生变化，“人事不符”的现象越发突出，人少事多的地方忙死、人多事少的地方闲死的局面也层出不穷。因此，为解决这一问题，按照“精简、统一、效能”的原则，可综合考虑辖区数量、人口、执法任务、复杂程度等原因从整体层面予以整合统筹，对执法所需人员和编制予以评估，并以此为依据探索灵活有效的编制调整机制，即每隔一段时间根据上述指标对各辖区内综合执法队的人员编制进行合理调整，对任务多且重的辖区可多安排一些编制，使其人员充足，同样对任务少且轻的辖区，可少安排一些编制，避免造成人多事少、资源配置不均的局面，实现机关“瘦身”、基层“强身”。原则上，综合执法队中管理力量的编制占比小于15%，下沉到一线执法力量的编制占比大于85%，通过这样的分配比例来缓解基层执法人员难以满足实际执法任务的矛盾。

（2）进一步加强财务保障和执法硬件配备

需要将下沉事务的经费保障列为重点解决的工作内容之一，将日常工作经费纳入区政府的财政预算，预算到位确有困难的，可申请由市级职能部门拨款予以保障。硬件配备方面，完善执法记录仪、执法车辆等硬件配备；配备统一的制服，提高执法和行政效能，促进行政执法规范化。

（3）注重解决执法人员身份庞杂、待遇不一、职业晋升等问题

执法队员整体待遇偏低，薪资待遇与工作量和工作压力不对等，导致队员工作积极性有所下降；职级并行政策遭遇瓶颈，一部分执法队员经过职级晋升之后，单位名额已经达到规定的上限，其他符合规定的队员晋升通道受限，执法队员工作积极性降低；部分执法队伍只能在本部门内部流动，长期在固定岗位工作，再加上晋升困难，容易产生倦怠情绪。对此，亟待建立健全符合街镇特点的职务晋升和交流制度，切实解决基层执法队伍基数大、职数少，干部晋升空间小等问题。①

① 《中共中央 国务院关于深入推进城市执法体制改革 改进城市管理工作的指导意见》，《人民日报》2015年12月31日。

B.16

数据治理与执法转型

——以张某某申请行政监督提请抗诉案为展开

蒋骅　张亮*

摘　要： 在交通执法领域，适用简易程序“一对一”执法是行政机关较为常用的方式，因此以交警一人陈述来认定违法事实的优势证明标准也成为执法主流。但是，在新时期要求执法全过程记录与公开的新形势下，对交通执法中这类降低证明标准适用优势证明标准的情形如何作出合理限制，如何准确适用瞬时发生、不留痕迹、无交通监控设备条件等识别要件，明确因客观条件所限而难以达到一般证明标准的基本规则，同时充分考量已有执法设备的网络和信息化条件，是一个需要直面的法律问题。要避免执法人员在有证明条件的情况下，不加限制地将交通处罚案件均以“优势证据”为认定事实标准，过度减轻行政机关的举证责任，可能冲击行政主体承担行政行为合法性举证责任的基本原则。本文以“张某某申请行政监督提请抗诉案”为展开，该案是2021年度上海检察机关提起行政诉讼抗诉后唯一改判的案件，法检机关在本案处理中所展现出的法治思维，对新时期数据治理与执法转型具有一定的示范意义。

关键词： 交通执法　简易程序　“一对一”执法　优势证明标准

* 蒋骅，上海市人民检察院第三分院第四部检察官；张亮，上海社会科学院法学研究所助理研究员。

在交通执法领域，适用简易程序“一对一”执法是行政机关较为常用的方式，因此以交警一人陈述来认定违法事实的优势证明标准也成为执法主流。但是，在新时期要求执法全过程记录与公开的新形势下，对交通执法中这类降低证明标准适用优势证明标准的情形如何作出合理限制，如何准确适用瞬时发生、不留痕迹、无交通监控设备条件等识别要件，明确因客观条件所限而难以达到一般证明标准的基本规则，同时充分考量已有执法设备的网络和信息化条件，是一个需要直面的法律问题。要避免执法人员在有证明条件的情况下，不加限制地将交通处罚案件均以“优势证据”为认定事实标准，过度减轻行政机关的举证责任，可能冲击行政主体承担行政行为合法性举证责任的基本原则。本案是 2021 年度上海检察机关提起行政诉讼抗诉后唯一改判的案件，对新时期数据治理与执法转型具有一定的示范意义。

一 基本案情

某日，交警支队交警面朝西，站立于公交专用车道中写有“让”字处，将驾驶小型轿车沿某路自西向东行驶在公交专用车道的张某某拦下。交警认定，张某某驾驶机动车违反规定使用公交专用车道，对其作出罚款 100 元的处罚决定。张某某不服，当场提出异议并拒绝在处罚决定书上签字。后其向某公安分局申请行政复议。某公安分局经审查维持了交警支队作出的处罚决定。张某某仍不服，诉至法院。

一审法院认为，根据《中华人民共和国道路交通安全法》（以下简称《道路交通安全法》）第五条之规定，交警支队具有作出处罚决定的职权。交警支队经询问、告知拟作出行政处罚事项后，当场作出处罚决定，程序合法。交警支队认定，张某某实施了违反规定使用公交专用车道的行为，有其提交的民警工作情况、现场照片等证据证明，交警的陈述亦能证明，故认定事实清楚。张某某认为，其没有违法行为。但现场照片已证实事发路段确实设有公交专用车道。张某某要在道路尽头右转，应当在地面的箭头指示处变道行驶，而不应当提前变道驶入，否则公交专用车道的设置目的无法实现。

本案中，根据交警的陈述，张某某在地面箭头指示前就已行驶在公交专用车道内，属于违反规定使用公交专用车道的违法行为，故张某某意见不予采纳，判决驳回张某某的诉讼请求。

二审法院认为，本案中，张某某驾驶机动车进入的车道为公交专用车道有事发地照片及现场执勤交警的指证等证据证实。张某某提出的异议为该车道有白色虚线相间，故其驶入并不违法。但在案证据反映，该车道有公交专用车道的文字标识和黄色虚线标线。按照一般常识，即使有白色虚线相间，也不应导致对该车道的误判。且张某某事发时驶入的公交专用车道内有“让”文字标识与减速让行线，左侧车道内有“右转车道”文字标识和向右合流导向箭头，结合现场路况，可以判断出右转车辆需在出现向右合流导向箭头后方可进入公交专用车道。故张某某占用公交专用车道行驶的行为不具有合法性及合理性，交警支队认定张某某实施了违反规定使用公交专用车道的违法行为并无不当。同时，交警支队也应合理规划设置道路交通标识标线，避免引发类似争议。据此，依据《中华人民共和国行政诉讼法》（以下简称《行政诉讼法》）第八十九条第一款第（一）项之规定，判决驳回上诉，维持原判。

二　检察监督与再审

（一）检察机关的调查与抗诉

检察机关在受理该案后，针对“交警支队提供的证据能否认定张某某实施了违法行为”这一核心问题展开了深入分析。

从在案证据看，本案认定事实的主要证据系交警的证言，但缺乏其他证据印证张某某实施了违法行为，如：①现场照片非事发时间所摄，仅能显示公交车道的设置情况，未拍摄到张某某存在违反规定占用公交车道的行为；②交警的证言与张某某的陈述在事实认定方面存在明显分歧；③交警出具的情况说明与其出庭陈述的证言对于关键内容存在不一致；④交警执法时佩戴了执法记录仪，执法记录当天传送至公安分局，但公安分局因受病毒影响无法提供该数据；⑤事发道路摄像头未对着事发路段，没有拍摄到违法情况。

虽然从以往的交通执法实践和司法审查案例来看，法律上认可执法交警的单方陈述作为交通行政处罚案件的定案证据，但是在存在上述争议，甚至明显不合理的情形时，可否完全不予考虑呢?

因此，一方面，检察机关对事发路段道路监控情况开展了调查核实，当前公交车道设置及画线均已重新规划，事发路段有4组9个道路监控拍摄道路情况，能较为全面地拍摄到路面情况。但公安机关表示该路段探头已重新设置，目前无法还原事发当时的现场监控设置情况。另一方面，检察机关还组织召开公开听证，邀请人大代表、政协委员、人民监督员、法律职业工作者、法学教育科研人员作为听证员参与本案听证。听证员认为：在肯定上海交通大整治成效的同时，也应对交通执法规范提出思考与要求。从城市管理角度严格执法有其必要性，应认可交警的现场处置权，但从行政诉讼角度讲，在上海监控设施较为全面且已有相关规定对交警佩戴执法记录仪作出要求的情况下，不能简单地降低证明标准。否则有损司法权威。在因行政机关原因导致无法举证的情况下，其应承担举证不利的后果，支持检察机关予以监督。

检察机关认为，本案认定案件事实的主要证据不足，根据《行政诉讼法》第九十一条第三项之规定，符合监督条件，提请抗诉。提抗理由：①本案的证据无法达到“违法事实确凿”的标准。一是本案以言词证据为认定事实的主要证据，但双方当事人所述事实不一致，且缺乏其他证据相印证；二是本案客观上具备证明条件（交警佩戴了执法记录仪），不宜降低证明标准，将交警证言作为“优势证据”认定事实。②行政机关应承担举证不能的不利后果。依据公安部制定的《交警系统执法记录仪使用管理规定》，交警现场执法需佩戴、使用执法记录仪进行全程录音录像的要求，对现场执法有异议的应采取刻录光盘、使用移动储存介质等方式，长期保存执法记录仪记录的声像资料。因此，从规范执法的角度，公安分局应妥善保存执法记录仪记录的声像资料。因中毒而无法提供证据并非客观上存在证据困境，而属于行政机关的过错。

（二）再审结果

经检察机关抗诉，高级人民法院作出行政判决，采纳检察机关抗诉意见。该院认为，本案争议焦点在于交警支队作出被诉处罚决定提供的事实方面的证据能否证明交通违法行为确实存在。本案中，交警支队向原审法院提供的事实方面的证据包括民警工作情况（含道路示意图）及现场照片 8 张。现场照片系事发后数月拍摄，仅能反映事发路段车道设置情况，并不能证明张某某有无交通违法行为。故用以证明张某某实施了涉案违法行为的直接证据仅有民警工作情况（含道路示意图），属于“一对一”的证据状况。鉴于该交通违法行为的瞬时性以及交通警察的亲历性特点，司法审查中法院对于交通警察就违法行为的指认和判断一般应予认和尊重，但交通警察对于违法行为的描述应当清晰明确，前后一致。本案中，交警支队提供的民警工作情况记载与执法民警在一审庭审时关于违法行为的发生过程、违法形态等关键事实前后陈述不一，不能准确清晰地反映张某某是否实施了相关违法行为以及行为的全过程和违法形态。故该院认为仅凭交警支队出具的民警工作情况（含道路示意图）认定张某某实施了涉案违法行为，证明力尚显不足。另外，根据原审法院查明的事实，执法交警执法时是佩有执法记录仪的，而且该设备当时也处于正常工作状态，事后交警将执法影像上传至公安内网。虽然诉讼过程中，交警支队一直表示本案执法视频资料因公安内网遭受病毒侵袭损坏而无法提供，但是其提供的一份关于成功处置“永恒之蓝”勒索病毒安全事件的报告又明确记载“无重要业务数据丢失情况”。显然，交警支队关于执法视频资料遭病毒攻击而损坏丢失的陈述与其提供的相关材料的记载存在矛盾，亦难以采信。鉴于交警支队提供的执法交警陈述前后不一，对执法记录仪电子证据的解释自相矛盾，该院认为交警支队提供的证据尚未达到证据确实充分的证明标准，难以认定张某某实施了涉案违法行为。被诉处罚决定主要证据不足，认定事实不清，应予撤销。被诉复议决定未准确查明案件事实，认定事实有误，亦应予以撤销。原审判决适用法律错误，应予撤销。据此，依照《中华人民共和国行政诉讼法》第八十九条第一款第（二）项、第八十九条第三款、第一百零一条，《中华人民共和国民事诉讼法》第二百零七条第一款之规定，判决撤销一审、二审判决，撤销交警支队处罚决定及公安分局行政复议决定。

三 案例分析

（一）行政诉讼中的证明标准

所谓证明标准，是指负有举证责任的主体要证明争议事实、论证诉讼主张所必须达到的程度要求。

《行政诉讼法》第六十九条规定的证明标准系“确凿”，《最高人民法院关于行政诉讼证据若干问题的规定》第53条规定：“人民法院裁判行政案件，应当以证据证明的案件事实为依据。”目前学界认为行政诉讼证明标准是法院在审理行政案件过程中，对当事人履行举证责任来证明案件事实，特别是证明被诉行政决定是否合法所应达到的程度标准，同时证明标准又是法官认定案件事实的准则。[①] 我国目前对行政诉讼证明标准的研究比较薄弱。但一般认为，行政诉讼证明标准根据行政活动的类型、行政案件的性质及对当事人权益影响的大小等因素，呈现一个光谱形态，在优势证明标准到排除合理怀疑的两极之间具体确定案件的证明标准。[②] 简而言之，在行政执法实

---

① 高秦伟：《论行政诉讼的证明标准》，《证据科学》2008年第4期。

② 徐继敏、杨小君、解志勇、高秦伟、吴振宇、孔繁华等对行政诉讼证明标准展开了讨论。徐继敏：《行政处罚证明标准初探》，《四川师范大学学报》（社会科学版）2007年第6期；杨小君：《行政诉讼问题研究及制度改革》，中国人民公安大学出版社，2007，第277页；解志勇、崔晓婧：《行政诉讼证明标准研究》，《证据科学》2008年第4期；高秦伟：《论行政诉讼的证明标准》，《证据科学》2008年第4期；吴振宇：《行政诉讼中的证据评价与证明标准》，《行政法学研究》2004年第3期；孔繁华：《略论行政诉讼中的证明标准》，《广西社会科学》2004年第6期。

践中的行政诉讼证明标准是以明显优势证明标准为原则（一般性证明标准），以优势证明标准（适用于行政裁决案件、即时性行政处罚、行政强制措施）和排除合理怀疑标准（适用于拘留、劳动教养、责令停产停业和吊销执照等对人身财产权益产生较大影响的行政案件）为补充的证明标准体系。

（二）“一对一”执法中证明标准的适用困境

交通管理领域“一对一”执法中，对适用简易程序行政处罚案件的事实认定，应当兼顾行政效率与保障个人利益的平衡，采用合适的证明标准。对此，早期的“廖宗荣案”和“郁祝军案”等最高院典型案例提出并明确了行政诉讼中的“优势证据”规则，引起了学者的广泛关注。一般认为，《最高人民法院关于民事诉讼证据的若干规定》第73条第1款确立了民事诉讼优势证据规则，而《最高人民法院关于行政诉讼证据的若干规定》第63条第1款则是优势证据规则首次引入行政诉讼领域。认可的观点有，针对道路交通行政领域适用简易行政处罚程序的活动，适用了优势证据的证明标准，并为执法人员的当事人陈述赋予了优势地位。其启示意义不限于道路交通行政处罚领域，对于适用简易程序的行政活动的证据规则，以及法院所适用的证明标准，都具有更为一般的意义。[①] 公报案例中的“优势证据”暗含了三个构成要件，分别为身份要件、真实要件、关系要件；而数个案例的对比分析揭示，公报案例中的“优势证据”只适用于“一对一”证据的情境。[②] 也有理论观点从规范上否定了一人执法的合法性，进而否定了“一对一”证据情形下的司法认定。面对法律规范，法院很难支持一人执法；但面对执法现实，法院否定一人执法恐怕更难。[③]

---

① 宋华琳：《当场行政处罚中的证明标准及法律适用——“廖宗荣诉重庆市公安局交通管理局第二支队道路交通管理行政处罚决定案”评析》，《交大法学》2010年第1期。

② 黄琳：《优势证据在行政诉讼中的构成及适用——以廖宗荣案为分析对象》，《证据科学》2014年第6期。

③ 王贵松：《一对一证据的审查与认定——廖宗荣诉重庆市交警二支队行政处罚决定案评析》，《华东政法大学学报》2012年第3期。

依据《中华人民共和国行政处罚法》（以下简称《行政处罚法》）第三十三条规定，适用简易程序行政处罚的条件是“违法事实确凿并有法定依据”，该证明标准是明显优势标准，即“清楚且令人信服”。它要求人民法院在认定案件事实时，应当根据证明效力中具有明显优势一方的证据作出。但违法事实发生在公安交通执法这类比较特殊的行政管理领域时，违法驾驶车辆的行为往往是瞬间发生、不留痕迹的，通常表现为执勤民警当场发现当场处理。此时往往形成“一对一”的证据。在此情况下，适用何种证明标准存在困境。

司法实践中，由于即时性行政处罚对相对人权利影响不大，因此法院倾向于保障行政效率，依据行政公益优先原则，并不采用一般的“明显优势证据”标准，而是采用“优势证据”标准认定违法事实。在最高人民法院公报案例“廖宗荣诉重庆市公安局交通管理局第二支队道路交通管理行政处罚决定案”中，裁判要旨将优势证据标准的规则提炼为“交通警察执行职务时，对所在辖区内发现的道路安全违法行为，有权及时纠正。交通警察对违法行为所作陈述如果没有相反证据否定其客观真实性，且没有证据证明该交通警察与违法行为人之间存在利害关系，交通警察的陈述应当作为证明违法行为存在的优势证据”①。另外，《最高人民法院行政审判参考性案例第6号》“郁祝军诉行政处罚案”中，法院同样指出，“违法事实发生在公安交通执法这种比较特殊的行政管理领域时，这类违法行为往往是瞬间发生、不留痕迹的，通常可以是执勤民警当场发现当场处理。本案中，在郁祝军驾驶机动车处于行驶状态时，常州市武进区公安局交通巡逻警察大队在无交通监控设备条件的道路上由一名交通警察依据其亲眼所见的事实当场认定郁祝军驾驶机动车在红灯禁行时继续运行，对此，郁祝军未有充分的反驳证据证明其无上述违法事实存在，也未有其他证据证明交通警察张永成存在滥用职权的故意，故交通警察张永成作为亲眼看到即感知到事实的公务人员对该事实的认定，应当予以采信”。但需要指出的是，该参考性案例中其实隐含了对降低

① 《最高人民法院公报》2007年第1期。

证明标准适用“优势证据”标准所存在的限制条件，即“瞬时发生、不留痕迹、无交通监控设备条件”，属于因客观条件所限而难以达到一般证明标准。

（三）“一对一”执法中证明标准的适用考量

行政诉讼中证明标准的适用应当体现行政诉讼所要维护的社会秩序及价值目标，兼顾行政效率与保障个人利益的平衡。

1. 证明标准的一般原则

《行政诉讼法》第三十四条第一款规定，被告对作出的行政行为负有举证责任，应当提供作出该行政行为的证据和所依据的规范性文件。《行政处罚法》第三十三条规定，适用简易程序行政处罚的条件是“违法事实确凿并有法定依据”。因此对于“一对一”执法案件，应以明显优势标准为一般原则，兼顾考量举证能力及条件，进而对是否能降低证明标准予以评价，而非直接将交警证言作为优势证据，采用优势证明标准直接认定事实。

2. 适用条件及规范要求

对于适用“优势证据”标准裁判的案件，应当充分认识“优势证据”证明标准是行政诉讼一般证明标准的例外情形，严格把握适用的限制条件。只有在①交通违法行为瞬时发生，②无交通监控设备条件，③行政相对人未有充分的反驳证据证明其无上述违法事实存在，④未有其他证据证明交警存在滥用职权的故意上述四个主客观条件同时具备的情况下才能适用“优势证据”标准，实现兼顾行政效率与相对人权益的平衡。无条件地降低“一对一”执法的证明标准，过度减轻交警的举证责任，可能间接滋长执法不规范或滥用职权违法等现象，也会造成相对人的“失语”，打破诉讼平衡，有违行政诉讼所特有的价值追求。对于能否降低证明标准应重点考量举证条件及有无规范要求。只有当缺乏取证条件或者待证事实本身难以证明等客观原因致使难以达到一般证明标准时，才宜从行政效率及行政成本角度降低证明标准。此外，如果存在相应的规范性要求，从规范行政行为角度，也不宜降低证明标准。例如在本案中，从举证条件看，行政机关客观上具有举证条件。交警执法时佩戴了执法记录仪，执法记录也于当天传送至公安内网，对该证据的收集并不存在障碍，也不会因此增加行政成本或者降低行政效率。从规范角度看，《交警系统执法记录仪使用管理规定》具体规定了保障执法记录仪的配置、使用执法记录仪进行全程录音录像的情形、管理方式、监督责任，该规范性文件既是对行政执法的规范性要求，也为形成声像资料证据提供了制度保障。特别是对于当事人对交通警察现场执法、办案有异议的，规定明确了不仅需要使用执法记录仪，还要长期保存声像资料。该目的就是将声像资料作为证据在之后的复议、诉讼中予以使用，避免"一对一"证据情形的出现。此外，在依法治国的大背景下，《国务院办公厅关于全面推行行政执法公示制度执法全过程记录制度重大执法决定法制审核制度的指导意见》《上海市全面推行行政执法公示制度执法全过程记录制度重大执法决定法制审核制度实施方案》规定，着力推进行政执法透明、规范、合法、公正，推动形成权责统一、权威高效的行政执法体系。在此情况下，人民法院对于降低证明标准的适用更应予以慎重。

3. 价值衡量

行政诉讼的目的在于解纷、救济、监督，通过对失范行政行为的规制，寻求行政权所代表的公共利益和公民权所代表的个人利益之间的互动和平衡，最终实现有效的社会治理和良好的行政秩序。《道路交通安全违法行为处理程序规定》的目的在于规范道路交通安全违法行为处理程序，既要保障公安机关交通管理部门正确履行职责，也要保护公民、法人和其他组织的合法权益。虽然该规定明确对违法行为人处以警告或者二百元以下罚款的，可以适用简易程序由交警一人作出处罚，但同时规定简易程序也应听取违法行为人的陈述和申辩，违法行为人提出的事实、理由或者证据成立的，应当采纳。因此，对于相对人对违法事实存在争议的情形，应进一步固定证据，或者难以取证但情节轻微，未影响道路通行和安全的，也可口头警告，纠正违法行为后放行。"一对一"执法中，程序的正当性应优先于行政效率，如仅考虑行政效率和成本而将证明标准不加限制地降低至优势证据，以交警证言为认定事实依据，必然造成相对人的"失语"，从而打破诉讼平衡，有违行政诉讼所特有的价值追求。

4. 证明妨碍规则的补强

其实在本案中，检察院和法院还可以在事实调查的举证过程中运用一种比较特殊的证明妨碍规则，来补强上述论证。《行政诉讼法》第三十八条吸收了《最高人民法院关于行政诉讼证据若干问题的规定》第 4 条和第 5 条的内容，明确了行政诉讼的原告证明责任。尤其是第 2 款第 2 句“因被告的原因导致原告无法举证的，由被告承担举证责任”的规定，直接来源于审判实践，被学者视为证明妨碍规则在行政诉讼制度中的体现。[①] 证明妨碍责任主要适用于行政赔偿案件中，一般情况下，原告承担举证责任，包括主观举证责任与客观举证责任，因被告原因导致原告无法举证的特殊情形下，被告的行为构成证明妨碍，举证责任倒置，由被告承担客观举证责任，原告只承担主观举证责任，应该降低原告的证明标准。[②] 那么在本案中，当原告张某某主张现场有各种执法影像可以佐证时，作为执法影像的主要保存方，却主张交警执法时佩戴了执法记录仪，执法记录当天传送至公安分局，但公安分局因受病毒影响无法提供该数据；事发道路摄像头未对着事发路段，没有拍摄到违法情况。这样的反馈显然与公众对日常交通执法和公交专用车道监测的认知不相符合，更重要的是，交警支队称本案执法视频资料因公安内网遭受病毒侵袭损坏故无法提供，但事后调查获得的一份关于成功处置“永恒之蓝”勒索病毒安全事件的报告明确记载“无重要业务数据丢失情况”，两者存在明显矛盾。基于上述理由，本案中也可以推定证明妨碍责任的成立。

---

① 江必新、邵长茂：《新行政诉讼法修改条文理解与适用》，中国法制出版社，2015，第 140 页。

② 罗智敏：《行政赔偿案件中原被告举证责任辨析》，《中国法学》2019 年第 6 期。

B.17 后　记

《上海法治发展报告（2022）》面世了。为了使本书的数据更完整、更科学，争取使全书更具权威性、科学性、创新性和可读性，蓝皮书编委会广泛调研，得到了来自社会各界的大力支持和帮助。作为资讯类的皮书，我们一如既往重点介绍了上海市2021年法治建设情况，并对2022年上海法治建设做了展望。

出版之际，编委会由衷地感谢在本书编撰的各个环节得到上海市全面依法治市委员会办公室、上海市人大常委会法工委、上海市人大监察和司法委员会、上海市高级人民法院、上海市人民检察院、上海市公安局、上海市司法局、上海市国资委、上海金融法院、上海市地方金融监督管理局、上海市人民检察院第三分院、杨浦区人民检察院等单位的领导和工作人员的大力支持、指导和帮助。

上海社会科学院法学研究所组建了专业团队从事本书的调研和编撰工作。主编、执行主编、副主编及本书编委会对本书架构、内容等进行了认真讨论，通过统稿会完成本书的编撰工作，在此特别感谢编委会全体老师的辛苦付出。上海社会科学院法学研究所彭辉研究员翻译、王海峰研究员及张黄心怡硕士研究生校对了摘要和目录的英文部分。上海社会科学院法学研究所张晓栋老师对全书做了审校、编辑等非常认真细致的工作。社会科学文献出版社的编辑对保证本书质量起了重要作用。

本书专家委员会对本书的架构布局、重点内容、写作风格等提出了很多建设性意见和建议，他们的真知灼见为本书写作的顺利完成做出了重大贡献。

对上述单位和个人的指导、支持和帮助，我们表示衷心的感谢。本书在立项、选题、调研和撰写过程中，得到上海社会科学院党委书记权衡研究员、上海社会科学院院长王德忠研究员、党委副书记王玉梅研究员、华东政法大学校长叶青教授的关心、支持和指导，在此向他们表示诚挚的谢意。

《上海法治发展报告》走过了十一个春秋，见证了上海这座国际大都市法治发展的前进历程。我们热切期待社会各界继续关心和关注“上海蓝皮书·法治”的成长，期盼以此为契机，久久为功，推进《上海法治发展报告》的社会声誉和学术影响力不断提升。

虽竭尽所能，但疏漏不当难免，敬祈读者批评指正。

上海社会科学院法学研究所

上海法治发展报告编委会

2022 年 3 月

Abstract

Annual Report on Development of the Rule of Law in Shanghai (*2022*) provides a comprehensive and sorted review and summary of the rule of law construction in Shanghai in 2021, focusing on Shanghai's work in the National People's Congress, government ruled by law, the comprehensive reform of the judicial system, and further analyzing and looking forward to the new situation, new tasks and new exploration facing the rule of law construction in Shanghai in the future.

The report comprises six parts.

The General Report focuses on a high-level overview of the key highlights of Shanghai's rule of law construction in 2021: the national people's congress has made remarkable achievements in its work, the construction of a rule-of-law government has continued to promote, and the judicial procuratorate has deeply promoted the comprehensive reform of the judicial system. The General Report also provides a series of foresight on the construction of the rule of law in Shanghai in 2022: to carry on the past and open a way for future, to focus closely on the central work of Shanghai, to promote institutional open breakthroughs with legislation in Pudong New District, to show new achievements in the rule of law government, judicial services to protect the overall situation, and to deepen the professional construction of prosecution, to protect and promote a better sustainable development of Shanghai's economy and society.

Different from the previous annual reports, Annual Report on Development of Rule of Law in Shanghai (2022) adds a new chapter on reform, focusing on exploring innovative practices of rule of law reform in Shanghai in 2021, specifically including legislative reform of regulations in Pudong New District, pilot reform of simplifying civil proceedings, pilot reform of "one industry, one certificate" and police reform in urban public security. The chapter focuses on "financial justice" "rule of law, state-owned enterprises" and "urban security" to ensure urban construction with the rule of law.

The Special Reports focus on the hot topics of "data" and examines issues related to "data compliance" from the perspective of office of the public prosecutor.

The Evaluation Report focuses on the new legislation and practices, such as the Shanghai Municipal Regulations on Domestic Waste Management and the "penetrating" supervision of administrative prosecution, to evaluate the effects of the new regulations and new practices.

The Case Reports revolve around representative cases, such as the case of promoting the core values of socialism announced by the Shanghai Higher People's Court, the case of the reform of the comprehensive law enforcement system in Minhang District, and the case of the administrative punishment decision of the traffic police detachment of the Changning Branch, in order to show the vivid practice of the rule of law in Shanghai in 2021 such as legislation, justice, and law enforcement.

Keywords: Shanghai; The Rule of Law; The Work of the Local People's Congress; The Comprehensive and Integrated Reform of the Judical System

Contents

Ⅰ General Report

Abstract: In 2021, Shanghai's rule of law construction will continue to make significant breakthroughs in the work of the National People's Congress (NPC), rule of law government, and comprehensive judicial reform. The work of the NPC has made remarkable achievements. In 2021, guided by Xi Jinping Thought on the Rule of Law, aiming at people's democracy in the whole process, escorting high-quality legislation, guaranteeing legal supervision, performing duties according to law as the mission, and self-construction as the purpose, the NPC has actively and orderly promoted the modernization of the rule of law of Shanghai's mega-city governance system through a series of professional and efficient measures and promoted legislative innovation in Pudong New District, reflected many highlights in promoting legislative innovation in Pudong New District, learned the history of the Communist Party of China and facilitated people's live. The construction of Shanghai's rule of law government continues to promote guided by Xi Jinping's thought on the rule of law and insists on serving the construction of a modern socialist metropolis with world influence. It has achieved outstanding results in promoting the optimization of the organizational structure of government agencies, standardizing civilized law enforcement strictly, optimizing the business environment, deepening the reform of the administrative approval system, and improving the relief mechanism comprehensively. While coordinating and promoting the administrative work under the law in the new era, they highlighted the initial formation of Shanghai rule of law government characteristics. Courts and prosecutorial systems shall promote the comprehensive reform of the judicial system. Shanghai court system around the overall situation shall perform their duties, and judicial protection shall be strengthened. "Justice for people" shall be the mission, to promote the modernization of the trial system and trial capacity, fully serve and promote the integrated development of the Yangtze River Delta, continue to deepen the source of governance, and improve the effectiveness of litigation services. Shanghai procuratorial system shall focus on the "two overall situations", implement the whole process of people's democracy in the procuratorial function, ensure Shanghai to continue walking in the forefront of high-quality development, promote the full and coordinated development of legal supervision, enhance the level of modernization of procuratorial functions, organize a high-quality and professional procuratorial team; continuously promote innovation-driven development, optimize public litigation inspections at a high starting point and speed up the digitalization of inspection work. The year of 2022 is a critical stage for Shanghai to build strategic advantages for future development, and Shanghai's rule of law construction will continue to focus on Shanghai's central work, promote institutional open breakthroughs with legislation in Pudong New District, and show new achievements in the rule of law government, judicial services of safeguard the overall situation, and deepen the professional construction of prosecution to protect, promote and ensure the growth in Shanghai's The economic and social development.

Keywords: Shanghai; The Rule of Law; The Work of the Local People's Congress; Government Under the Rule of Law; The Comprehensive and Integrated Reform of the Judical System

Ⅱ Reformation Reports

B.2 Review of Laws and Regulations in Pudong New District (2021)

Yao Jianlong, *Yu Haitao* / 040

Abstract: The Standing Committee of the National People's Congress authorized the Shanghai Municipal People's Congress and its Standing Committee to formulate regulations and laws for the Pudong New District, which enhanced the ability of Pudong to provide a system of bold trials, bold breakthroughs, and independent changes. The six regulations introduced in 2021 made fully use in the right of legislative adaptation and early pilot implementation to adjust the laws and regulations that do not conform to the reform and innovation practice in Pudong, release and develop the productive forces. The introduced laws and regulations uphold the problem-solving thinking and adopt the "small and quick" legislative model, which makes up the shortcomings of the "big" legislative model under the guidance of system thinking, and is more relevant and operable. The introduced legislation in making the full implementation of the whole process of people's democracy, expanding the people's orderly participation in the ways and means of legislation, giving full play to the system integration, consensus building, and leading and promoting role, which provide experience for the subsequent legislation.

Keywords: Laws and Regulations of Pudong New District; Legislative Flexibility; "Little Kuai Ling" Legislation; The Whole Process of People's Democracy

Abstract: Shanghai courts actively promote the pilot reform of civil proceedings, focus on the establishment of a top-down interface protection mechanism, strengthen policy interpretation and publicity guidance, and timely promote the transformation of pilot results. The major tasks to be promoted include continuing to deepen judicial confirmation, actively promoting the application of small-scale proceedings, improving the rules of summary procedure, orderly expanding the application of the sole proprietorship system, and constantly optimizing electronic litigation. The reform gives full play to the role of performance assessment baton to mobilize reform enthusiasm; pool the efforts of all parties to strengthen communication and collaboration; attach great importance to the construction of information technology to help the depth of the reform. During nearly two years of exploration, practice, continuous changing and optimization, the pilot reform has achieved significant results.

Keywords: Shanghai Court; Civil Procedure; Separation of Complex and Simple; Reform Ilot

Abstract: The core of the "one industry, one certificate" reform is to "reduce". By reducing the approval materials, reducing the approval processes, compressing the approval time frame, reducing the number of market processing, the MSA can promote government's efficiency, strengthen the government's high-performance supervision, provide business managers enjoyable high-quality services and optimize market environment. As the "one industry, one certificate" reform in the country has no examples, there are risks of lack of unified division of standards, effective interaction between departments, urgent need to improve the integration of the reform system, and social acceptance. Thus, "reduction" shall be the basis of process re-engineering and optimizing approval services; "promotion" shall be the breakthrough of integration, efficiency and more intimate approval services; "expansion" shall be the extension of proactive and more accurate approval services.

Keywords: "One Business, One Certificate" Reform; Food Business; Access is Not Allowed to Operate; Business Environment

Abstract: This paper focuses on the continuous upgrading and reform of public security management methods in public security by public security organs, takes the open crowded place in the Shanghai Bund area as the breakthrough point, analyzes the reasons for the formation of the "large passenger flow", and summarizes and sorts out the management, controls risks and adaptation requirements in the current new situation. In this regard, Huangpu Branch of Shanghai Municipal Public Security Bureau, relying on the achievements of smart public security construction in recent years, has actively explored, summarized, improved in actual combat, continuously optimized and upgraded management and control measures, and has finally achieved a replicable and learnable "Huangpu model" intelligent management and control system of "large passenger flow".

Keywords: Large Passenger Flow Control; Smart Public Security; Huangpu Model

Ⅲ Special Reports

Abstract: To serve and guarantee the upgrading of Shanghai financial center, the Shanghai Financial Court firmly grasps the correct political direction, always adheres to justice for the people, and promotes the construction of a "professional, international and intelligent" world-class financial court with a high starting point, high speed, high standards, and high quality. By paying close attention to law enforcement and handling cases, we will strive to establish the "Chinese Standards" and "Shanghai Rules" for resolving financial disputes; focusing on serving the overall situation, and heeling the three major tasks of "finance serving the real economy, preventing and controlling financial risks, and deepening financial reform" to strengthen judicial guarantees; standing firm with the people and striving to make the people feel fairness and justice in every financial case; deepening judicial reform, accelerating the long-term empowerment of financial justice by information technology, and providing better financial and judicial services to promote the high-quality economic and social development of Shanghai.

Keywords: Financial Justice; Service Guarantee; Construction of an International Financial Center

B.7 The Practice and Exploration of Shanghai SASAC to Promote the Construction of State-owned Enterprises by the Rule of Law

Zhong Kewei, Yao Li, Yao Jie, Zhao Li and Qiang Ying / 100

Abstract: In recent years, the Shanghai State-owned Assets Supervision and Administration Commission has taken "two realities" as the principle, "four possessions" as the goal, adhered to the three "integrations", focused on key points, and promoted comprehensively. Shanghai's state-owned enterprises have achieved remarkable results, but there are still shortcomings. In accordance with the new tasks and new requirements of the reform and development of state-owned enterprise and state-owned assets in Shanghai in the new era, the Shanghai SASAC has conducted in-depth research and reflection on the construction of the rule of law in Shanghai's state-owned enterprises during the "14th Five-Year Plan" period, that is, introducing "one law", grasping "two people", teaching "three lessons", keeping "four lines", and writing "five articles".

Keywords: Shanghai; Rule of Law; State-owned Enterprises Reform

B.8 Shanghai Practice of Anti-Terrorism Legislation in Megacities

Xiao Jun / 111

Abstract: In 2021, Shanghai promulgated the implementation measures of the anti-terrorism law, which is the first anti-terrorism legislation practice in megacities of China. For a long time, Shanghai has faced enormous risks and challenges in countering terrorism and maintaining stability, which needs to be dealt with through local legislation. Shanghai has a solid foundation for anti-terrorism legislation; and problem-oriented and demand-oriented legislative work shall insist on prevention as the priority, punishment and prevention as well. The implementation measures are unified with the higher-level law in terms of style and highlight characteristics in content, which are mainly reflected in the more stringent anti-terrorism responsibility system, the more solid anti-terrorism security prevention system, the more powerful anti-terrorism safeguard measures, and the clearer anti-terrorism legal responsibilities.

Keywords: Shanghai; Anti-Terrorism; Legislation

Ⅳ Reports on Hot Issues

Abstract: Data is the foundation of digital transformation. To improve the standardization and governance level of the digital industry through data compliance is an important and challenging task for procuratorial organs. Therefore, it is necessary to base itself on the work practice in Shanghai. And at the same time, based on a comprehensive inspection of the data compliance work of the world's major economies such as the United States and the European Union, it is necessary to recognize the internal challenges and external pressures of corporate data compliance and blind spots of supervision of public data compliance, carefully summarize the pain points and difficulties existing in the data compliance supervision of the procuratorial organs. Proposing the exploration of smart supervision of the data compliance of market entities, implementing public data storage and applicable compliance supervision, strengthening the "meta-supervision" of cross-border administrative supervision of data, and studying and arranging the legal supervision in the era of "digital holography" in advance, are combined to improve the countermeasures and suggestions for the data compliance work of procuratorial organs.

Keywords: Data Compliance; Corporate Compliance; Procuratorial Organs Digital Transformation; Shanghai Practice

B. 10 Prosecutorial Practice Application of Data Visualization

Chen Junbiao / 132

Abstract: Data visualization is widely employed in the fields of dynamic supervision, risk prevention and controlling, decision-making in all walks of life in society, which is an interactive window directly facing users, related to the final realization of data value, plays an important role in the data management and application system, and is of great significance to the development of society and the promotion of industry competitiveness. Combined with the actual needs of the grass-roots procuratorial practice and the current application form of data visualization, it is necessary to further explore the practical application of innovative procuratorial data visualization with the pilot data governance of procuratorial data and the basic method of data visualization. Specifically, it is necessary to promote the full mining of the value of inspection data from the operation of the data governance team, the exploration of data customization services, the evolution of data technology paths, and the construction of data infrastructure platforms.

Keywords: Procuratorial Data; Visualization; Digital Procuratorial Affairs; Data Governance

B. 11 Procuratorial Work to Guide the Construction of Enterprises' Data Compliance

Cao Xiaoye, *Liu Dong* / 146

Abstract: The digital economy is a new type of economy. Promoting the high-quality development of the digital economy in a standardized manner is an important direction for our country to promote economic and social development in the future. The Yangpu District Procuratorate planned and released corporate data compliance guidelines, cooperated with the third-party mechanism management committee to organize data crime compliance inspections, guided digital companies to establish a data compliance management system, helped digital economy companies grow legally and compliantly, and provided a better legal guarantee for the high-quality development of the digital economy. Among them, the experience of formulating special data compliance guidelines and standards, promoting industry compliance in digital startup parks, gaining support from local party committees, and improving the level of regional digital economy compliance management has high promotion value. Local procuratorial organs can learn from these experiences and combine them with regional features.

Keywords: Digital Economy; Data Compliance Guidelines; Compliance Management System; Inspection Standards

Ⅴ Evaluation Reports

Abstract: In general, the formulation of the Regulations is timely, which conforms to the legalization of ecological civilization construction, combines governance concepts with institutional regulations, and draws on domestic and foreign experience on the premise of maintaining its own characteristics. The formulation of the Regulations complies with the requirements of legislative authority, subjects, and procedures, and maintains consistency with the higher-level law. However, the normative groups centered on the "Regulations" lack coordination, and some norms are lagging. The Regulations are appropriate from the legislative purpose to the specific provisions, but we can consider them distinguishing individual industrial and commercial households from natural persons, and at the same time make some supplements to legal responsibilities. The Regulations are highly adaptable, but they can make modifications in implementing on-site disposal of wet waste. The Regulations are standardized in name, complete in form and structure, and accurate in language expression, but can be further improved in terms of the constituent elements of illegal acts and the clarity of legal responsibilities. The implementation of the Regulations is in good condition, however, to improve the operability, it can make more efforts to promote the "three modernizations of domestic waste". The legal effects, ecological effects, and social effects of the Regulations are unified, but the names of the regulations and other aspects can be unified. The public highly recognizes the Regulations, but there is room for improvement in action, and it should continuously improve the quality of publicity and education in the future. In the post-legislation evaluation activities, implementing supervision is the first thing to be evaluated. The supervision work of the Regulations has several characteristics and highlights. Each supervisory body has achieved remarkable supervisory results, accumulated supervisory experience, and formed a perfect supervisory mechanism, but it should also make improvements in various aspects.

Keywords: Regulations of Shanghai Municipality on the Administration of Household Garbage; Legislation and Post-supervision Evaluation; Rule of Law; Shanghai

Abstract: By analyzing the procuratorial supervision work handled by the Third Branch of the Shanghai People's Procuratorate in 2021, we can present the essence of the penetrating supervision of the procuratorate in the new era. The basic situation shows that the cases applying for supervision covers a wide range, and the fields of administrative duty performance and urban construction administrative compulsory fields are growing rapidly; the administrative subjects are widely distributed, and the cases in which district-level administrative organs are the defendants have exploded; Disputes originating from demolition are in the first place. Among the cases applying for supervision, the number of cases in which the court's decision confirms that the administrative organ has violated the procedures has increased. "Five violations and four must" rectification and "demolition disputes" are two types of regional key types of cases. At the same time, the procedural norms of administrative acts highlighted by administrative law enforcement and trials need to be improved, the initiative of administrative organs to perform their duties needs to be further strengthened, the ability of administrative organs to collect and fix evidence needs to be strengthened, and the initiative of administrative organs to substantively resolve disputes related issues that should be paid attention to and improved. The main practices and results of penetrating supervision of administrative procuratorial organs include establishing a ledger of the substantive causes of cases, establishing a mechanism for separating complicated and simple cases, giving play to the role of an integrated mechanism, and improving the uniformity of judgment and interpretation of similar administrative cases. In the next stage, the new pathway to strengthen the substantive resolution of administrative disputes, and promote administration and trial according to law, is adhere to both procedures and entities to improve the standardization of administrative behaviors, and the courts should further enhance the unity of interpretation and reasoning in similar cases, establish a platform for resolving multiple administrative disputes, and focus on joint efforts to promote substantive administrative resolution.

Keywords: Procuratorial Supervision on Administration; Penetrating Supervision; Procedure Idling; Substantive Resolution of Administrative Disputes

Ⅵ Cases

B. 14 Research on the Integration of Socialist Core Values into Civil Judgment Documents

—From the perspective of 10 typical cases of promoting socialist core values released by the Shanghai High Court

Sun Dawei / 188

Abstract: The typical cases released by the Shanghai High Court show the Shanghai courts give full play to the normative, leading, and guaranteeing role of judicial adjudication in cultivating and practicing socialist core values. However, it also revealed that the use of socialist core values to interpret the law and reasoning in civil judgment documents still had problems such as nuclear understanding of nature and improper application methods. Since the constitution stipulated the socialist core values, more and more laws gradually have listed them for legislative purposes. The nature of its legal source in individual cases also depends on the transformation of specific core values in normative legal documents, and the socialist core values are similar to legal principles. It can improve the methods and paths of integrating socialist core values into judicial judgments from five aspects: establishing principles, classifying case types, clarifying normative status, subdividing adjudication situations, and standardizing adjudication language.

Keywords: Socialist Core Values; Legal Principles; Judgment Basis; Judgment Reasons; Applicable Rules

Abstract: This paper systematically summarizes a series of reproducible and generalizable governance experiences from the reform of the comprehensive law enforcement system of streets and towns in this city and sorts out the problems existing in the reform of the comprehensive law enforcement system. Finally we give countermeasures and suggestions on several parts: the list of powers and responsibilities of each department strengthens the guidance and training, and supervision of the sub-department of the law enforcement force establishes a dynamic change mechanism for the establishment of law enforcement personnel, and improves the mechanism of "cooperation among different regions, and linkage between management and enforcement" . They put countermeasures and suggestions forward. It has certain reference significance for optimizing the reform of the comprehensive law enforcement system in streets and towns.

Keywords: Comprehensive Law Enforcement System; Governance Decentralizing; Minhang District

Abstract: In traffic law enforcement, the application of "one-to-one" law enforcement by the summary procedure is a common method used by administrative agencies. Therefore, the standard of superiority proof that the traffic police officer's statement to determine the illegal facts has also become the mainstream of law enforcement. However, under the new situation that the whole process of law enforcement is required to be recorded and disclosed, how to make reasonable restrictions on such situations in traffic law enforcement that lower the proof standard to apply the superior proof standard, how to accurately apply the instantaneous occurrence, leave no trace, and no traffic monitoring identifying requirements such as equipment conditions, clarify the basic rules that it is difficult to meet general certification standards due to aim conditions, and fully considering the network and uniformization conditions of existing law enforcement equipment is a legal issue that should be faced directly. It is necessary to prevent law enforcement officers from unrestrictedly using "preponderant evidence" as the standard for determining facts in traffic penalty cases under the condition of proof, which may excessively reduce the burden of proof on administrative organs, which may affect the basic principle of the administrative subject bearing the burden of proof of the legitimacy of administrative acts. This article starts with the case of "Zhang's application for administrative supervision to file a protest". This case is the only case in which the Shanghai procuratorate has filed an administrative lawsuit protest in 2021. The thoughts displayed by the legal inspection agency in the handling provide a certain demonstration significance to the transformation of data governance and law enforcement in the new era.

Keywords: Traffic Law Enforcement; Summary Procedure; "One-to-One" Law Enforcement; Superiority Proof Standard

皮 书

智库成果出版与传播平台

✤ 皮书定义 ✤

皮书是对中国与世界发展状况和热点问题进行年度监测，以专业的角度、专家的视野和实证研究方法，针对某一领域或区域现状与发展态势展开分析和预测，具备前沿性、原创性、实证性、连续性、时效性等特点的公开出版物，由一系列权威研究报告组成。

✤ 皮书作者 ✤

皮书系列报告作者以国内外一流研究机构、知名高校等重点智库的研究人员为主，多为相关领域一流专家学者，他们的观点代表了当下学界对中国与世界的现实和未来最高水平的解读与分析。截至 2021 年底，皮书研创机构逾千家，报告作者累计超过 10 万人。

✤ 皮书荣誉 ✤

皮书作为中国社会科学院基础理论研究与应用对策研究融合发展的代表性成果，不仅是哲学社会科学工作者服务中国特色社会主义现代化建设的重要成果，更是助力中国特色新型智库建设、构建中国特色哲学社会科学“三大体系”的重要平台。皮书系列先后被列入“十二五”“十三五”“十四五”时期国家重点出版物出版专项规划项目；2013~2022 年，重点皮书列入中国社会科学院国家哲学社会科学创新工程项目。

S 基本子库
UB DATABASE

中国社会发展数据库（下设 12 个专题子库）

紧扣人口、政治、外交、法律、教育、医疗卫生、资源环境等 12 个社会发展领域的前沿和热点，全面整合专业著作、智库报告、学术资讯、调研数据等类型资源，帮助用户追踪中国社会发展动态、研究社会发展战略与政策、了解社会热点问题、分析社会发展趋势。

中国经济发展数据库（下设 12 专题子库）

内容涵盖宏观经济、产业经济、工业经济、农业经济、财政金融、房地产经济、城市经济、商业贸易等12个重点经济领域，为把握经济运行态势、洞察经济发展规律、研判经济发展趋势、进行经济调控决策提供参考和依据。

中国行业发展数据库（下设 17 个专题子库）

以中国国民经济行业分类为依据，覆盖金融业、旅游业、交通运输业、能源矿产业、制造业等 100 多个行业，跟踪分析国民经济相关行业市场运行状况和政策导向，汇集行业发展前沿资讯，为投资、从业及各种经济决策提供理论支撑和实践指导。

中国区域发展数据库（下设 4 个专题子库）

对中国特定区域内的经济、社会、文化等领域现状与发展情况进行深度分析和预测，涉及省级行政区、城市群、城市、农村等不同维度，研究层级至县及县以下行政区，为学者研究地方经济社会宏观态势、经验模式、发展案例提供支撑，为地方政府决策提供参考。

中国文化传媒数据库（下设 18 个专题子库）

内容覆盖文化产业、新闻传播、电影娱乐、文学艺术、群众文化、图书情报等 18 个重点研究领域，聚焦文化传媒领域发展前沿、热点话题、行业实践，服务用户的教学科研、文化投资、企业规划等需要。

世界经济与国际关系数据库（下设 6 个专题子库）

整合世界经济、国际政治、世界文化与科技、全球性问题、国际组织与国际法、区域研究 6 大领域研究成果，对世界经济形势、国际形势进行连续性深度分析，对年度热点问题进行专题解读，为研判全球发展趋势提供事实和数据支持。